<대왕암, 만파식적 그리고 심우도> 정오표

위 치		오(誤)	정(正)
20쪽	22번째줄	그를듯한	그럴듯한
166쪽	5번째줄	60년	160년
167쪽	10번째줄	잠간	잠깐
189쪽	12번째줄	들어가자말자	들어가자마자
212쪽	마지막줄	배오고자	배우고자
343쪽	2번째줄	되자말자	되자마자

1300년의 비밀
명상과 선도문화의 성배

대왕암
만파식적
그리고
심우도

1300년의 비밀,
명상과 선도문화의 성배
대왕암 만파식적 그리고 심우도

지   은   이 | 김 용 찬
펴   낸   이 | 김 용 찬
편   집 | 김 선 곤
편 집 디 자 인 | 박 인 선
발   행   일 | 2017년 7월 10일
인   쇄 | (주)동화인쇄

펴 낸 곳 | 선인사회
전   화 | 02-563-0801
팩   스 | 02-563-0825
이 메 일 | master@suninsociety.com
홈 페 이 지 | www.suninsociety.com
보 급 처 | 서울시 강남구 테헤란로 4길 34, 901호(역삼동, 강남뉴스텔)
I S B N | 978-89-968078-4-1
가   격 | 20,000원

※ 본 책의 모든 권리는 김용찬과 선인사회 출판사에 있으며 저자와 출판사의 동의없이 무단전재와 무단복제를 금합니다.

※ 잘 못 만들어진 책은 구입처나 본사에서 교환해 드립니다.

이 도서의 국립중앙도서관 출판예정도서목록(CIP)은 서지정보유통지원시스템 홈페이지 (http://seoji.nl.go.kr)와 국가자료공동목록시스템(http://www.nl.go.kr/kolisnet)에서 이용 하실 수 있습니다.(CIP제어번호: CIP2017014264)

1300년의 비밀
명상과 선도문화의 성배

대왕암
만파식적
그리고
심우도

| 서두 |

현대인과 명상

얼마 전까지만 해도 명상이나 정신적 수행이라고 하면 현실을 도피한 사람들이 산중에 틀어박혀 비생산적인 짓을 하는 것으로 여겨졌다. 한참 산업이 발전하고 사회가 빠르게 성장하던 시기에는 상대적으로 더욱더 용서(?)할 수 없는 짓으로 생각되었다.

그런 명상문화가 최근에 와서 재평가 되고 있다.

국내도 그렇지만 서구에서 더 비약적인 발전을 하고 있는 중이다. 복잡한 생활만큼이나 타산적이고 냉철한 현대인들이 왜 명상에 관심을 가지게 된 것일까? 지속적이며 공간적으로는 넓게 확대되고 있는 이 현상은 지금 우리가 사는 시대의 중요한 트렌드가 된 것이 분명하다. 점차 비중을 높여가는 명상문화를 제대로 영위하자면 체계적인 연구를 하지 않을 수 없고, 그러자면 그 수요들의 배경부터 조명해볼 필요가 있다.

인류의 결핍으로부터 탈출하려는 소망은 물질적 풍요가 모든 것을 해결해 주리라는 생각하에 산업을 발전시켜왔다. 백 년 전의 세계, 19세기 말이나 20세기 초반과 비교해 봐도 세상은 많이 달라 보인다. 여전히 시급한 문제들은 남아있지만 인류는 눈부신 성과를 거둔 것이다. 인류가 아니면서 지성을 가진 누군가가 보고 있다면 상당한 점수를 줄 수 있지 않을까 싶다.

그러나 이런 성공적 환경 속에서 보다 행복해야 할 현대인들이 기대와는 달리 더 불안하고 더 불행하게 여긴다는 것은 모순적인 일이다. 그렇지만 현대인은 과거의 세상에 비해 특별히 더 행복해하는 것 같지는 않다. 제로섬(Zero Sum) 이론처럼 문명이 발전한 만큼 세상은 더 복잡하고 애매모호해졌으며, 그 속에 살아가는 현대인의 생활은 상대적으로 위태로워졌기 때문이다. 순간의 선택이 십년을 좌우한다는 광고도 있었다. 그러나 실제는 순간의 선택이 평생을 좌우할 수 있는 여건 속에서 현대인은 항상 바른 의사결정에 내몰리고 있는 중이다.

그리고 그 압박이 주는 고뇌와 결과에 대한 실망, 타인과의 비교에서 오는 상대적 빈곤, 박탈감들에 시달리고 있는 것이다. 이런 괴로움으로부터 벗어나려는 현대인들이 선택한 것은 물질적 충족보다는 지친 정신에 해방을 줄 수 있는 정신세계였다.

유한한 것의 쟁탈전에 수반되는 피할 수 없는 고뇌는 무한한 영역에서 위로받고 치유될 수 있다. 명상수행의 길에 든 사람에게 외부의 세상은 더 이상 괴로운 투쟁과 쉽사리 상실되는 소유의 세계가 아니다. 균형 잡힌 내적성찰을 통해 삶은 새롭게 정의되고 자아실현의 장으로 변하기 때문이다. 바로 이런 열린 가능성이 현대인들로 하여금 명상을 재발견하게 만드는 동기가 되었다.

이외에도 우리가 명상문화에 대해 주목해야할 중요한 이유가 또 하나 있다. 그것은 정신적 수련의 사회적 정화기능이다.

명상이라는 행위는 철저히 개인적인 내적성찰이지만 그 결과는 너무나도 사회적인 것이다. 정신적성장과 혁신은 개인의 정신세계 내부에서만 형성되는 것이 아니다. 개인과 그 자신을 에워싼 주변 환경 모두와의 관계 재정립이며 사회는 균형 잡힌 자아의 실현의 장으로 변한다. 그러나 이런 명상의 긍정적인 기능과는 달리 전혀 다른 의견들도 있다.

왕양명은 불교나 도교의 수행이 속세를 떠난 도피라고 했고, 최한기는 불교나, 도교, 천주교 등을 낭유학(稂莠學)이라고 폄하했다.

왕양명이나 최한기 외에도 불교나 도교를 포함, 명상문화에 대해 현실도피라는 부정적인 평가를 하는 사람들은 있다. 하지만 두 사람의 경우, 자기들의 정체성을 유가적 입장에 두려는 의도에서 비롯된 것일 뿐이다. 게다가 각자의 입장에 의해 명상수행을 지나치게 소극적으로 평가했다. 그렇다고 해도 양명의 심학이나 최한기가 말한 천인운화의 체득 방법 또한 명상의 범주를 벗어나지 못한다.

사실 대개의 부정적인 인상을 가진 사람들은 명상수행에 대해 전혀 모르는 경우가 많다. 일부의 생각이 어떻든 명상은 수행자의 삶을 통해 사회의 안정과 평화에 기여하는 중요한 역할을 갖고 있다. 따라서 명상의 이런 효과는 현대의 글로벌한 세계에서 빚어지는 갖가지 사건사고, 수많은 갈등과 불균형을 수습하는데 유용한 해결책이 될 수 있는 것이다.

이 책은 크게 세부분으로 나뉘어져 있다.

1부에는 우리 현대인들이 당면한 개인적, 사회적 문제점들과 그 문제들을 해결함에 있어서 기존의 인문적 방법들이 아직도 유용한지를 재고해본다. 그리고 새로운 정신문화로서의 명상의 가능성을 생각해보려고 한다.

2부에서는 삼국통일이라는 우리역사의 중요한 전환점에서 중심적 역할을 담당했던 선도와 명상문화를 살펴본다. 격동기의 사회적 문제해결에 명상문화를 활용했던 고대인들의 선례를 거울삼아, 오늘의 갈등을 헤쳐 나갈 지혜를 얻을 수 있을 것이다.

3부에서는 바른 명상문화의 정립을 위해 시중에 알려져 있는 다양한 수행 방법들을 고대의 텍스트들과 비교해가며 점검해볼 것이다. 또한 바쁜 현대인들이 특별히 시간을 내거나 생활영역을 벗어나지 않고 자신의 일상 속에서 명상수행을 할 수 있는 방법을 제시한다.

글의 맥락은 이어져 있지만 각 부분은 독립적이다. 읽는 사람들의 필요에 따라 어느 부분을 먼저 읽어도 무리는 없다. 그러나 기성 인문학에 대한 문제제기와 그 해결책으로 기대되는 명상문화의 필요성을 이해하기 위해서는 처음부터 순서대로 읽어보기를 권하고 싶다. 훌륭한 지도자와 좋은 가르침이 많은 가운데 새삼 졸저를 내놓는 것에는 망설임도 있었다. 단지, 명상문화의 다각적 연구에 일조하고 새로운 사회적 관심의 계기가 된다면 기쁜 일이 될 것이다.

책이 만들어질 때까지 성원해준 선인사회 회원들에게 감사드린다. 또한 언제나 무한한 신뢰와 희생으로 뒷바라지 해주는 아내 유정숙에게 감사와 사랑의 마음을 전한다. 사랑하는 아이들은 우주의 섭리가 내게 준 가장 큰 행복이다. 고맙게 잘 성장해주었고, 자신들의 꿈을 향해 노력하는 모습에 큰 긍지와 함께 한없는 응원을 보낸다.

- 2017년 초여름 평촌초당에서 백양 김용찬 -

| 서두 | 현대인과 명상 ································ 4

제1부
엇나간 인문학

혼란의 카오스, 현대사회 ································ 12
글로벌한 국가 간의 갈등 ································ 13
고뇌하는 개인 ································ 18
흔들리는 삶의 방식 ································ 26
열린 듯이 막힌 소통 ································ 31
어떻게 살아야 할까 ································ 34
화해와 공존의 길을 찾아서 ································ 39
인문학에서 해결해야할 커다란 과제 ································ 47
논리 ································ 51
종교 ································ 63
종교는 통합 되는가 ································ 72
교육 ································ 77
공감만이 해결이다 ································ 91
과학은 소통의 언어가 될 것인가 ································ 97
오래전부터 있었던 새로운 길 ································ 100

| 차 례 |

제2부
세 가지 신물(神物)

역사속으로·· 108
대왕암과 만파식적 ·· 111
대왕암과 만파식적이라는 의미심장한 화두 ·············· 132
대왕암의 설계도 ·· 151
흑옥대(黑玉帶) ··· 163
만파식적··· 173
만파식적의 정치적 배경 ···································· 175
소리로써 천하를 다스릴 징조 ······························ 190
만파식적의 실체 ·· 197
소리·· 199
제 16세 화랑도의 풍월주 보종공(寶宗公) ················ 211

제3부
명상과 선도의 길

만파식적과 명상문화	228
명상	238
명상문화의 토양	253
수행자와 지도자	259
생활공간에서 수행하라	263
혼자 하는 명상수행	270
시선	277
수행시간	282
경락과 단전	285
호흡	305
심우도는 보물지도	309
열쇠는 마음이다	331

| 맺음말 | 인간에게 남은 진화는 영적성장뿐이다 … 345

제1부
엇나간 인문학

"피상적인 정치적 통합의 연대는 결코 우리의 흥미를 끌 수도 없고, 우리에게 만족스럽지도 않으며, 본질적으로 우리에게 현실적이지도 않습니다. 우리는 좀 더 깊이 있게 파고들어야 합니다. 우리는 다양한 인종간의 가장 심오한 통합, 정신적 결합을 이끌어내어야 합니다."

― 타고르 ―

얼핏 부는 바람에도 날아가 버릴 지적환상보다 시급한 것은 구성원간의 진심어린 소통이다. 차원 높은 지성도 중요하지만 사실상 모든 학문의 최종적 목표는, 갈등과 증오를 해소하고 서로 화목하게 사는 데 있다.

혼란의 카오스, 현대사회

어항속의 물은 그 물속에 사는 물고기의 생존에 결정적 영향력을 갖는다.

물이 맑다면 쾌적한 환경이 조성되어 건강한 삶을 살 것이고, 반대로 탁기가 심하다면 물고기는 폐사하고 말 것이다. 사람에게 사회는 물고기의 어항과 다름이 없다. 그러므로 사회의 여건은 해당사회에서 생활하는 사람들의 삶의 질을 좌우하게 된다. 위험한 대자연으로부터 유토피아를 꿈꾸며 인간사회를 구축했지만 이 또한 여전히 조심스러운 어항에 불과해 보인다.

고립된 사회에서 일어나는 느리고 작은 변화라 할지라도 집단의 구성원들은 혼란을 겪는다. 그러나 통신기술과 이동수단이 발달하여 소통과 교류가 극대화된 오늘의 세계는 매일 매일이 변화이며, 매일 매일이 충격이다. 이제는 강 건너의 불이라 할지라도 안심하고 바라볼 수 없는 세상으로, 아무도 그 불이 자기 발등에는 떨어지지 않는다고 장담하지 못한다. 오늘날처럼 글로벌한 시대의 세계는 하나의 거대한 수족관이기 때문이다. 어떤 국지적 사건조차도 잔속의 폭풍으로 끝나는 법이 없다.

우리들이 속한 어항 속의 물은 생존에 적합한가?

지금까지의 역사를 본다면, 많은 경우에 사람들의 세상은 정글보다 오히려 더 위험했다. 지식과 과학이 발전하고 더 좋은 세상을 만들기 위한 노력이 끊임없이 이어지고 있는데도 말이다.

현대인의 삶은 절대적 빈곤이나 질병의 위협으로부터 어느 정도 벗어난 듯이 보인다. 그러나 여전히 많은 어려움은 내재해있고 생활로부터 느끼는 행복의 지수는 기대에 미치지 못한다.

글로벌한 국가 간의 갈등

2015년 이스라엘은 보복이라는 이름으로 가자지구를 폭격한 바 있다. 선제공격의 피해에 대한 당연한 응징이라고 주장했고 상당수가 그렇게 이해하고 있었다. 그런데 그 폭격의 과정에서 촬영된 한 동영상이 세계인의 이목을 집중시켰다. 그것은 이스라엘의 입장을 긍정적으로 보는 사람에게도 큰 충격을 주었을 것이다.

당시 폭격을 피하기 위해 소등된 가자지구의 밤하늘은 칠흑처럼 캄캄했고 날아오는 미사일만이 유성처럼 떨어지고 있었다. 피폭되는 건물들은 계속해서 화염을 내뿜으며 무너졌고, 그때마다 시뻘건 불기둥이 솟아올랐다. 이날 밤의 가자지구는 붉게 끓는 용광로였다. 어둠에 가려 보이지는 않았지만 그 무너지고 불타는 건물들 속에는, 잠을 자다가 변을 당한 사람들이 아우성을 치고 있었을 것이다. 애, 어른 할 것 없이 얼마나 많은 사람들이 죽어갔을까? 이 짧은 동영상 하나로도 전쟁이란 것은 어떤 경우에도 미화될 수 없는 광기라는 것을 여실히 보여주었다.

그러나 같은 시간의 다른 곳, 즉 가자지구가 빤히 보이는 이스라엘의 한 언덕위에서는 이와 극명하게 다른 장면이 연출되고 있는 중이었다.

언덕에는 의자까지 들고 나온 이스라엘 사람들이 폭격을 구경하고 있었던 것이다.

그들은 미사일이 떨어지고 화염이 치솟을 때마다 환성을 질렀으며 급기야 손뼉을 치는 사람까지 등장했다. 얼마나 통쾌했으면 그런 소동을 벌이고 있었을까? 전쟁 당사자가 아니라서 그렇겠지만, 그 모습은 공감하기 어려웠다. 서로 적대하여 상호간 공격과 보복을 번갈아하는 사람들로서는 당연한 일인지 모른다. 그러나 얼마나 한 맺힌 증오심이기에 사람들이 죽어나가는 것을 보면서 박장대소를 하고 있다는 것인가?

아무리 적이라고 해도 피를 흘리며 죽어가고 있는 중이다. 피치 못해 보복공격을 해야만 하더라도, 그 불쌍한 생명들을 생각한다면 박수를 치면서 통쾌해해서는 안될 일이다. 더구나 의자까지 들고 나와 폭죽구경하듯 하는 것은 무리가 있다. 누가 옳든 정당방위의 개념은 공격에 대한 반격이상이 아니다. 그에 의해 발생한 이차적 고통은 양측 모두의 아픔이기 때문이다.

분명 그들이 2차 세계대전 당시 독일로부터 핍박받았던 바로 그 사람들인가? 아우슈비츠의 가스실에서 죽어간 수많은 희생자들에 대해 전세계가 애도하고 한 형제같이 성원을 보낸 그 사람들인가?

폭력의 희생에는 누구보다도 경험이 있고, 그렇기에 누구보다 평화와 상호존중의 미덕을 중요시해야할 사람들이다. 무엇이 그들을 그렇게 까지 냉담하게 만들었는지 생각할수록 오싹한 느낌이었다.

그러나 이런 태도는 그 사람들만의 일이 아니다.

전 세계 곳곳의 적대적 관계에 있는 수많은 지역들에서 여전히 자행

되고 있는 일이다. 보스니아 내전당시 세르비아의 인종청소도 그랬고, 지금도 진행 중인 아프리카지역의 불안한 내전, 미국의 9.11테러사건을 위시하여 도처에서 일어나고 있는 각종 테러들, 이런 사건들에 인간애는 보이지 않는다.

일반적으로 전쟁이라고 하면 병사와 병사들 간의 전투를 말한다. 전쟁이 좋은 일일 수 없지만, 테러는 그 전쟁이라는 이름조차 아까운 비열한 행위다. 무기를 든 자가, 무기를 들지 않은 자를 공격하는 것이기 때문이다. 때와 장소, 대상을 가리지 않는 이런 폭력은 오늘의 국제사회가 겪고 있는 크나큰 불안 중에 하나다.

최근 미국은 모든 국가를 여행하는 자국의 국민들에게 테러에 주의하라고 경고했다. 국제적 테러단체로 지목되고 있는 IS는 우리나라의 국내인사들까지 지목하고 자생 테러리스트들의 공격을 독려하기도 했다. 이해관계가 없는 먼 나라에 까지 불똥을 날리고 있는 것이다.

그나마 우리는 남들의 흉을 말할 처지도 못된다. 민족이 다른 것도 아닌 남과 북의 대립은 아직도 해결의 기미가 없다. 북한은 기회가 있을 때마다 온갖 험한 말로 도발하고, 포격이나 테러를 서슴지 않고 있다. 수많은 무장공비침투와 만행들, 1,21 청와대 기습사건, 어선 납치, 휴전선 도끼만행, KAL기 피랍과 폭파, 영부인 저격, 아웅산 폭파, 서해도서지역 포격과 해전, 천안함 사건, 갖가지 휴전선 지역의 도발사건들…. 그간의 끔찍한 짓은 다 셀 수도 없지만, 지금 다시 또 다른 테러를 저지른다 해도 새삼스러운 일이 아니다. 이제 테러로부터 안전한 곳은 단 한 곳도 없다는 말보다 진실은 없다.

이런 폭력들이 내포하고 있는 가장 두려운 것이 있다. 그것은 갈수록 발전하는 수단의 잔혹함과 무기의 파괴력이다. 지금 그 위험은 극단에 이르렀고 자칫하면 인류전체가 공멸하는 수위에 도달하고 있다.

축적된 과학지식에 IT기술을 가미, 문명 전체를 폭발적으로 발전시킨 현대인은 과거에는 상상할 수도 없었던 세상을 만들어 내었다. 그러나 자칫하면 이 모든 발전은 탁월한 기술로 인해 오히려 한순간에 멸망할 처지에 놓였다. 종족과 집단, 국가 간의 갈등에 그 가공할 기술들을 사용하고 있기 때문이다. 뛰어난 기술로 만들어낸 것 중에는 이로운 것보다 파괴적인 것이 훨씬 더 많아 보인다. 과학자들이 가장 풍족하게 연구비를 타낼 곳은 무기경쟁으로 혈안이 되어있는 국방예산이라는 말까지 있다.

기술의 발달로 무기는 점점 더 소형화하면서 파괴력은 갈수록 더욱더 증강된다. 상호간의 증오로 인해 이성이 마비된 치킨게임에서, 이제 이런 강력한 무기들은 우리 스스로를 죽이는 유능한 수단이 되었다. 기관총이 처음 만들어졌을 때, 그 무기가 인간적이지 못하다고 꺼려한 것과는 격세지감이 들지 않을 수 없다. 대립하고 있는 각국의 지도자들과 외교관들에게 무기의 종류만큼 다양하게 평화를 찾는 길도 연구해보았는지 묻고 싶다.

부부들이 싸우는 이유를 듣다보면, 수많은 그럴듯한 사연들도 근본원인은 단지 서로의 사랑이 식었기 때문이었다. 아끼고 사랑할 때는 어떤 약점이나 부족한 점조차 이해하고 도와주며 감싸려고 노력한다. 그러나 어느 날 사랑이 식었을 때, 그 모든 것들은 증오의 대상이 되고 마는 것이다. 사회나 국가라고 해서 다를 것이 없다.

상호이해와 공존, 양보의 장(場)을 찾아내지 못한다면, 전쟁과 테러는 끝없이 이어질 것이고 그 참담한 결과는 누구라도 쉽사리 예상할 수 있다. 이것이야 말로 현대인류가 무엇보다도 시급히 해결해야 할 근본적인 문제다. 지금처럼 안이하게 시간을 보낸다면 헛된 증오로 인해 내일 세계가 멸망하지 않는다고 자신하기 어렵다. 내적인 동질성을 찾고 그것에 의해 자연적으로 서로를 이해, 협력하는 동인(動因)이 나타나야만 한다.

"다가오는 세계에서 문명과 문명의 충돌은 세계평화에 가장 큰 위험이 되며, 문명에 바탕을 둔 국제 질서만이 세계대전을 막는 가장 확실한 방어수단이다."(새뮤얼 헌팅턴: 문명의 충돌 p.442, 김영사)

언젠가 먼 훗날 이 광란에도 지구가 남아있다면 우리말고 다른 생명체들이 땅속 어디에선가 인류의 흔적을 발견할 수도 있다. 그리고 이 이상한 생명체들의 높은 지능에 놀라고, 그 뛰어난 지능으로 밤낮 스스로를 죽이기 위해 고심한 것에 또 한 번 놀랄 것이다. 대립 끝에 결국은 자멸함으로서 자기들에게 기회를 주고, 반면교사 노릇을 해준 인류를 위해 무슨 기념비라도 세워 줄지는 알 수 없다. 단지 지금 우리는 그것을 위해 열심히 증오하고 열렬히 싸워나가고 있는 중이다.

미국의 월스트리트 금융사건이 일어나자 일반대중들은 은행에 분노했고 그로인해 핀 테크 금융의 서막이 오르게 되었다. 이와 같이, 머지않아 지구촌의 모든 평화를 갈망하는 사람들이 테러에 대해 직접 맞서는 날이 올지도 모른다. 유명무실한 국제기구나, 똑똑한 지도자라 생각하고 선출해놓은 사람들만을 믿고 있다가 봉변을 당할 수는 없기 때문이다.

저 어디선가 누군가에 의해 세상은 잘 돌아 가고 있다는 믿음만으로는 충분하지 못하다. 악수를 잘하기 위해 항상 두 손을 비운 채 밤낮으로 누군가를 만나고 다니는, 소통이 직업인 사람들이 그렇게 노력을 해도 평화는 멀다. 대립과 갈등은 무너진 베를린 장벽처럼 사라져야 하며, 서로가 간직하고 있는 동정심과 상호존중의 따뜻한 마음을 확인해야 한다. 이에는 국경을 초월한 커다란 대화의 장이 필요하다. 때마침 발달한 현대의 통신기술은 이 문제를 해결하는데 적절한 수단이 될 수 있다.

인도의 시성(詩聖) 타고르가 노벨문학상 수락 연설문에서 밝힌 다음의 말을 잘 새겨들어야 할 것이다.

"피상적인 정치적 통합의 연대는 결코 우리의 흥미를 끌 수도 없고, 우리에게 만족스럽지도 않으며, 본질적으로 우리에게 현실적이지도 않습니다. 우리는 좀 더 깊이 있게 파고들어야 합니다. 우리는 다양한 인종간의 가장 심오한 통합, 정신적 결합을 이끌어내어야 합니다."

고뇌하는 개인

허신의 설문해자(說文解字)에 보면,
"사람(人)은 천지의 바탕이요, 가장 귀한 것이다"라고 했다.

(天地之性 冣貴者也)

또한, 천지의 마음이 곧 사람이라고도 되어있다.

(天地之心 謂之人)

설문해자는 한자를 만든 방법과 그 본의를 밝힌 책이다. 그러므로 최소한 사람(人)이라는 글자를 만들 당시에는 그만한 가치를 지녔다고 정의를 했을 것이다. 그러나 요즘세상 돌아가는 모습을 보면 사람이 과연 귀하긴 한가? 하는 의문이 든다. 천지를 한 존재에 비한다면 그 심장이요, 마음이 곧 인간이라 했다. 하지만 현대인들의 복잡한 번뇌를 생각하면 천도(天道)마저도 대책 없이 헝클어져 있는 것 같다. 그것이 아니라면 반대로 못된 인간이라는 족속들이 천도를 흐리고 있는지도 모른다.

그러나 닭이 먼저이든 달걀이 먼저이든 간에, 현대인들은 지난 어느 세기보다 다사다난한 세상에 살고 있고 그만큼 번뇌꺼리도 많아져 있다.

현대에 와서 급속도로 발달한 소통의 기술과 교통수단은 이전시대와 판이한 세상을 만들어 놓았다. 늘어난 무역과 교차투자들은 경제의 판도를 넓혔고 세상은 거대한 하나의 경제권이 된지 오래다. 옛날 같으면 어디있는지도 모를 지역의 사건사고들이 곧 바로 자신의 재무구조에 타격을 준다. 그야말로 가지 많은 나무에 바람 잘 날 없다는 말을 절감하며 살아가는 중이다.

현상계에 영향을 줄 수 있는 것 중에는 뉴스나 각종 정보를 통해 확보할 수 있는 것처럼 손에 잡히는 것들도 있다. 그러나 미래학자

최윤식이 '2030 대담한 미래'에서 말한 것처럼 전혀 종잡기 어려운 '사람'이라는 변수도 있다. 럭비공이 튈 방향은 확률범위 속에 있을 것이다. 하지만 사람은 완전히 다르다. 그의 표현을 빌려보자.

"사람이 변수로 들어가면 상식과 다른 미래 가능성이 나타난다. 돈을 빌리고 못 갚겠다고 버티는 사람에, 종교적 믿음과 신념을 위해서는 자신의 생명도 버리고, 재물도 버리고, 상식 밖의 행동도 과감하게 할 수 있는 사람의 내면과 영성까지도 고려해야한다."

지난 시대에는 영향력 있는 개인만이 사회를 바꾸었다면 지금은 발달한 소통기술덕분에 평범한 개인도 큰 변화의 실마리를 제공하고 있다. 이런 요인들로 인해 사회는 바람이 없는데도 떨고 있는 사시나무 같고 안개 속처럼 모호해져 있는 것이다.

세상이 이렇게 돌아간다면 아무리 유능한 학자라 할지라도 무슨 변변한 것이나 예측할 수 있을까 싶다. 변수가 많아진 만큼 경제전문가조차 장담 불가능한 세상이 되자, 경제연구소들의 연구보고도 그 간격이 짧아지고 있다. 신뢰도가 두해도 채 못 버티는 민망한 미래보고서도 허다하고, 그런 것을 읽느라 보낸 시간이 아까울 지경이다. 일이 이렇다보니 몇 년 전의 예측을 다시 읽다가 실소가 나오는 것도 어쩔 수 없다.

미래를 판단하는데 사람이 변수라고 하지만 사람은 미래만이 아니라 과거나 현재를 포함하여 언제나 변수다. 미래학이 불변의 상수로 삼아 예측의 근거로 삼는 것은 오늘을 포함한 우리 인간의 확정된 과거역사일 뿐이다. 그리고 미래학은 그것을 바탕으로 미루어 생각해보는 그를듯한 의견에 불과하다. '슈뢰딩거의 고양이'는 양자역학의 모순을 드러내기 위한 외통수였지만, 간단한 구조를 통해 양면적 결론의 동시존재가 가능함을 증명한 실험도 나왔다. 즉 우리의 미래는 아무것도 결정된 것이 없고 여전히 예측 불가능한 미지의 세계다.

주식 그래프의 맨 우측에는 어떤 실적이 기록될지 누구도 장담할 수 없다. 유명한 엘리어트 파동이론도 우수하다지만 최근 그 능력에 세계가 감탄하고 있는 빅 데이터, 인공지능이 주식관리에 나선다는 말이 있다. 잘만 된다면 신만이 안다는 주식거래도 손바닥 보듯이 알 수 있게 된다. 하지만 너도나도 인공지능을 활용한다면 결과는 또 마찬가지다. 자동차는 빠르지만 늘어난 교통량으로 인해 이동에 드는 시간은 여전히 같다는 파라독스를 면할 수 없는 것이다.

우리에게 주어진 문제들에 있어서 가장 확실한 것은 완료되어 확정된 과거의 일이냐, 아니면 미결상태인 미래의 일이냐 로 구분될 뿐이다.

글로벌한 세계 속에서 어느 정권도 유능해 보이지 않는 것은 이런 까닭이다. 전문가들이 이 지경이라면 일반은 어떨까? 미상불 어지럼증을 넘어 기절을 하고 있지나 않은지 모르겠다.

정유신, 구태언은 '핀 테크 기회를 잡아라.'에서 다음과 같이 말했다.
"세계화와 기술진보의 빠른 속도 때문에 어느 나라에서나 기업생태계는 와해되고 있다. 예전에는 막대한 비용을 들여 한 가지 기술을 개발하면 7년은 버틸 수 있었지만 이제 3~4년이면 위기를 맞는다. 그러다 보니 대기업을 제외하고는 대부분이 기술혁신을 하려고 하지 않는다. 따라서 대기업의 신사업은 있지만 중소기업은 사라져, 결국 중산층이 무너지게 된다. 세계화와 산업의 변화로 인해 벤처의 공동화가 일어나고 있고, 대기업이 중소기업의 팔을 비틀어서뿐만 아니라, 세계화와 산업의 변화로 인해 벤처의 공동화가 일어나기 때문에 양극화가 발생하는 것이다."(롱테일 창업의 배경. p.63)

이 말에 동의를 하든 말든 간에 한 가지 확실한 것은, 세계화와 기술 진보가 어느 나라의 기업생태계이든 심각한 영향을 주고 있다는 것은 분명하다.

나무의 생명을 지켜주는 수많은 실뿌리처럼 한 사회의 경제구조를 풍성하게 만들어주는 것이 중소기업들이다. 이들이 난관에 부딪혀버리면, 당장 일자리가 고갈되고 만다. 포화 상태에 도달한 구 기술들은 시장에서 더 이상 수요를 창출할 수 없게 되었다. 이제 새롭게 경제를 활성화 하자면 천지개벽수준의 기술혁신이 없어서는 어려운 상황이다.

이에 이미 새롭게 등장하는 신기술들은 세상을 바꾸기 시작했고 기술 후진국의 기업들이 도태되면서 일자리가 사라져 간다. 이런 일이 지구촌 도처에서 일어나고 있으니 현대인의 먹고사는 문제가 심각해질 수밖에 없다. 어떤 인문학자는 이런 상황에서 고뇌하는 젊은이들에게 꿈과 이상과, 인내, 용기를 논하다가 비난을 받았다. 구조적인 문제를 개인의 인성문제로만 풀려고 한다는 것이다.

'뜨거운 양철지붕 위의 고양이'같은 현대 젊은이들의 고뇌를 너무 단순하게 본 까닭이다. 손자(孫武)가 한 말처럼 사지에 놓인 군대는 일단 달아나야 하고, 욕망의 제1법칙에 머물러 있는 사람은 먹고봐야 한다. '모던 타임즈'에서 구두를 삶아먹던 채플린처럼 코가 석자로 빠진 사람 앞에서, 인의(仁義)만 주장해서는 안 될 것이다. 꼰대의 대명사처럼 오해받는 공자도 결코 경제를 모르지 않았다.

니체는 '짜라투스트라는 이렇게 말했다'에서, 방황하는 현대인들을 '최후의 인간들'(Letzte Menschen)이라고 표현한다. 이것을 송영배가 찰스 테일러의 '불안한 현대사회'를 번역하면서 상세히 설명했다.

"니체는 끊임없는 내적갈등과 고뇌를 통해 자신을 지속적으로 창조해 나가는 초인의 이상을 새롭게 태어나야할 주체적인 인간상으로 제시하고 있다. 그리고 또한, 니체는 이런 초인 상과 대조되는 현대인의 이미지로 최후의 인간상을 말하고 있다. 니체가 보기에, 현대 문명속의 인간들은 자신들이 이룩해놓은 업적들(예: 학문적인 교양, 정치적인 평등, 물질적인 행복, 건강 등등)의 모든 면에서 만족감을 느끼고 있기 때문에, 더 이상 자기발전을 추구할만한 내적충동이나 갈등, 고민이 없다는 것이다. 따라서 이들은 현실의 자질구레한 행복과 물질적 쾌락에 만족하며, 어떠한 모험도 감행하지 않는 지극히 평범하고 소심한 현대인들에 대한, 니체의 경멸적인 비판으로 이해할 수 있다."

이 시대를 사는 현대인들, 특히 젊은이들은 니체의 이런 말에 동의하는가?

문명이 정점에 올라 더 이상 발전하지 않는다는 가설 하에는 성립될 수 있을지 모른다. 그러나 어디 세상의 흐름에 종착점이 존재하는가 말이다. 토마스 쿤이 '과학혁명의 구조'에서 한 말처럼, 패러다임이란 절정에 오를 즈음 이미 새 시대의 등장이 예기된다. 그 새로운 시대는 언제나 구시대 속에서 움트고, 그 속에서 살아가는 사람들은 끊임없이 약동하면서 살아 남기위해 진땀을 빼고 있다.

현대인에게는 니체가 말한 것처럼 안이하게 여유나 부릴 시간은 꿈속에도 없을 것이다. 물론 그의 말은 주역의 자강불식(自强不息)처럼, 이 삶에서 부단히 노력하며 살아가는 향상적 의지를 가지라는 뜻이다. 그러나 정작 현대인들, 아니 어느 시대의 인류에게나 시급한 것은 이론적 교훈인 말만이 아니다. 인문적 단어나 씹는다고 허기가 사라지지는 않는다.

영화 '토리노의 말'은 벨라 타르감독의 마지막 작품이다. 61회 베를린 영화제에서 심사위원대상을 차지한 우수한 작품으로서, 보는 이의 가슴에 큰 바위 하나를 얹어준다.

한쪽 팔이 불구인 늙은 마부는 시집갈 때가 한참이나 지난 딸과, 유일한 생계수단인 이 또한 병들고 늙은 말 한 마리와 살아가고 있었다. 구운 감자 하나가 전부인 끼니도 언제 끝이 날지 몰랐다. 지루하고 무거운 일상은 하루도 다르지 않게 이어갔다. 결국 말이 병들어 죽자, 두 부녀에게 남은 길은 철저히 닫혀버린다. 질곡의 삶을 벗어나기 위해 마부는 한 팔로 달구지를 끌고, 딸이 그 뒤를 밀면서 언덕을 넘어 길을 떠난다. 그리고 잠시 후 그들은 갔던 길을 되돌아 자신들의 집으로 돌아오고 만다. 언덕 너머에서 무엇을 보았는지, 무슨 꼴을 당했는지 감독은 보여주지 않지만, 그 회귀의 발걸음이 모든 것을 말해주고 있었다. 고난뿐인 집을 떠나는 시도는 그들의 마지막 발악과 같은 것이었으나 차라리 절망뿐인 집이 더 낫다는 결론만 얻었을 뿐이다. 이제 이들이 삭막한 현실을 벗어날 방법은 어떤 것인가?

한 현명하고 똑똑한 철학자 친구가 찾아왔다.

그의 지혜는 이 불쌍한 부녀에게 얼마나 유용한 것일까? 지금 마부와 딸에게 중요한 것은 순간의 목숨이라도 좀 더 연장해줄 물 한잔과 감자 한 알이었다. 하지만 인생의 냉혹한 현실 앞에 그의 화려한 변설은 주린 배를 채워주지 못했고, 감자 한 알보다도 가치가 없는 것이었다. 일말의 도움도 되지 않는 장광설만 늘어놓던 철학자는 결국 광풍이 부는 들판으로 내쫓겼다. 그리고 허황한 뒷모습을 보이며 모래바람 속으로 사라져갔다.

영화의 첫 장면은 니체가 토리노 광장에서 이 말의 목을 붙잡고 울다가 발작을 일으킨 이야기로부터 시작된다. 1889년 토리노 광장에서 니체가 실제로 겪은 일이 발단이 된 것이다. 무슨 까닭인지 꼼짝도 않는 말을 움직이려고 마부는 채찍질을 하지만 말은 결코 움직이려고 하지 않는다. 말은 마부가 세상을 살아가는 유일한 수단이다. 그러나 그 말은 대책 없는 삶의 끝나버린 꿈처럼, 더 이상 일하기를 거부한다. 비록 채찍에 맞아 죽는 한이 있더라도 말이다. 이 처참한 꼴을 본 니체가 달려가 그 말을 끌어안았다.

그는 그 절망적인 모습에서 무엇을 보았을까? 니체는 "어머니 나는 바보였어요."라는 말을 남기고 정신이상을 일으킨 뒤, 죽는 날까지 식물 같은 삶을 살았다. 그가 남긴 말은 정신병으로 인한 헛소리인지, 아니면 이 삭막한 현실 속에 허망한 논리로 구축했던 관념의 바벨탑에 회의를 느낀 것인지는 알 수 없다.

사무엘 베케트의 '고도를 기다리며'는, 천 길 절벽에 둘러싸인 절망적인 현대인들의 모습을 그리고 있다. 하지만 벨라 타르의 영화는 보다 더 비극적이다. 이들에게 니체는 최후의 인간상을 질타하며, 더 나은 미래를 위해 게으름을 부리지 말고 열심히 노력하라고 할 면목이 있을까?

흔들리는 삶의 방식

오늘날 현대인들이 겪고 있는 고뇌 중에는 정치 경제 같은 외적인 문제 외에도 정체성의 혼란처럼 내적인 것도 있다. 세계화가 모든 문제의 원인은 아니지만 어느 시대보다 더 빈번해진 교류는, 기업의 생태계만 붕괴시키는 것이 아니었다. 자기 것에 회의를 느낀 사람들은 서로 놀라고 흉내 내면서 유용하다고 여겨지는 형식을 찾아 변해가고 있다. 전통적 생활양식에 균열이 가고 있는 것이다. 입장 차이에 따라서는 다른 무엇보다 이 문제가 더 심각하게 여겨지기도 한다.

사회는 산 자들의 역동적인 삶의 현장으로서 어떤 경우에도 정체되지 않고 변하고 있다. 보통 새로운 변화는 구시대의 전성기에 싹트고 완만하게 진행되다가, 교체기가 다가오면 다급하게 속도를 낸다. 그러나 21세기 초반에 들어 일어나고 있는 커다란 패러다임의 전환은 어느 시대보다 빠르고 강력하다. 발달한 교통과 소통의 수단은 수많은 인적 물적 교류를 증대했고, 무슨 일이든 질과 규모면에서 전 지구적 차원으로 파급되게 만들었다. 변화는 물리적 세계에만 일어나지 않는다. 전통적인 문화와 관습들의 붕괴도 뒤를 따랐으며, 개인들의 삶의 양식마저

바닥부터 흔들리고 있다.

익히 알고 살아왔던 전통문화와 익숙한 생활양식은 현실적 편익에 따라 다른 문화와 각테일처럼 혼합되었다. 이런 현상들은 다양한 행동양식을 가진 사람들에게 복잡한 영향을 주고, 그 결과 세상은 더욱 예측하기 어려운 곳으로 변했다. 구세대와 신세대, 직업적 환경차이 등 여러 계층 간에 이질적 가치관이 나타났으며, 심한 경우 성장배경과 가정교육의 차이에 따라 같은 또래 간에도 생각이 달라졌다. 더구나 확산되는 개인주의까지 가세, 좁은 우리사회조차도 문화적 통역이 필요하게 될 지경에 이르렀다.

사회를 이루는 모든 요건들이 태풍에 뒤섞이는 해저처럼 급변하고 있지만 아직 새로운 세상의 질서는 나타나지 않고 있다. 수족관의 물은 양만 많아진 것이 아니라 수질까지 변했기 때문에 그 속에 살아가는 물고기의 혼란은 더욱 더 가중되어 가는 중이다. 교류는 늘어났지만 진정한 유대와 교감은 쉽지 않고, 개인들은 점차 소외당해 한 점의 핵으로 파편화 되어간다. 쌓이는 불신과 불만은 상호간의 갈등을 유발하여 사소한 일에도 양보하지 않게 되면서 큰 상처를 주고받게 된다. 이런 작용들은 지나친 증오와 충돌, 그리고 대립으로 발전하여 각종 범죄와 사회문제의 원인이 되는 중이다. 심지어, 억압된 분노는 직접적인 관련조차 없는 사람들에게까지 무차별로 표출되어 무고한 희생자를 낳기도 한다.

"…청소년의 자살증가, 알콜 중독의 급증, 우울증의 만연, 파괴행위, 범죄 등의 문제는 풍요한 사회라고 할 수 있는 현대사회의 공통적인 고민이다. 미국에서는 노이로제는 물론이고 마리화나환자, 스피드 광, 코카인 중독자, 헤로인중독자, 등으로 구급병원이 만원을 이루고 있다...워싱턴의 정신위생에 관한 대통령 자문위원회는 미국 국민의 적어도 4분의 1명은 어떤 형태의 중증 스트레스 환자라고 발표하고 있다......현대인의 일상생활은 초조하고 면도날처럼 예리하다. 신경이 날카로워져서 지하철이나 주유소 등의 줄을 이은 행렬에서 난투가 벌어지기도 하고 권총 총격으로 발전하기도 한다. 이런 현상이 보여주듯이 사람들의 감정은 일촉즉발의 상태에 있다."
(앨빈 토플러: 제3의 물결 제 25장, p.430)

이런 일은 한 번만으로도 통탄을 할 일이지만 실제는 익숙하게 듣는 소식이 되어버렸고, 미국에서나 일어난 일이 아니라 우리 사회에서도 흔하게 보게 되었다. 더 놀랍고 염려스러운 것은 사람들의 태도다. 동료가 잡혀가는 것을 보고도, 금방 일상으로 돌아가는 닭장의 닭들처럼 무감각해져 있는 것이다. 충격과 관심은 일시적이며 오래지 않아 마치 공장굴뚝의 연기처럼 흩어지고 사라져 버린다. 너무 변하고 삭막해져 가는 사회의 모습에 서로가 놀라면서도 누구하나 자기부터 달라지려는 생각을 하지 않는다. 어떻게 하든 좋은 세상이 되어주기를 간절히 원하고는 있지만 그것을 위해 자신의 아주 작은 기득권조차 양보할 생각은 없다. 누가 먼저 경계를 풀고 마음을 열 것인가? 경계를 내려놓는 순간 일격을 당하지 않는다는 보장은 어디에도 없다.

불신의 뿌리는 깊고 원망과 증오는 칡 넝쿨 보다 더 얽혀있다.

지금처럼 흘러가다가는 의사소통을 위해 건널목의 빨간 불과 파란 불

같은 최소한의 합의들부터 새롭게 구축해야 할 날이 오고야 말 것이다.

주역의 풍택중부(風澤中孚) 六三 에는 이런 말이 있다.

"적을 만났는데 북을 치며 나아가 막으려 하는 가하면, 손 놓고 포기하는 자에, 혹은 소리도내지 못하고 우는 자에, 또 혹자는 노래를 하기도 한다."

(得敵或鼓或罷或泣或歌)

오합지중으로 적과 대치를 하는 마당에 콩 튀듯 팥 튀듯 지리멸렬한 꼴이 벌어졌으니 영락없는 개판이다. 시대적 전환기의 혼란 속에서 슬프게도 각자도생(各自圖生)하고 있는 우리 현대인들의 모습과 너무도 닮은 구절이다.

모든 시대의 변화들이 늘 그랬지만 혼란이 시작되면 그다지 길지도 않은 시간에 사회는 쉽사리 병이 들어버린다. 이제 이 생소해진 세상에서 어떻게 살아가야 할까? 가뜩이나 모호한 미래와 당면한 경제문제로 힘든 사람들이 급변하는 문명의 생경한 환경에 겉돌고 있는 것이다.

사회적 규범이나 역할모델 같은 인생의 이정표들이 무색해져버린 상태는 10차선도 넘는 도로에서 차선이 사라진 혼란과 다르지 않다. 가이드라인도 없는 세상에서 소시민들은 갑자기 철학자가 되어야 하는 부담을 갖게 된 것이다. 이런 목마름으로 인해 어떻게 살아야 할지를 가르쳐준다는 인문학강의들이 활성화 되었고, 고전과 현자들의 가르침이 재조명되기 시작했다.

그러나 공자의 표현처럼 사람을 바로 이끄는 정거(正擧)보다 신기한 소리나 들려주고 이목을 모으려는 광거(狂擧)가 더 난립하는 중이다.

체험하지도 않은 이상을 문자풀이로 설명하는 것은 가보지도 못한 여행지를 파는 여행사나 다름없다. 더구나 듣기만 한 것을 알았다고 생각하는 사람들 역시, 한낱 공상을 하고 있는 것에 지나지 않는다.

이런 위선적인 문자 유희에 식상한 젊은이들의 참신한 행보가 인터넷에 올랐다. 그들은 아예 넓은 바깥세상으로 눈을 돌려 진실하고 참된 스승을 찾아 떠난 사람들이었다. 비록 긴 시간의 사숙을 하지 못한다 하더라도 학문과 인성의 농익은 태도를 접하면서 목마름을 해소하고 있었다. 원래 전법(傳法)의 순간은 전광석화 같아서 긴 시간을 필요로 하지도 않는다. 훌륭한 스승이라면 단순한 일상의 생활태도를 한번 보는 것만으로도 충분하기 때문이다.

얼핏 부는 바람에도 날아가 버릴 지적 환상보다 시급한 것은 구성원 간의 진심어린 소통이다. 차원 높은 지성도 중요하지만 사실상 모든 학문의 최종적 목표는 갈등과 증오를 해소하고 서로 화목하게 사는 데 있다. 차별화와 경쟁력 향상을 위한 지식 습득은 생명을 잃고 말라빠진 박제와 다르지 않다.

소비의 대상으로 전락한 지식은 인격의 성숙과는 아무 관련도 없고 쌓은 만큼 더 사람을 건조하게 만들 뿐이다. 시대적 혼란기를 살아가는 현대인들의 마른 가슴을 적시고 인생의 기쁨, 보람과 긍지를 갖게 할 적절한 생활양식은 그런 것이 아니다.

열린 듯이 막힌 소통

　인터넷을 발명한 현대는 유사 이래 처음으로 시공간을 초월하여 다자간의 소통이 이루어지는 놀라운 시대다. 하지만 기술적으로 신세계가 펼쳐졌다 해도 이 문화가 성숙해지는 데는 상당한 시간이 필요할 것으로 보인다. 떠들고 말하기를 좋아하는 인류에게 꿈같은 세상이긴 해도 아직 그 길 위에는 꽃보다 쓰레기가 즐비한 형편이다. 화목의 수단이 되어야할 신기술이 희망과는 달리, 많은 새로운 갈등의 원인을 제공하고 있다. 다른 지방에 살면서 평생 동안 만날 일도 없는 사람들이 인터넷을 통해 충돌하는 수가 다반사로 일어난다. 개중에는 분노를 삭이지 못한 끝에 먼 길을 찾아와 결투를 하거나 살인까지 저지른 일도 발생했다. 마술적 소통수단 때문에 잔속에서 그쳐야할 폭풍들이 오히려 세상 밖으로 넘쳐나고 있는 것이다. 다양성의 발현이라고 하지만, 잠저에서 기회를 얻지 못했던 각 분야의 잠룡(潛龍)들이 춘추전국을 이루면서 혼란만 더 가중되고 있다. 어떤 계기로 인해 특별한 인성의 도약이라도 일어난다면 모르지만 그 전에는 여간해서 해결될 일이 아니다.

　이런 까닭에 별일이 없는 한 앞으로도 당분간 균형 있는 소통자의 지위에는 여전히 전통적 언론이 자리하고 있을 것이다. 그러나 볼거리, 들을 거리를 파는 이 사업도 늘 정의롭지만은 않은 것이 문제다. 음식점의 양념이 갈수록 자극적으로 변하듯이, 방송사들은 시청자들을 붙잡아 두기 위해 점점 더 자극적인 뉴스를 내보낸다. 덕분에 세상은 단 하루도 최악이 아닌 날이 없어 보인다.

매체들의 활동은 부정적인 영향을 파급시키는데도 한 몫을 단단히 하는 중이다. 악랄한 범죄가 원색적으로 다루어지면 머지않아 유사범죄가 뒤를 잇는 것이 이를 증명한다. 대중의 알 권리 운운하며 속보이는 변명을 늘어놓을지 모르지만 실제 대중들은 괴로운 일을 이제 그만 알고 싶어 한다.

다산 정약용은 주역사전(周易四箋)에서 파성(播性)이라는 말을 사용했다.

효가 변해 본괘(本卦)가 지괘(之卦)로 변할지라도 본괘의 속성은 지괘 속에 여전히 씨 뿌려져 이어간다는 것이다. 엄마소가 얼룩소이면 새끼소도 얼룩소인 것처럼 후손은 조상을 닮는다. 그와 같이 시청자의 알권리에 충실한 척 하는 자극적 소식은 다른 유사사건의 교재가 되는데 단단히 일조하고 있다.

사건의 결과만 들어도 몸서리가 치는 일들을 범행수법까지 자상하게 알려주는 것을 사명으로 생각하는 것이다. 이런 안이한 보도행태는 범인과 같은 수준의 위험군(危險群)에 속한 사람들에게 매우 부정적이고 위험한 자극이 될 수 있다. 공개되는 범행수법은 잠재적 피해자를 줄일 것처럼 보이기도 한다. 하지만 모방범죄가 뒤를 잇는 현실의 상황을 볼 때, 원색적 보도는 잠재적 범인들에게 잔인한 범행수법과 함께 절제의 마지노선을 자극하는 일에 지나지 않는다. 여기다 종종 공중파의 도덕성을 상실하고 감시 감독기구의 지적을 넘어 형사법에 저촉되는 음모들까지 첨가되면 진정한 악역을 하게 된다.

소시민에게 외부의 세상은 너무 거대하고 뜻대로 되지도 않는 언제나 낯선 곳이다. 소외되고 무력감에 빠진 사람들이 선택하는 생활은 두더지와 다름이 없다. 오직 세상을 향해 열려진 창이란 각종 매체뿐이다. 이런 상황에서 가장 큰 이익을 보는 쪽이 있다면 그것은 철저히 계산된 상업주의일 것이다. 유일하게 열린 창으로부터 얻는 정보들의 대부분은 누더기처럼 조작되고 자극적인 양념으로 범벅 되어있다.

상업주의는 그들에게 필요한 환상들을 무한히 만들어 살포한다. 영웅도, 제품도, 서비스도, 사랑도, 행복과 기쁨의 기준도, 언어도, 그 모든 것들을 호도하여 제공하며 생각과 결정에 개입하고 유인한다.

사람들의 관심이 안으로, 안으로만 줄어드는 이상 정신적 균형을 유지하기는 점점 더 어렵다. 아니 이미 위험한 수위를 넘어섰다. 쏟아 붓는 날조된 쓰레기 정보와 조잡한 문화 속에서 맑은 영혼을 되찾기 위해 개인은 잠에서 깨어나야 한다. 이런 심각성에도 불구하고 지금의 현실은 언론매체들이 오물을 뿌리든 불난 곳에 부채질을 하든, 그 결과는 부가가치세처럼 최종도착점인 사회구성원 각자들에게 넘겨지고 있을 뿐이다.

환급을 받을 것인가, 꿀 먹은 벙어리처럼 감수할 것인가?

'채널고정'이라는 말은 시청자들의 농담 속에까지 회자되는 깜찍한 상업주의의 지상목표다. 무관의 제왕이라고 여겨지는 매체의 위상은 사회를 위한 진정한 헌신에서 얻어지는 지위다. 흔히 상업성은 필요악이라고 한다. 하지만 지금 같은 시대적 혼란기에는 스스로의 사명 쪽에 좀 더 배려를 하는 것이 염치 있는 일이겠다. 사람들이 더 식상하기 전에 특유의 기능을 십분 선용(善用)해야만 할 것이다. 현대인들이 필요로 하는 원만한 소통은 기술적 수단의 발전만으로는 어렵다. 그 허울 속을 채울 정의가 없는 한 가장 파괴력이 뛰어난 무기에 지나지 않는다. 그런 정의는 무엇으로부터 어떻게 확립되어야 할 것인지 의문이다. 특히 이 새롭고 생경한 시대의 정의는 더욱 그렇다.

현재 매체에 대한 큰 걱정거리는 감시자들이 충분히 나서지 않고 있다는 것이다. 불특정 다수의 주인은 소수의 오만한 머슴한테 형편없이 내둘리고 있지만, 이에 대한 대책은 솜방망이에 불과하다.

사회의 정서는 우리가 먹고 사는 식수원처럼 늘 맑아있어야 한다.

이산가족 찾기와 같은 위대한 업적도 이루어낸 능력을 가진 것이 언론매체. 이들이 한낱 상업적 이익에만 급급해 천박한 문화를 양산하지 못하도록 철저한 소비자들의 감시가 있어야 할 것이다. 조직력과 정보, 재정동원력을 가진 기성매체의 혼탁은 고립되어가는 현대인들에게 치명적 환경이 될 수 있다.

어떻게 살아야 할까

― 도구적 이성 ―

찰스 테일러는 '도구적 이성'이라는 용어를 고안하고 이렇게 설명했다.

"우리가 주어진 목적을 성취하기 위한 수단을, 어떻게 하면 가장 경제적으로 응용해 낼 수 있을까를 계산할 때 의지하게 되는 일종의 합리성이다."

언뜻 보아서는 아무도 부정하지 못할 너무나도 타당한 판단 기준이다. 그러나 오늘날처럼 각박해진 사회에서 이런 사고방식은 목적을 위해 대상의 존엄성을 무시하거나 박탈하게 되는 위험이 있다. 모든 사물과 인간관계까지가 효용, 즉 비용과 소득의 분석적 맥락에 의해 재단될 수 있다는 두려움이 있는 것이다. 현재 우리사회에 팽배해있는 '이기적 개인주의'의 병폐들을 보더라도 이 말은 정확하다.

그는 이어서, 한 개인의 삶의 양태도 도구적 이성의 비위를 거스르면서 버텨내기가 힘들기는 마찬가지라고 했다. 또한 자기 자신의 마음속에만 갇혀있는 그런 개인들로 구성된 사회에서는 자치정부(공익사업)에 적극적으로 참여하려는 사람들이 거의 없다고 말했다. 범사를 도구적 이성에 의해 영악하게 처리하는 것이 가장 이상적인 처세인 것으로 생각하는 사람들에게서 인간미는 찾아볼 수 없다. 결국 그들은 집안에 머무르면서 개인생활의 만족이나 즐기기를 선호한다.

하지만 사람들이 이렇게 된 데는 순수하게 개인의 책임만 있는 것은 아니다. 모든 면에서 거대해진 현대사회와 상대적으로 존재감을 잃고 소외되어가는 개인의 상호관계에도 그 원인은 있다. 이런 생각은 찰스 테일러가 말하는 의미를 부정하는 것이 아니라, 그런 차가운 마음의 발단에 대해 생각해보려는 것이다. 최근에는 도시를 떠나 산 속에서 살아가는 사람들의 이야기가 관심을 끌고 있다. 그 산 사람들의 공통점에서도 가장 뚜렷한 것은, 상실한 자신의 존재감을 되찾고 싶어 하는데 있었다. 일반적으로 사람들은 전 생애에 걸쳐 자신의 존재가치를 인정받고 싶어 하고 그 보람에서 생동감을 얻는다.

생명이란 산 것이고 산 것은 생동하고 있으며 외부를 향해 자신을 실현하고 있다. 외부로의 자아실현이 보람으로 돌아오면 그 보람은 다시 생명의 활력이 되는 것이다. 자아실현의 동기가 되는 마음작용은 크게 이기심과 이타심으로 양분될 수 있다. 도덕적 잣대를 내려놓고 보자면, 상반된 두 마음은 한 개성의 존재감과 보람을 위해 종사하는 동료들이다. 즉 이기심과 이타심은 동전의 양면으로서 자아의 존립과 실현을 위한 한 마음의 이중성이다.

그러므로 이기심에 의한 만족도 다분히 있지만 이타행을 통해서도 기쁨을 느끼고 자신의 가치를 확인할 수 있는 것이다. 성인들이 목숨을 던져가며 실현하는 자기희생적 대자비는 속인의 분별하는 눈으로 볼 때는 이타행이 분명하다. 그러나 소아(小我)를 극복한 성인들의 마음속에는 이기심은 말할 것도 없거니와 타인을 위해 희생한다는 생각마저도 없다. 이기심과 이타심이라는 이분법적인 분별이 소멸해버린 정신세계에는, 그림자가 실체를 따르듯 갈등 없이 이루어지는 사랑만 있을 뿐이다.

그와 달리 일반적인 경우에 이 두 심적 현상은 고기의 부레처럼 작용하고 있다. 그 결과 어느 한쪽만의 충족은 심적 결핍을 초래하여 정서적불균형이 일어난다. '당신은 사랑받기 위해 태어난 사람'이라는 노래의 가사도 있지만 그러자면 누군가 그를 사랑해줘야만 한다. 사랑은 주고받는 두 현상 모두에 기쁨과 보람이 있다. 받고 싶은 이기적 작용과 주고 싶은 이타적작용 두 가지는 모두 행복을 느끼게 하는 것이다.

　이와 같이 사람은 누군가에게 한 없이 인정받고 싶고, 또한 누군가를 도우며 사랑하고 싶은 마음이 있다. 이 두 마음은 배고픔처럼 존재의 밑바닥에서 늘 허기져있지만 이기심에 비해 이타심을 발휘할 기회는 흔하지 않다. 거대한 도시 속에서 개인의 사소한 능력으로 그런 보람을 얻을 기회는 상대적으로 희박하다. 노인들만 사는 집에 장작을 패주고 감사의 인사를 받거나, 작은 것을 나누며 즐거워할 일들은 증발해 버렸다. 공원에서 귀여운 꼬마를 보고 다정한 말을 건네거나 과자를 나누어 주고 그 부모로부터 환영받을 가능성은 얼마나 될까?

　십중팔구 과자는 버려지고 잘해야 유괴범을 면할 수 있을 것이다. 도움이 필요한 사람을 돕는 방법은 금전으로 통일되었으며 경제력에 따라 선의도 저울질 된다. 한 끼를 해결할 라면 값을 투척한다고 해서 방송에 이름이 나올 일은 절대로 없다. 가난한 노파가 붓다에게 바친 기름의 불은 강한바람이 불어도 꺼지지 않았다는 기적 같은 것은 일어나지 않는다. 성인이 시주를 받는 것이 아니라 냉담한 사회가 돈을 모으고 있는 까닭이다.

　이제 자신의 꿈과는 전혀 다른 사람이 되어 살고 있는 선량한 소시민들에게 남은 일은 자신이나 챙기는 것뿐이다. 실망한 마음은 남루하게 보이기 쉬운 소박한 이타심을 버리고 이기심을 강화시킨다. 개인을 몰아세우는 내외의 원인들까지 보태어지면, 사람들은 결국 찰스 테일러가 말하는 도구적 이성을 자신의 생활양식으로 선택하고 만다.

　이런 현상은 어처구니없게도 까칠하다는 말이 멋으로 통하는 사회를 만들어 버렸다. 조소거리가 되기 쉬운 선한 모델보다는 강한 인상의 악당이 마음을 덜 다치기 때문이다.

공평하다고 여겨지는 다른 어느 사회에서도 부는 여전히 능력 있는 소수에게 편중되고 있다. 성과위주의 세상에서 소외된 개인은 자연으로부터 부여받은 기본적 존엄성조차 보장받기 어렵다. 차가운 시선아래 아무것도 아닌 존재로 전락한 개인들의 분노는 불특정다수를 향해 서로 혐오하고 학대하기에 이른다.

이렇듯이 닫혀진 사회에 대해 절망감을 느낀 사람들은 외부로의 진취적 기상을 버리고 쉽사리 내부로만 감겨들게 된다. 말초적 흥미나 추종하며 사소한 일에 감정을 낭비하고 분노를 조절하지 못해 우발적 사건들이 속출한다. 극단적 광기로 평정심을 잃어가자 일상의 평화는 무너지고 세상은 점점 어두워지면서 난장판이 되어버렸다. 사회전체에는 집단적 히스테리가 만연하고 있는 중이다. 오늘에 이르러 우리는, 전시대에 우리사회에 헌정되었던 아름다운 찬사들을 모두 소진시켜버린 것 같다.

도구적 이성과 이기심을 고슴도치 털처럼 곤두세운 당찬 현대인들이 그럼에도 불구하고 행복해지지 않는다는 것은 슬픈 일이다. 마음의 담장이 높다면 다칠 일은 없어지겠지만 스스로 뼈가 시리는 고독을 감수해야 한다. 애완동물을 찾는 사람들 중에는 원래 동물을 좋아하는 애호가도 많지만, 다른 사람과 사귀는 법을 모르는 사람들도 있다.

그런 사람들이 애완동물을 기르는 것은 좋은 생각이다. 배신을 모르는 헌신적인 동물을 통해 치유의 기회를 얻기도 하고, 공원에서는 동물들로 인해 모르는 사람들과 한두 마디 대화를 나눌 수도 있다. 운이 좋다면 같은 생각을 가진 친구를 만들지도 모른다. 자신을 제외한 모든 사람들(같은 정신적 고통을 겪는)을 적으로 돌리는 경우보다는 이쪽이 훨씬 행복할 것이다.

외로움이 굳어서 증오가 될 때까지 소외된 사람들은 불특정 다수의 아무 관련도 없는 사람들에게까지 잔인한 범죄를 저지른다. 그러면서 그들은 보복을 한 것이라고 여긴다.

화해와 공존의 길을 찾아서

개미구멍이 둑을 무너뜨리고 애 싸움이 어른 싸움된다는 말이 있다.

사소한 충돌이 큰 일로 발전할 수 있다는 뜻이지만 1969년 3월, 중국과 구소련의 국경에 있던 전바오 섬에서 발생한 사건보다 적절한 예는 없을 것이다. 이 황당한 사건은 사소한 충돌이 어디까지 발전할 수 있는지를 보여주는 대표적 사례가 되었다. 중국 헤이룽장 성의 동쪽 끝, 한반도의 동북쪽에 있는 우수리 강의 작은 섬 전바오는 중국 땅이었다. 원래 이 지역은 고대로부터 한민족의 앞마당이었지만 고난의 역사 속에서 주인은 뒷전이 되고, 1860년 베이징조약으로 중국과 구소련사이의 국경이 되었다.

문제는 전년도에 있었던 홍수로 퇴적물이 실려와 섬에 쌓이면서부터 생겨났다. 비가 오면 그때마다 모양이 바뀌는 여느 강가의 모래톱처럼 갑자기 섬의 면적이 늘어나 버린 것이다. 그런데 공교롭게도 늘어난 면적은 구소련의 영토내로 확장되었고 섬은 두 나라의 국경선위에 자리하고 말았다.

차라리 토목공사를 해서 분쟁거리를 없앴다면 좋으련만 지구상에서 면적 넓기로 1,2등을 다투는 나라들이 이 작은 섬을 놓고 공동경계에 들어갔다. 처음에는 사이좋게 잘 지내던 초병들 사이에 사소한 분쟁이 일어나자, 그만 일은 일파만파로 커지고 말았다. 서로 일진일퇴를 거듭하며 주먹다짐을 하던 다툼은 총격전으로 번지고 기갑부대를 동원한 충돌로까지 발전했다. 하지만 사태는 여기서 멈추지를 않았다. 구소련 60만 대군과 중국의 80만이 동원되어 격돌직전까지 갔고 핵무기사용이 거론되는 상황에 도달하게 되었다. 미국의 중재가 아니었다면 두 거인 간에 세기의 대결이 벌어졌을 것이며, 양차세계대전이후 전 인류가 두려워하던 3차 대전의 서막이 될 뻔했다.

국가 간에도 이런 일이 일어나는 판이다. 그 보다 더 작은 단위들은 거론할 필요도 없고 개인들 사이의 충돌은 매순간 발생하여 센다는 것이 무의미하다. 그러나 지난 십 수 년의 일만 돌아보더라도 이제는 작은 갈등조차 예사로 넘길 수가 없다. 발달된 물질문명의 강력한 파괴력이 너무 쉽게 동원될 수 있기 때문이다. 위기의 기회는 계속 늘어나고 있지만 이를 통제할 인간의 심성도 같이 성장하고 있는지는 의문스럽다. 이제 분명한 것은 이 위험한 현대를 살아가는 우리들은 모든 대립과 갈등을 내려놓고 화해하지 않으면 안 될 절대 절명의 순간에 있다는 것이다.

지붕에 구멍이 뚫린 원인이 무엇이든, 새는 비부터 막지 않으면 물난리는 피할 수 없다. 그 간은 개인이나 사회, 국가를 막론하고 비새는 원인을 놓고 끝없이 논쟁하거나 충돌과 실력행사를 불사해왔다. 서로 책임을 전가하고 잘못을 규탄이나 한다고 해서 문제가 사라질 리는 없다. 그런 방법으로는 해결점을 찾는 대신 오히려 갈등만 더 증폭시키는 실정이었다. 그 결과, 지난 시간들을 통해 뚜렷하게 증명된 것은 지금 같은 방법으로는 도저히 화해와 공존을 이룰 수 없다는 것뿐이다. 대립과 갈등 앞에서 인류의 문제해결능력은 더 이상 성장할 수 없는 것처럼 보인다.

하지만 두 손을 놓아 버리기 전에 이제는 생각을 달리해볼 필요가 있다. 이런 일을 맡은 지도자들과 그들의 노력이 도무지 성과가 없다는 것은 인내심이나 성의의 문제가 아니라 방법의 문제일 수 있기 때문이다.

"피상적인 정치적 통합의 연대는 결코 우리의 흥미를 끌 수도 없고, 우리에게 만족스럽지도 않으며, 본질적으로 우리에게 현실적이지도 않다."라고 한 타고르의 말처럼 우리가 찾는 그 길을 위해서는 사고와 발상의 전환이 불가피해졌다. 피상적인 정치적 통합의 연대 따위로 이리 기우고 저리 기운다 해도 치부를 가릴 대책은 나오지 않는다. 그간 진리처럼 여겨졌던 합리적이고 타산적인 해결책의 진면목도 한낱 도구적 이성에 불과한 까닭이다.

물론 국제간의 외교문제나 개인적 갈등의 복잡함을 단순하게 정의할 수는 없다. 대립과 갈등은 사안마다 다르고 개인으로부터 사회, 국가까지 그 규모마다 차이가 있다. 그러나 이 모든 주체들 간의 반목과 충돌이 서로 다른 정체성으로 인해 발생하는 부조화라는 점만은 분명하다. 즉, 규모의 차이만 있을 뿐 근본적인 것은 가치관의 충돌에서 기인하고 있는 것이다.

박이문은 '동양과 서양의 만남'에서 다음과 같이 말했다.

"오늘의 인간사회는 정신적으로 어느 때보다도 피곤하고, 사회적으로는 어느 시기보다도 혼란하고, 인간관계는 어느 때보다도 억압적이며, 심리적으로는 평화롭기보다는 불안스러운 곳이 되었다. 오늘날 IT 기술을 비롯한 과학기술의 발달이 공간적으로나 시간적으로 서로 독립해서 경계를 짓고 살던 크고 작은 인간집단을 커다란 하나로 묶어 지구촌이라는 인류공동체를 만들어냈음에도 불구하고 소통, 화합, 공존, 평화, 행복이라는 면에서 우리의 몸과 마음의 공동체는 어느 때보다 더 분산되고 단절되었다. 이러한 인류의 문명사적 현상은 극히 역설적이고 개탄스럽다.‥‥문제의 핵심이 만족스러운 소통의 부재에 있고 소통 부재의 원인이 상호의 이해부족에 있다면, 문제해결은 원활한 소통의 방법을 찾는 일이다. 그 방법은 무엇인가?"

어떤 경우에도 문화적 차이, 가치관의 차이를 타협 없이 고집하면서 공감대를 형성하기는 어렵다. 더구나 한 쪽이 다른 한 쪽을 철저히 궤멸시키거나 복속시키는 일은 결코 이루어질 수 없는 망상이며, 미래의 파국적 불행을 예약하는 짓에 불과하다. 이제 이런 무의미한 외적 차별성과, 소모적인 패권대립의 야망은 버려야 한다. 서로 다른 뜻을 관철하려고만 하는 것이 아니라 공감하고 공존할 수 있는 공통의 여지부터 찾아내야 할 것이다. 박 이문은 이러한 현대문화의 역설을 어떻게 설명하고 풀 수 있을까?라고 자문한 뒤, 이 난제를 해결하는 길을 인문학에서 찾아야 한다고 역설했다.

"그것은 과학적 지식이나 최근 비약적 발전을 거듭하는 IT소통기술이 아니다. 그것은 뜻밖에도 인문학의 육성에서만 찾을 수 있다."

얼핏 생각하면 모든 외적 차이를 넘어서면서 인류공통의 공감대라야만 하는 조건은 까다로운 듯도 하다. 그러나 실은 전혀 그렇지 않다. 화해와 소통의 수단은 없지도 멀리 있지도 않은 것이다. 문제를 문제로 인식할 줄 아는 바로 그 곳이 해답을 찾을 유일한 자리이기도하기 때문이다.

갈등과 충돌을 만들어 내는 원천은 사람의 의식이며, 사회라고 하는 유기적 집단을 운용하는 것도 사람의 의식 활동이다. 발달한 기술을 통제하고 역사를 운영해나가는 주체가 사람의 정신이므로 모든 문제의 발생과 해결이 여기서 이루어질 수밖에 없다. 결국 무엇보다 중요한 것은 정신문화이고 그 정신문화의 성숙은 인문학에 달려 있는 것이다. 그런 의미에서 다른 석학들과 마찬가지로 박 이문의 생각은 제대로 길을 제시한 것 같이 보인다.

2010년 5월 박이문은 연세 인문학 국제학술대회에서, '소통을 위한 인문학의 구체적 실천방법'이라는 제목으로 소통에 대한 연구를 발표했다.

"소통이 남과의 접촉을 통해 그의 마음과 그가 사는 인간집단의 문화적 이해를 전제하고, 그러한 이해가 우선적으로 타자와의 소통과 이해, 공존과 공영의 길을 열어줄 수 있다면, 그러한 목적을 달성하기 위해서는 우선 그들의 공동체를 방문하고, 그들 나라의 여행, 역사, 사상사, 문학, 예술 등 다양한 문화적 제품들을 연구하고 그에 익숙해질 필요가 있다. 우리 모두에게는 다양한 삶의 양식과 조직을 통한 정치적, 경제적, 문화예술적인 상호 교류를 통해 서로가 친숙해지고, 항상 열린 마음으로 타자를 포용하는 자세가 요청된다. 그것은 인종적으로 역사적으로 문화적으로 이질적일 수 있지만, 우리 모두 궁극적으로는 동일한 인류 집단 안의 동등한 구성원이며 근원적으로는 모든 차이를 초월해서 '인류'라는 이름의 DNA를 공유하고 그에 적합한 가치를 추구하는 신비롭고도 놀라운 지혜를 갖고 있기 때문이다"

(연세 인문학 국제학술대회 발표, 2010.5 : p.600)

결국 현대인의 갈등을 해소하기위한 인문학적 해결방법은 더 많은 상호방문과 문화적 교류가 있어야 한다는 것이다. 그런데 이 대책은 어쩐지 너무나 익숙하게 보인다. 새로운 것이 무조건 좋은 것은 아니지만, 그간 이런 노력은 수도 없이 있어왔기 때문이다.

정치외교문제는 UN이라는 범지구적인 기구가 있고 그 산하에 수많은 하부기관들이 평화를 위해 노력하고 있다. 문화예술의 교류와 상호이해는 상업적 목적을 위해서라도 놀랄 만치 많이 연구되고 있으며, 올림픽을 중심한 스포츠 교류 역시 다양하게 이루어지는 중이다. 축구를 위시하여 많은 종목의 운동선수들이 자기 나라를 떠나 다른 나라에서 활동하고 있으며, 관광목적의 방문 또한 북한을 제외하고는 거의 자유로운 이동이 이루어지고 있다. 세계화가 진행된 뒤의 지구촌은 마치 거대한 시장과 같이 와글대며 몰려다니고 있는 것이다. 이럼에도 모자람이 있다면 그것은 지금보다 더 몰려다녀야 한다는 양적인 문제 뿐인 것 같다.

하지만 지금 우리에게 필요한 것은 실효도 없는 구태의연한 방법의 양적 증대가 아니다. 더구나 인류에게는 역대성인들의 풍부한 가르침과 수많은 인문학적 유산이 축적되어 왔고 보급기술이 발달한 현대에는 그 절정에 이르러 있다. 그럼에도 불구하고 오히려 지난 어느 시대보다 더 갈등과 고뇌가 깊다면, 고도의 문화유산을 보유한 현대 인문학에 중대한 맹점이 있음을 대변하는 것이다. 즉 열심히는 하고 있지만 정작 알맹이가 빠진 까닭에 문제는 여전히 해결되고 있지 않다. 그렇다면 그것은 무엇인가?

이제 질문을 원점으로 돌려 소통이라는 화두를 다시 붙잡아야 할 것이다.

지금까지 인류가 이룩하지 못한 새로운 소통문화의 핵심적 조건은 각 주체들 중 누구도 부정하지 못할 보편적이고도 근본적인 자리여야 한다. 그 영역에서 서로가 진정한 존엄성을 발견하고 진실 되게 인정하면서부터 희망은 실현될 수 있다. 그런 길은 지금까지의 고정관념을 여전히 가진 채 끊임없이 실패하면서 찾아왔던 쪽에서 나오지는 않을 것이다.

"우리는 좀 더 깊이 있게 파고들어야 합니다. 우리는 다양한 인종간의 가장 심오한 통합, 정신적 결합을 이끌어내어야 합니다."라고 한 타고르의 말처럼 피상적인 문제 해결의 방법이 아니라 다양한 인종과 입장들을 포용할 수 있는 심오한 통합, 그 정신적 결합의 길을 찾아내야

할 것이다.

그렇게 하기 위해서는 소통의 참 뜻부터 다시 생각해야 하며, 그 소통이 이루어지는 자리에 초점을 맞춰야 한다. 각자의 내면에 있는 의지의 본성, 즉 마음이라는 공통적 구심점에 새삼 주의를 기울여야 할 것이다. 노래를 듣고 평가할 것이 아니라 노래하는 자를 연구해야 한다.

그간의 인류는 마음을 제대로 알지 못하고 끌려 다니기만 했다. 가장 익숙하게 잘 알고 있다고 여겨지는 마음의 본성에 대해서는 우주 저 편처럼 아는 것이 없었다. 성인들은 마음의 실체와 인간 존재의 실상을 제대로 드러내보였다. 그러나 사람들은 그들의 가르침을 왜곡하고 신으로 모시는데 만 급급했을 뿐이다.

갈등과 대립을 넘어 용서와 화해의 장을 열기 위해서는 두 가지 필수적 요건이 필요하다. 외적으로는 적극적인 소통과 교류가 있어야 하고 내적으로는 인간성의 회복과 상호 공감이 이루어져야 한다. 이 두 가지 요건을 충족시키기 위해서는 알맹이가 빠진 채 실용학문의 뒷전으로 밀려난 종교적 가르침과 인문학을 재정비해야 한다. 이런 시대적 요구는 국내외를 막론하고 인문학의 부흥기를 가져올 것이 분명하다.

그간의 인문학이 개인의 교양범위에 있었다면, 지금 같은 시대에는 적극적 사회 참여와 현실 구제의 사명까지 수행해야 할 것이다. 그리고 이에는 이미 괄목할 만한 노력과 활동들이 나타나고 있는 중이기도하다. 하지만 인문학의 부흥에는 전제되어야만할 커다란 과제가 있다. 인문학이 쇠퇴한 원인에는 세상의 추세가 실용성만을 추구했기 때문만은 아니다.

인문학에서 해결해야할 커다란 과제

　사람들의 삶, 그 사고와 행동에 결정적 영향을 주는 원형적 의식에는 종교적, 문화적 바탕이 깔려있다. 그리고 그 정신문화의 근원은 사람의 마음이며, 사람의 마음은 인종과 피부색을 넘어 동일하다. 이런 보편적인 공통점은 사회와 국가 간의 갈등을 해소할 방법을 찾는데도 길을 제시할 수 있을 것이다. 그 영역에서 상호이해의 여지를 찾아낼 수 있다면 갈등은 원천적으로 해결될 수 있기 때문이다.

　타고르도, "인간정신의 본질을 파고들어 모든 인종에게 발견되는 위대한 화합의 끈을 찾아내어야만 한다."고 말한바 있다. '위대한 화합의 끈'은 인류라는 이름의 생물학적 DNA보다는 타자를 포용하는 열린 마음으로서 선택을 불허하는 절대적 공감이라야 한다. 그리고 그것은 정신세계, 즉 마음의 본질 속에 있는 부동(不動)의 동질적 요소다.

　문명의 발전을 선도하거나 통제할 수 있는 것은 정신문화이고 인문학이 그 중심에 있다는 것은 누구도 부정하지 못할 사실이다. 마르크스의 말을 원용해보더라도 어떤 기술발전조차 결국은 인문학의 중흥을 스스로 불러오게 되어있다. 그러나 이 전설적인 권위의 노(老)학문도 고질적인 관절염을 달고 산다. 옛 실력만으로 새로운 시합에 그냥 나서기에는 만만하지 않은 문제들이 앞을 막는 것이다.

　어느 시대나 마찬가지이지만 특히 현대에는, 좁게는 개인주의로 인한 상호 간의 가치관 차이가 크고 지역 간에는 여전히 문화적 이질감이 상존한다. 인문학 역시 다르지 않다. 세계각지의 고유한 문화의 산물로서 그 발생환경에 따라 엄연한 차이가 있다. 이런 까닭에 서로 다른 인문적 배경과 가치기준은 같은 문제에도 이견을 드러내고, 국가 간 외교적 마찰의 배후에서 충돌과 대립의 원인으로 작용하게 된다.

다른 시공간에서 형성된 상이한 언어와 논리는 뚜렷한 사실조차 다른 모습으로 보이게 만든다. 역사 속에 등장하는 수많은 종교적 갈등, 심지어 같은 경전에 대한 다른 해석이 빚어낸 충돌들도 모두 이런 것이다. 이 차이를 극복하는 것은 외교적 해결보다 어려우면 어려웠지 쉬울 수는 없다. 지난 시절 인문적 가치들은 문제해결을 하는 것이 아니라 오히려 사람들의 갈등에 단단히 한몫을 하기도 했다.

바로 이런 난점들이 계수화, 정량화로 소통의 수단을 삼는 도구적 이성의 정당성에 빌미를 주고 있다. 고상하고 은유적인 인문학보다 정확하고 냉철한 과학이 신용을 얻은 것도 다 이유가 있었던 것이다. 그러나 그런 수단 역시 공정하지는 않았다. 갖은 잔재주와 모략으로 자료는 굴절되었고 불만족한 쪽의 반발로 수많은 갈등과 폭력의 발단이 되었을 뿐이다.

만약 인문학이 성공을 거두고 이상적 목표를 이룩한다면 갈등의 원천적 해결에 더 이상 적당한 것은 없을 것이다. 그러나 아무리 그렇다 할지라도 과거의 황금시대에나 통했던 옛 모습 그대로 재등장해서는 가망이 없다.

또다시 당시의 실수나 되풀이 하면서 진전 없는 토론으로 시간을 낭비할 것이 분명하기 때문이다. 비록 진전 없는 토론 그 자체가 인간적이며, 인문학의 참 목적이라 할지라도 지금은 그럴 여유가 없다.

아일랜드 출신 영국시인 예이츠가 타고르의 '기탄잘리'에 서문을 썼다. 기탄잘리에 감동한 그가 뱅골 의사 한 사람과 만나 타고르에 대해 나눈 대화도 그 서문 속에 있다.

예이츠가 의사에게 질문한 다음의 말은 매우 인상적이다.

"당신 나라에도 설교적인 글이나 비평이 많이 있나요? 우리에게는 특히 영국에서는 그 따위의 글이 너무 많아서 사람들의 정신이 차츰 창조성을 잃어가고 있습니다만, 별도리가 없습니다. 만약 우리가 살아가면서 끊임없이 싸우지 않는다면, 우리는 자신의 취향을 지키지도 못하고, 좋은 것이 무엇인지 알지도 못하며, 청중과 독자를 찾지도 못할 것입니다. 우리가 지닌 정력의 5분의 4는 우리 자신의 정신이나 타인의 정신 속에 있는 악취미와 다투는데 소모된답니다."

지금 우리에게 절실한 것은 이런 짓이 아니다.

토론을 위한 생각의 힘을 키우자는 것이 아니라 찰떡같은 공감이 필요하다. 불교적 표현을 빌리자면 계합(契合)으로서 도장을 찍듯이 같은 마음이 되어야 한다는 것이다. 그래야만 이질성을 넘어 역지사지(易地思之)할 것도 없는 진정한 이심전심(以心傳心)으로 서로를 껴안을 수 있다.

이런 요청을 앞에 두고, 종교를 위시한 인문학에는 어떤 그림자가 드리워져 있는가?

결론적으로 말하자면 인문학의 전달수단은 모두 이론 즉, 말과 글을 벗어나지 못한다. 물론 종교와 동양적 인문학에서는 체험을 존중했지만 최근에 와서는 이 소중한 것들이 등한시되고 있다. 다분히 교학적으로만 흘렸기 때문이다. 이것은 치명적인 실수다. 말과 글은 아무리 교묘히 구사해도 진실의 그림자에 지나지 않기 때문이다.

가게에서 파는 복숭아나 통조림만 먹던 아이들은 실제로 그 과일이 나무에 매달려 있는 것을 보면 신선한 충격에 빠진다. 말과 글은 통조림보다 더 간접적인 것으로 체험이 아니라 공상을 일으킬 뿐이다.

지식의 전달이 언어문자를 떠날 수는 없다 해도 그 자체에만 집착해서는 결코 본의를 알 수 없다. 뜻이란 설명하려면 설명하려고 하는 만큼 더 실상에서 멀어지고 복잡해지기만 하는 약점이 있다. 학자들은 새로운 논리와 논법을 전개하며 추상적이기만 한 개념들을 확실히 가두려고 노력한다. 하지만 버선목을 뒤집듯이 시원한 결말을 본적은 없었다. 언어의 불합리적인 실상에 관해서는 동양의 노장(老莊)으로부터 베르그송이나 하이데거 등에 의해서 끊임없이 설명되어 온 문제다.

여러 연구들을 통해 증명되었듯이 사람은 각자 자기만의 관점으로 세상을 보고 자신만의 세상을 살고 있는 중이다. 심지어 같은 풍경을 보면서도 우리가 느끼는 감상은 서로 다르다. 아무리 같은 단어로 말하고 있지만, 그 언어에 대한 개인적인 경험 차이는 다른 이미지를 갖게 할 뿐이다. 과학에서도 측정이전의 세계의 불가해성에 대해서는 양자역학적 추론에 의지하고 있다. 어떤 측정도 그 측정으로 인해 야기된 독자적 세상을 가진다는 평행이론에 이르면, 우리는 말과 글로 무엇을 서로 전달하고 공감할 수 있을 것인가?

강의가 한창인 강의실에는 물위에 엇갈리며 번져가는 수많은 잔물결처럼 가늠하지도 못할 만큼 많은 오해와 착각들이 퍼져나가고 있다.

이런 까닭에 제대로 된 뜻의 전달이 이루어지기가 난망하고, 논리로 쌓아올린 인문학역시 자기한계를 극복하지 못한다. 언어 문자의 불완전한 소통방법으로는 찰떡같은 공감이나 계합은 꿈도 꾸어볼 수 없다. 그렇다면 이제 우리가 당면한 종말적 국면을 해소하기 위해 종교와 인문학에는 어떤 적절한 변화가 있어야 할 것인가?

가장 먼저 우리들은 외형적 단서라는 허망한 것들로부터 눈을 돌려야 한다. 물고기를 보거든 물을 잊으라는 말도 있다. 목적은 달일 뿐, 그것을 가리키는 손가락이 아니다. 간화선에서 화두의 의미가 무엇인가 묻자, 담장위로 소뿔이 지나가면 소가 지나가는 것을 아는 것이라 했다. 최소한 득의망상(得意忘象)하여 속에 들은 본래의 뜻에 공감할 수 있는 길을 열어야 한다. 그것이 지금시대의 인문학이 제 노릇을 하기위해 요청되는 절대적 조건이다.

논리

우리나라가 배출한 세계적 피겨스케이터 김연아. 그녀가 빙상경기장 옆에서 후배들에게 피겨의 기술에 대해 강의를 하고 있다고 하자. 또 역시, 우리의 세계적인 수영스타 박태환이 수영장 옆에서 수영에 대해 강의를 한다고 해보자. 이들은 실전을 통해 자신들의 역량을 전 세계에 떨친 사람들이다. 그들의 설명은 너무나도 실감 있고 감동적일 것이다.

그런데 이때 김연아가 하고 있는 것은 피겨스케이팅인가?

또 박태환은 수영을 하고 있는 것인가?

수영과 피겨에 관한 실감나는 강의이긴 하겠지만 그것을 좀 더 멀리서 바라보면 그들은 단지 말을 하고 있을 뿐이다. 청중 또한 피겨나 수영을 하는 것이 아니라 그것에 관한 공상을 하고 있는 중이다. 어떠한 실제적 사건도 이렇게 전달의 한 단계를 지나면서 허상의 세계가 된다. 그러므로 제대로 된 전달자들은 차라리 걷어붙이고 실전을 보여주는 것을 원한다.

1934년 헤밍웨이는 필라델피아 박물관장 C.M.B.캐드월러더를 자신의 집과 요트가 있는 아바나로 초청했다. 헤밍웨이의 일상을 보면 소설가인지 어부인지 분간이 가지 않는 사람이었다. 하지만 이번에는 낚시나 하고 놀자는 것이 아니었다. 잡아서 건져 놓으면 그 즉시 색깔이 변하기 시작해서, 부둣가에 도착했을 때는 더 변해있는 새치 때문이었다. 어류학자라는 자들이 실제 살아있는 새치는 구경도 하지 못한 채, 부두에 잡혀온 시체나 보고 연구를 하다 보니 학문적 분류가 제대로 되지 않았다. 새치의 색깔은 동일 어종의 성장 단계와 암수의 차이에 따라서도 다르게 보였지만 어부들마저 그 모든 것을 다른 이름으로 보고하고 있었다. 헤밍웨이는 이 꼴을 참고 보아줄 수가 없었다. 답답한 학자들로 하여금 실제로 새치를 잡아보면서 살아있는 새치를 관찰하게 하겠다는 생각이었던 것이다. 결과는 그의 생각대로 책상 물림의 학자들에게 평생 잊지 못할 감동을 안겨주었다.

실상의 이미지를 형용하는 것을 '상(象)한다'고 한다. 보편적으로 활용되는 이 글자는 원래 코끼리를 '상(象)'이라고 표기한데서 유래되었다.

열대가 아닌 중국에는 코끼리가 있을 리 없다. 자연히 이 동물에 대해 이야기를 하자면 실물을 놓고 말할 수가 없는 형편이었다. 기껏해야 이 동물의 뼈를 보거나 다른 자료들을 통해 상상할 수밖에 없었다.

그러나 아무리 볼 수는 없다 해도 실존하는 이상 이름은 있어야했다. 마침내 신기한 동물 코끼리에게도 중국식 이름이 만들어졌다. 코끼리는 긴 코와 상아를 본 따 상(象)으로 표기하게 되었고, 설문해자는 다음과 같이 설명한다. "남쪽 먼 나라의 큰 짐승으로서 짐승 중에 가장 크다. 긴 코와 이빨이 있다."(南越大獸 獸之最大者 而出南越 長鼻牙 有長鼻長牙).

이 사례를 쫓아 코끼리(象)는 사물과 대상을 '형용하는 행위'로 확대되어 통용되기 시작했다. 말과 글은 단지 실제를 형용하는 방편에 불과하다. 빈 손의 강사가 몇 시간째 강의실에 '코끼리'를 풀어 놓아도 청중은 그 중 단 한 마리도 실제로 본 것은 없다.

결국 우리가 말과 글로 된 논리로서 무엇을 규명한다고 하는 것은 실상을 체험하는 것이 아니라 그림자를 논하고 있는 것이다. 더구나 서양 철학에서도 물자체(物自體)를 인지할 수는 없다고 말하듯이, 사람은 우주적 대상들이 인식의 스펙트럼으로 분광된 중에 인간적 범위만을 이해할 뿐이다. 양자역학의 '불확정성의 원리'에 의하면 그마저도 측정할 때 마다, 하는 사람마다 다르게 인식된다. 관측 대상의 초기 상태가 관측활동에 의해 파동 함수 붕괴(wave function collapse)가 일어나면 대상은 초기와 다른 상태로 바뀌어 버리기 때문이다. 이로서 우주의 모든 현상들은 그 존재를 인식하는 관측자에 의해 상대적으로 규정될 뿐,

객관이란 것은 존재하지 않음이 밝혀졌다. 양자이론에 알레르기 반응을 일으켰던 아인슈타인의 상대성이론마저도 빛은 주변 별들의 질량에 따라 굴절도가 달라진다고 했다. 심부름 다녀오는 아이가 중간에 누굴 만나는가에 따라 귀가시간이 달라지는 것과 같다.

시간의 의미가 상실되는 블랙홀은 말할 것도 없고 최근에는 이 빛을 가두어 두는 기술도 나왔다고 한다. 시간의 기준이 되는 광속마저도 믿을 것이 못된다면, 결국 이 우주에는 무엇 하나 뚜렷하게 기준 삼을 객관적인 것은 없다. 그나마 제 멋대로 이해한 것도 다시 불완전한 언어문자에 담겨 거론되면 왜곡은 가중된다. 조상들의 표현대로 한 사건에도 '온 놈이 온 말'을 하는 것이다. 사실이 이럴진대, 관념화된 언어로 사물의 실체를 규명한다는 것은 전적으로 무리다. 말과 글의 기능적인 한계는 여기에 있다.

통계에서는 현상계에 일어나는 일중에서 측정 가능한 것, 목적에 부합되는 의미만을 추적한다. 자연히 간혹 일어나는 일회적인 일들이라면 아예 관심 밖의 대상이 된다. 비교적 세상이 단조로웠을 때는 이런 엉성한 그물에도 고기가 잡혔다. 그러나 지금처럼 촘촘하다 못해 그 틈새가 모두 메워질 정도로 복잡한 세상에서는 사정이 달라졌다. 평소라면 측정대상에 들지도 못했던 의미 없는 것들이 누적되어 방향성을 가진 에너지로 변하고 있다. 이른바 블랙 스완(Black Swan)이라는 예측 밖의 돌출사건들은 모두 이런 과정으로 형성된 것들이다. 사람들은 블랙 스완(Black Swan)이 무슨 이변이라도 되는 듯이 말하고 있지만, 실상은 통계의 구조적인 결함에서 나온 인재(人災)에 불과하다.

빌 게이츠가 1950년 이후 출간한 책들 중에서 최고로 꼽은 책 중에는 데럴 허프의 'How To Lie With Statistics'가 있다. 우리나라에서는 '새빨간 거짓말, 통계'로 소개되었는데, 인상적인 것은 겉표지 디자인의 색깔에 새빨간 무늬가 들어가 있고 책제목은 그 위에 있다는 것이다.

데럴 허프는 여론조사의 예를 들면서, "조사는 표본의 왜곡이 일어나는 원인과의 끝없는 싸움이고, 이 싸움에서 그들은 결코 이길 수 없다."라고 했다. 게다가 속임수까지 써가면서 조작할 필요도 없다고 했다. 표본자체가 한 방향으로 기울어지기 때문에 결과는 저절로 왜곡되어 버리기 때문이다.

제 아무리 발달한 기술이라 할지라도 통계의 꼴을 면할 수 없다. 미세영역과 거시세계가 한없이 연장된 우주 단위의 복잡계(複雜界)에서 예측이라는 것은 한계가 있을 수밖에 없기 때문이다. 이와 같이 인문학의 도구인 언어문자도 형용할 수 있는 것과 벽에 부딪혀 난감한 영역이 존재한다. 그림도 그려보고, 소리도 내어보고, 손짓도 해보면서 벼라별 보조수단을 다 동원해도, 그래도 여전히 괄호 밖에서 안으로 들여오지 못하는 것이 있다.

통계가 그렇듯이 실상을 형용하는 언어문자도 구조적 한계를 지니고 있고, 그것을 도구로 사용해야하는 논리까지도 한계를 가질 수밖에 없다. 즉 논리는 부정을 부정하는 우주적 진실을 찾기에는 처음부터 엉성한 그물이었던 것이다. 이런 논리의 맹점은 그것을 도구로 하는 인문학의 맹점이 되고, 인문학의 맹점은 정신 문화 부흥의 맹점이 된다. 정신문화의 낭패는 완전한 소통의 자리를 찾으려는 현대인들의 절실한 희망을 해결하지 못한다.

백주대낮이면 하늘에서 세상을 비추고 있는 태양이 있다.

우리 인간들이 우리가 만든 관측 도구를 태양에 보내 그 현장을 실측할 수 있을까? 그렇게 할 수 있다고 생각하는 사람이 있다면 정신병원부터 가봐야 한다. 현재 우리가 창조할 수 있는 재료 중에 태양의 열을 견디면서 그 현장을 실측할 물질은 없다. 태양이 그럴진대 우주의 보편적 진리, 그 당체를 인간의 관념이나 언어에 담을 수 있다는 발상도 이것과 전혀 다르지 않다.

인간이 자신의 관점을 유지한 채 근원적 진리 비슷한 것에 접근했다면 도달한 그 자리는 진리 비슷한 것도 아니다. 그 전에 이미 우리의 존재와 언어 자체가 태양에 녹는 관측기구처럼 해체되어야 하기 때문이다. 작은 보시기 속에 큰 주발이 들어가지 않듯이 앞으로도 이 문제는 해결되지 않는다. 그래서 노자는 형용이 불가한 우주적 진리에 억지로 이름을 붙여 도(道)라 한다고 했을 뿐이다.

서구적 철학을 포함하여 논리적 인문학이라면 그 도구는 이성적 사고다.

여기서 새삼 이성의 정의까지 논하면서 각론으로 빠져 소모적인 논쟁을 할 필요는 없을 것이다. 종종 서양철학의 이성이라는 개념을 불교의 불성, 즉 깨달음으로 이해하는 철학자들도 있지만 그러나 그것은 언감생심, 정말 속편안한 공상에 불과하다. 최소한 간화선의 초입만 경험을 해도 그런 설익은 생각은 버리게 된다. 손바닥 한쪽만으로는 손뼉을

칠 수 없듯이, 이성이란 반이성의 대립성을 전제함으로서 존재하는 개념이다. 이런 까닭에 반이성을 극복한 이성, 즉 순수이성이 홀로 존재한다는 말은 성립될 수 없다. 또한 이 두 개념들이 성립되기 위해서는 이것들을 주관하는 주체가 전제되어야만 한다. 그러므로 이성은 주관적 입장을 벗어날 수가 없다. 주관에서 헤어나지 못하는 지경을 두고 우주의 보편적 진리라고 하기에는 민망하지 않은가?

불교의 계합(契合)과 견성성불(見性成佛)이라는 것은 이런 모순적 상황을 초월했을 때 얻어지는 것이다.

이언 해킹은 토마스 쿤의 '과학 혁명의 구조'서문에서 이렇게 말한다. "상대성이론과 양자물리학이 결합해서 오래된 과학만이 아니라 근본적인 형이상학까지도 폐기해버렸다. 칸트는 절대적인 뉴턴식의 공간과 한결같은 인과성의 원리가 인간이 자신이 살고 있는 세계를 이해할 수 있게 해주는 필요조건들, 즉 선험적인 사고의 원리라고 가르쳤다. 물리학은 그가 완전히 틀렸다는 것을 증명했다. 원인과 결과는 그저 외양에 지나지 않으며, 실재의 깊숙한 곳에는 불확정성이 존재했다."(과학혁명의 구조: p.16, 까치)

원인과 결과는 그것을 그렇게 분류하는 자들의 농간일 뿐, 실제우주는 이도 저도 아닌 불확정성일 뿐이다. 이는 주역의 괘에 고유한 길과 흉의 의미가 있는 것이 아니라, 상대적이라고 말한 다산 정약용의 말과도 통한다.

원효는 왕으로부터 금강삼매경(金剛三昧經)에 대한 설법요청을 받는다. 그가 이 경에 논(論)을 썼기 때문이었다. 경이 성립되고 후일,

위작이니 어쩌니 하는 소리를 듣기도 하지만, 불가에서는 가장 정밀하고 어렵다고 정평이 나있는 경전이다. 불교가 국교이던 시절이라 어지간한 경전이라면 설법을 할 사람들이 차고 넘쳤다. 하지만, 이 경에는 당할 사람이 없어 파계승 취급에 왕따였던 원효를 불러들일 수밖에 없었던 것이다.

그때의 원효를 춘원 이광수는 "서까래를 구할 때는 흔했지만, 대들보감을 찾는 데는 오직 나 한사람뿐이로다"라는 말로 그려낸다. 그 금강삼매에 세 가지가 있다. 첫째는 금강삼매, 둘째가 금강륜삼매(金剛輪三昧), 세 번째에 여금강삼매(如金剛三昧)다. 첫째의 금강삼매는 일체의 모든 법을 다 쳐부수고 무여열반에 들어 다시는 유(有)를 받지 않는다. 둘째의 금강륜삼매는 일체의 불법을 다 쳐부수어 막힘이 없고 걸림이 없으며, 모든 삼매륜을 잘 지니는 것이다. 세 번째, 즉 여금강삼매는 금강삼매와 같아 보이긴 하지만 실제는 차이가 있다. 이것은 학인들이 공부를 해서 얻은 마음과 같다고 했다.

그 차별에 대해서도 다섯 가지의 예가 있다. 그 중 두, 세 가지를 소개하자면 다음과 같다. 여금강이 군사를 무찌르는 것이라면 금강은 산을 무너뜨리는 것이다. 여금강이 위계상 학위(學位)에 해당하는 것에 비해 금강은 무학위(無學位)에 해당한다. 여금강은 작은 분량만 비슷하다는 뜻을 취한 것으로, 다만 번뇌를 깨뜨릴 뿐 금강처럼 나머지 법을 모두 파하지 못한다.

가진 것이 지식뿐인 자가 무진장한 변설과 해박한 지식을 늘어놓으면 겉으로는 지혜의 화신인 문수보살이 하강한 것처럼 보일 수는 있겠다.

그러나 실제의 금강삼매에는 근처에도 가지 못한다. 변설로 진리와 세상을 규명하려는 '논리뿐인 인문학'이 바로 이 여금강삼매와 거울쌍둥이처럼 닮았다. 설혹, 태산같이 쌓은 지식 때문에 자신까지도 뭔가를 알았다고 착각을 일으킬 수 있지만, 스스로도 속고 있는 것이 논증의 세계다. 더욱이 이것으로 할 수 있는 것은 고작해야 허망한 논쟁뿐이다.

덕산 선감(德山 宣鑒)은 원래 율종을 수학하여 박학한 사람이었다. 특히 금강경에 밝아 사람들은 그의 성, 주(周)를 붙여 주금강(周金剛)이라고 불렀다. 평소 선학(禪學)에 부정적이었던 그는 직지인심 견성성불(直指人心 見性成佛)한다는 말을 고깝게 여기고 있었다. 드디어 날을 잡아 금강경 두 광주리를 짊어지고 용담(龍潭)을 향해 출발했다. 용담 숭신(龍潭 崇信)을 만나 담판을 벌일 참이었던 것이다. 하지만 정작 용담을 만났을 때는 법거량(法擧揚)을 할 요량으로 한마디를 던졌다가, 그만 제 말에 꼬리가 잡혀 말문이 막혀버렸다. 일단 한동안 머물기로 작정한 바로 그날 밤.

덕산이 밤 인사를 마치고 문을 나섰다가 금방 돌아왔다. 밖이 너무 어두웠기 때문이었다. 용담이 호롱불을 켜서 그에게 건네주고 덕산이 막 받아들려고 할 때였다. 갑자기 용담이 불을 불어 꺼버렸다. 순간 덕산의 온몸에는 전율이 흘렀다. 홀연히 깨달음을 얻은 그는 용담에게 예를 표했다.

다음날 덕산은 짊어지고 왔던 청룡소초를 법당 앞에 쌓아놓고 불을 지르며 말했다고 한다.

"번쇄한 논의는 태허(太虛)안에 던진 한 오라기 머리카락과 같으며,

모든 재능의 과시란 깊이를 알 수 없는 바다에 던져진 한 방울의 물과 같다."

덕산이 소초를 소각한 행위나, 철학자들의 논리적사변이 결국 태허 가운데의 한 오라기 머리카락에 불과하다는 인식은 우리에게 토마스 아퀴나스를 연상하게 한다. 그는 임종에 가까워졌을 때, 그의 비서가 저술을 계속하라고 재촉하자 다음과 같이 말했기 때문이다.

"레지날드여, 내가 지금까지 저술한 것들이 마치 지푸라기처럼 여겨지기 때문에 나는 더 이상은 쓸 수가 없네."(선학의 황금시대)

왕양명은 이론적 지식에 대해 매우 비판적이었다.

"널리 기억하고 암송하는 것은 오만함을 기르는데 적합하고, 많은 지식은 악을 행하는데 적합하며, 폭넓은 견문은 논변을 마음대로 하는데 적합하고, 풍부한 사장(辭章)은 거짓을 꾸미는데 적합하다.

박학다식 그 자체는 자기 수양을 통해 지선(至善)을 실현하는 것과는 무관하다. 이것은 오히려 자기의 이익과 명예를 구하기 위해, 남을 해치는데 봉사할 가능성이 크다."(정인재 한정길; 전습록 2, p.717)

종횡으로 글자의 수를 놓고 그것으로 업을 삼는 사람들이 생각해볼 따가운 말이겠다. 진정한 본질이 아니고는 수많은 차별적 입장을 아우를 수 없으며, 논증으로는 그 자리를 찾을 수도 없다.

아인슈타인이 남긴 말을 새겨보자.

"과거의 경험은 적절한 수학적 개념을 우리에게 제시할 수도 있지만, 모든 개념을 오직 경험에 의존해 도출할 수는 없다. 그래서 나는 고대인들이 그랬던 대로, 오직 순수한 사고만이 우리를 진리로 데려다 준다고 생각한다."

　파란 하늘이 보이지만 오를 수 없는 유리천정, 논리세계에 빠져있는 견해는 유리천정 아래 갇힌 지성에 불과하다.

　오죽하면 노자가 절학무우(絕學無憂), 즉 공부 안하면 골 아플 일도 없다고 했을까. 성철은 "바람에 날아온 신문조각 조차도 보지 말라"고 했다는 말이 있다. 그렇다면 지금부터 공부는 집어치우고 깡 무식이 되자는 말인가?

　성인들의 참뜻은 그것이 아니다.

　노자 자신이 도서관에서 산 사람이요. 성철은 그 철저한 실참, 실구와 쌍벽을 이룰 만큼 책을 달고 산 사람이다. 후학에게 준 그 말들의 참뜻은, 오직 반연(攀緣)에 끌리거나 사변에 빠지지 말라는 뜻이며, 논리와 논증에 집착하여 정각(正覺)에 이르지 못함을 경계한 것이다. 결국 오늘에 이르러 논증은 전문적 기술이 되었고, 대중성 없는 집단의 전유물이 되었다. 나아가 스스로 차단한 벽속에 갇힌 늙은 잔소리꾼으로 전락해버렸다.

　도무지 이런 길로 나서서 누가 막장에 갇히지 않은 사람이 있는지 궁금하다. 생 텍쥐베리의 어린왕자는 순수하고 철학적이다. 하지만 자신의 별로 돌아가는 방법은 뱀독에 의지하는 길밖에 찾지 못했다.

　프리초프 카프라(Fritjof Capra)는 서구문명의 기계론적 자연관으로 설명할 수 없는, 극대와 극미의 물질계에서 보이는 역동적 생명현상의 원리를 고대 동양철학의 자연관에서 찾았다. 그리고 이렇게 양극을 아우르는 유기적 자연철학관을 가진 대표적 인물로 노자를 생각한 그는, 그리스의 헤라클레이토스도 유사한 사상을 가졌다고 여긴다. 이보다는 훨씬 오래전, 헤겔도 변증법적 순환을 처음 발견한 사람은 헤라클레이토스라고 한 바 있다. 당시에 헤겔은 노자를 알지 못했기 때문이다. 그러나 두 사람이 우주가 같은 근본을 가졌다는 말을 했다고 해서 동일한 사상가로 취급되는 것은 어불성설이다. 동양의 사상들은 체험을 중시하며 우주의 실상에 접근하는 방법에서 서양과는 완전히 차원을 달리하기 때문이다.

 "말할수 있는 도는 참된 도가 아니며, 이름할 수 있는 것은 참된 이름이 아니다"(道可道非常道 名可名非常名)라고 한 노자의 말처럼 언어문자에 대한 생각부터가 서로 다르다. 로고스이든 무엇이든 개념을 설정하는 것은 중요한 것이 아니다. 그것과 실제로 합일할 수 있는 길인지가 문제다.

 한자경의 말을 인용해보자.

 "무분별의 절대를 개체들 너머의 단순한 존재론적 근거로 간주하는데 그치는 것이 아니라, 그것을 명상을 통해 도달 가능한 마음의 경지로 이해한다는 것이다."

 즉, 머리로 상상하는 박제된 것이 아니라 실제로 체득하는 활활발발(活活發發)의 생동하는 세계라는 점에서 분명한 차이가 있는 것이다. 조리법에 적힌 음식이 아니라 김이 오르는 실제의 요리를 말한다.

 논리는 역사적 사실을 객관적으로 설명하려는 언어의 문법체계로부터 탄생하여 보편적 진리를 규명하는데 까지 확장되었다. 그러나 객관적 합리성을 내세우며 의식 활동전반을 전횡하기에는 태생적으로 무리가 있었다. 이는 인류가 가진 정신활동의 극히 일부에 지나지 않고, 엄격하게 말하자면 상상력이 물화된 하급 한 것이라 할 수 있다. 바다에서 잡혀 내륙까지 팔려온 바짝 마른 물고기를 보고 살아있을 때의 모습을 상상한다는 것은 웃을 일에 불과하다.

정신적 결합을 주장한 타고르의 말처럼 진정한 화합의 길은 마음의 간극이 없는 공감에서 비롯된다는 것은 분명하다. 그리고 그것은 허접한 논리적 세계가 아니라 영혼이 공명하는 깊은 내면에서 이루어진다는 것도 이해할 수 있다. 만국 공통어는 미소라고 했다. 복잡한 말과 글보다 소박하고 직접적인 마음의 교류이기 때문이다. 만인의 공감대 역시 주고받는 미소처럼 마음에 의한 '보편적 진리의 공통적 체험'이 아니고서는 이루기 어렵다. 그리고 그 공통의 체험으로 인한 동질감에서부터 진정한 소통은 시작될 것이다.

'논리를 바탕으로 한 인문학'은 지금까지 도구로 사용해왔던 방법들을 버리고, 그 이상(理想)의 실현방법을 체험과 체득으로 대체해야만 한다. 만약 이 문제가 해결되지 않는다면 인류의 당면한 위기를 극복하기 위해 무능한 인문학부터 버려야 할 것이다.

종교

철학이 논증의 장을 펼치는 것과 달리 종교는 전통적으로 체험을 중요시해왔다. 말라빠진 격론만으로는 일치점을 찾을 수 없다는 점을 생각한다면 종교는 화합의 장을 찾는 현대인들에게 가장 적합한 대안이다. 그러나 현실에서는 이런 생각과 반대의 현상이 일어나고 있다. 기대와는 달리 종교가 오히려 갈등의 원인이 되기도 하고 지난 시절에 비해 신자들에 끼치는 영향력도 줄어들고 있는 것 같다.

전쟁과 테러, 정서적불안과 갈등, 결핍과 불균형 등 날로 더해가는 각종 사회적 문제로 인해 종교적 위안을 필요로 하는 일들은 늘어간다. 그럼에도 불구하고 종교에 의지하려는 신자들의 수는 현저히 감소하고 있는 것이다.

이런 현상은 각 종교 단체들의 내부적 변화로 일반의 종교적 욕구를 충족하지 못하거나 현대인들의 종교에 대한 신심이 변한 것에 기인할 것이다. 지금 종교단체들에서는 무슨 일이 일어나고 있는 것일까?

이것은 광범위하게 다루어져야 할 주제로서 간단하게 정의할 수 없는 문제지만 두드러지게 드러나는 몇 가지 요인을 생각해볼 수는 있다. 그 중하나는 과학과 논리학의 발달로 일반인들의 세계관이 변한 것이며, 현대사회의 다양성을 수용하기에 경직된 교리에도 문제가 있다. 종교적 세계관만으로 설명하기에 무리가 있는 세상의 현실은 신자들에게 이중적 삶을 살게 하여 회의를 느끼게 한다. 구원을 바라는 사람들의 마음은 시대를 초월하여 동일하고 그 문제해결의 답을 내놓은 종교적 진리는 영원한 가르침이다.

그러나 기독교신자들이 가장 많은 서구에서 이혼은 더 자유롭다. 옛날의 양들은 울타리 안에 살았지만 지금의 양들은 울타리 밖에서 산다. 양들은 자신들을 보호하려던 울타리너머로 모두 넘어와 이제 그 울타리는 의미를 상실했다. 현대과학 역시 서구가 앞장서서 발전시켜 왔으며 지금은 아무도 하늘의 천체를 어떤 전능한 존재가 돌리고 있다고는 생각하지 않는다. 열렬히 기도는 하고 있고 응답을 받은 사람들도 있다지만 여전히 이해되지 않는 일이 더 많다. 과거라면 모두 전능자의 뜻이라고 여기고 살았으나 현대인의 생활여건은 그렇게 간단하게 설명할 수 있는 것이 아니다. 더구나 대형화한 종교단체는 소외와 불안, 외로움을 벗어나기 위해 찾아간 사람들을 한 번 더 소외시키고 있다.

큰 행사와 많은 신자들틈에서 개인의 존재는 무색해지고 소속감을 얻기보다는 무력감과 공허함만 더 커질 뿐이다. 게다가 상당한 종교지도자들의 관심 역시, 교세를 확장할 대역사와 그 일에 경제적 힘을 보탤 성공한 신자에 있는 것 같다. 권력은 총구에서 나온다는 말처럼 신심도 경제능력에 비례해서 인정받는 것이 된지도 오래되었다. 얼마나 많은 구원들이 상품으로 팔려나가는지 알고 싶지도 않다. 결국 가르침은 겉돌고 신자들에게 확실한 평안은 현실적 능력인 경제력에서 보장된다는 생각이 들게 된다.

이외에도 종교단체가 신자들을 실망시킨 사례는 세기도 지칠 만큼 흔해 빠졌다. 교조의 제자들의, 제자들의 제자들에 대해 신자들은 존경심을 잃어버리는 중이다.

불상을 싣고 가던 당나귀가 있었다. 지나가던 사람들마다 불상을 향해 합장을 하자, 당나귀는 그것이 자신을 향한 존경심이라고 착각을 했다. 덕분에 마음이 훈훈해진 당나귀는 불상의 무게도 잊어버릴 지경이었다. 늦게 일을 마친 까닭에 돌아오는 길이 바빠졌다. 그런데 당나귀가

냇물을 보자 겁을 먹고 걸음을 멈추어버렸다. 마음이 급한 주인이 재촉을 했다. 당나귀는 모든 사람들이 존경하는 자신을 함부로 대하는 주인이 괘씸해서 더 말을 듣지 않았다. 화가 난 주인은 당나귀에게 가차 없이 매질을 했고, 그제야 당나귀는 제정신을 차렸다.

단순히 가르침이나 외는 앵무새들을 성인의 연장선에서 대우하자면 속이 뒤집어 질 때가 많다. 그런 꼴을 보느니 혼자 경전이나 읽으면서 열심히 현실적 목표를 쫓는 것이 한결 상쾌할 것이다. 굶주림은 언어문자가 아니라 한 끼 밥만이 해결할 수 있는 실질적인 문제다. 신자들이 요구하는 '살아있는 안정' 또한, 입시학원의 강의처럼 밑줄 치면서 듣는다고 얻어지는 것은 결코 아니다. 그런 너도밤나무의 위선적 지식 따위는 차라리 가족의 안위를 기원하는 순진한 신자의 말뚝 신심에도 미치지 못한다.

전등(傳燈), 신전(薪傳)이라는 말의 의미처럼 어두운 세상을 밝힌 성인의 등불이 지금도 불이 켜진 채 이어지고 있는지는 커다란 의문이다.

종교의 내부적인 문제들은 시대마다 자성과 혁신을 거쳐 왔지만, 잔뜩 당겨졌던 고무줄이 원래대로 되돌아오듯 원천적인 해결이 되지 않는다. 성인들의 가르침이 저급한 인성으로 인해 더럽혀지고 진흙에 떨어진 진주처럼 빛을 잃기 때문일 것이다. 물론 각 종교마다 훌륭한 정신적 깨달음을 얻은 지도자는 있다. 그러나 그들이 제대로 목소리를 내고 활동하기에 종교계는 너무도 혼탁하다. 현대에 우리가 당면해 있는 화해와 융화라는 과제를 이런 꼴들의 종교단체들이 해결하리라 생각하는 것은 착각일 뿐이다.

현대의 세계는 무한하게 개방된 채 빠르고 복잡하게 돌아간다. 양적, 질적으로 빈번하게 일어나는 교류로 인해 국가의 고유한 제도와 사회의 전통적 규범들은 그 영향력이 엷어지고 있다. 더 모호해진 세상을 살아가야 하는 현대인들은 자신의 삶을 어떻게 상정하고 살아가야 할지 혼란스럽다. 의지할 가치관이 절실한 사람들에게 가장 친근한 정신적 구심점은 여전히 종교일 수 있다.

하지만 시대적 혼란기에 제 노릇을 못하는 종교계의 역량은 방황하는 사람들에게 한낱 계륵에 지나지 않는다. 현대사회의 어려움을 직시하고 고뇌하는 사람들의 영혼에 안식을 주기 위해 자성하며 거듭나는 노력은 절실하다. 아쉬움만 가득한 종교가 제 노릇을 하자면 한시바삐 교세 확장을 위한 서로간의 대립부터 중지해야 한다. 서로가 경쟁적으로 차지하려는 야생 양떼는 생각도 없는 바보가 아니다. 종교계의 착각은 법조계나, 정치인이나, 자기 일에 태만한 공무원들이나, 막장드라마로 지상파를 낭비하는 방송극작가들이 말없는 불특정다수를 멍청이로 보는 것과 조금도 다르지 않다. 지금 정신세계에서 일어나고 있는 사태는 그들이 생각하는 것보다 수십, 수백 배로 심각한 것이다. 다른 사람들을 보고 초심으로 돌아가라고 외치기전에, 자신들부터 초심으로 돌아가는 것이 시급함을 알아야 한다.

".... 종교적 선동은 산업주의 시대의 민주체제를 떠받치면서 교회와 국가 간에 건전한 거리를 유지시켜 주었던, 세속 주의적 가정들에 대한 집중적인 공격의 일환으로 전개되고 있다......앞으로 수 십 년 동안 전개될 세계적 권력게임을 이해하려면 지금 성장하고 있는 회교,

카톨릭 교회 등 여러 종교세력 또는 그들 간의 범세계적 분쟁과 성전(聖戰)을 고려하지 않으면 안될 것이다." (앨빈 토플러: 권력이동, 한국경제신문사, p.550)

다양한 갈등 중에서도 종교가 원인이 되는 경우는 질과 양에서 그 규모가 방대하고 치명적이다. 이미 이 문제의 심각성은 인류사전체에 걸쳐 비극적 사건들을 통해 익히 경험해왔다. 현대에 이르러 상호존중과 공존에 대한 자각이 일어나고 있지만 겉으로 표방하는 것만큼 실질적인지는 의심스럽다. 같은 종교의 계파 간 갈등에도 양보가 없는 중에 타종교에 대해 개방적이 되기는 결코 쉬운 일이 아니다. 큰 종교권역이나 국가 간은 두말할 필요도 없고, 하물며 종교의 자유가 보장된 개방적인 국가에서조차 종파의 차이는 사람들을 갈라놓는다.

사교모임에서 피해야할 대화중에 가장 으뜸으로 꼽히는 것은 종교와 정치이야기라고 한다. 하지만 그 두 장르의 목표가 사람들의 소통과 화합, 평화라는 것을 생각해보면 이보다 더 아이러니한 일은 드물 것이다. 용서와 인내, 화해와 수용은, 이 두 영역에서 최우선으로 강조되는 미덕이다. 그러나 실제는 날름막처럼 자기들의 내부 사람들에게만 열리는 폐쇄적인 문에 불과하다.

종교적 가르침이 신자들의 의식의 저변에서 원천적 영향을 끼치는 것이 사실인 이상, 각 종파들의 견해 차이는 중대한 갈등의 요인이 된다. 그렇지만 분명히 '서로 다르다'고 배우고 있는 가르침의 원음, 즉 성인들의 뜻도 그렇게 차이가 있을까.

성인들의 마음은 서로 다르지 않다고 했다. (聖人 不二心)

그들은 똑같은 하나의 진리를 체득했고 이것을 가르치려 했다는 뜻이다. 세상의 모든 종교는 각자가 모두 우주의 보편적 진리를 드러내고 있다. 그리고 그것을 사람살이에 적용하여 보람되고 행복한 삶을 살아갈 수 있도록 정신세계의 가치기준을 세웠다. 그런 까닭에 같은 가르침을 따르는 사람들은 동일한 가치와 질서를 공유하며, 집단은 혼란을 벗어나 안정을 얻어왔다.

각 종교가 정말 보편적 진리로 만사를 설명하고 있다면 애초에 이 길에는 서로 다른 목적지가 존재할 수 없다. 보편적이지 않다는 것은 편협하다는 말이며 그런 것은 일체를 아우르는 바른 가르침이 아니다. 그러므로 보편적 가치라는 것을 전제할 때 실질적으로 각 종교들의 덕목에 차이가 있어서는 안 될 것이다. 아이는 하나인데 그 생모가 여럿이 될 수 없듯이 우주를 이루는 구체적 현상에 원인이 여럿일 수는 없다. 말과 글이라는 방편을 떠난 성인들의 참뜻 또한 이와 다르지 않다.

한 개인은 상황에 따라 여러 가지 이름을 가진다. 누구의 아들이면서, 누구의 아버지면서, 누구의 남편이면서, 그리고 누구의 사위다. 또한 어느 회사의 직원이기도 한 것이다. 그러나 그 개인은 오직 한 사람일뿐이다. 이와 같이 우주의 궁극적 진리도 시대와 공간에 따라 다른 문화로 드러날지언정 둘은 아니다.

성인들은 유일한 보편적 질서-비유를 하자면, 같은 강에서 각자 자신의 바가지에 물을 떠온 사람들이라 할 수 있다. 바가지의 물들은 분명 한 강물이었지만 뜨는 순간, 색깔, 크기, 모양이 제각각인 특정한 용기에 담기게 된다. 그러나 그 물들의 속성에 차이가 있을까?

겉모습만 다를 뿐 바가지 속의 물은 우리들의 갈증을 해소시켰다. 목마른 자에게 중요한 것은 오직 물 밖에 없다. 하지만 한가한 자들은 그 물을 잊고 오직 바가지의 모양과 색깔에만 집착한다. 더구나 모든 바가지에는 틀림없이 물이 들어있을 것으로 여기고 물과 바가지를 혼동하기도 한다. 바가지는 물이 아니며, 그것이 갈증을 해소하는 것은 더욱 아니다. 오늘날 우리가 듣고 배워있는 서로 다름이란 한낱 이 바가지조차 될 수 없다.

모든 종교는 성립 당시의 정서와 문화, 언어적 여건 속에 담기게 마련이다. 또한 복잡하고 다양한 예배의식까지 형성되지만 그것은 성인들이 만든 것은 아니다. 종교 활동에 효과적일 것이라 생각하고 후대에 더덕더덕 만들어 붙인 허망한 군살에 불과하다. 어떤 입도 지금의 이런 장엄한(?) 모습들이 맨발로 땅을 밟고 거친 음식과 남루한 옷을 걸쳤던 성인들의 뜻이라고 말하지는 못할 것이다. 가장 낮은 신분과 무지한 사람들도 알기 쉽게 말한 그들의 가르침은, 너무나도 간결하며 선명하고 담백한 것이었다. 그런 가르침이 배타적이고, 어렵고, 편협하고, 예식에 흐른 것은 분명 그 사이에 존재한 누군가들의 협잡이다.

자기들만이 특별하고 다른 '분명히 옳은 말'에도 귀를 닫게 하는 자들은 모두가 거짓 선지자들이며, 스승의 가르침을 욕되게 하는 사문난적(斯文亂賊)이다. 심하게 말하자면 부풀려진 종교문화 속에 자신들의 자리를 만들고 그 속에서 기생하는 한낱 바가지 장사꾼 일뿐이다.

성인들이 창제한 설(說)들은 서로 다르면서도 하나로서, 마치 높이 솟은 한 산을 각 방향에서 바라보는 것과 같다. 만약 각자가 철저하게 자신이 배운 성인의 진실성에만 입각한다면 자연스럽게 그 궁극의 자리에서 만나지게 될 것이다. 聖人 不二心 하기 때문에.

불교에는 붓다의 가르침에서 벗어나면 사도(邪道), 그리고 붓다의 말 그대로 말해도 사도라고 한다. 성도(成道)했다는 사람이 붓다의 말만 재탕하고 있다면 그 또한 제대로 깨우친 것이 아니다. 한낱 언어문자에만 붙잡혀 있는 것이기 때문이다. 그럼 이 양날의 검은 어떻게 받아야 할까?

원래 이것은 빼어난 화두지만 용처와 함의가 많다.

먼저 성인의 가르침을 여실히 깨닫고, 그 연후에 이미 성도한 자신의 견해를 드러내라는 뜻도 숨겨져 있다. 깨닫고 말을 하지 못할 것을 염려하지 말고 깨닫기나 하라고 했듯이 성도 이후에는 새로운 성인의 가르침이 저절로 베풀어지게 된다. 성인도 시대를 따라야 한다고 했다. 가르침의 본의(本意)는 시공을 초월하여 영원한 진리지만 그것을 담았던 바가지, 즉 옛정서와 상황에서 형성된 말은 다른 시대에도 고집할 필요는 없다. 다산도 주역의 효사가 상황에 부합되지 않으면 괘만 남기고 나머지는 모두 잊어버려도 좋다고 했다. 근본을 남기고 상황에 따른 적절한 해석을 하라는 것이다.

성인의 본의는 알지 못하면서 말과 글자에만 매달린다면 도둑이 성인의 말을 앵무새처럼 따라할 때 어떻게 알아볼 것인가? 오늘날 거짓된 선지자들을 따라 돌밭을 걷는 사람들은 호랑이 가죽을 쓴 여우의 거룩한 언어에 속은 것이다. 우리는 그런 거짓 선지자들을 수도 없이 보아왔다. 그들이 쏟아놓는 언어문자는 분명 눈과 귀에 익고 검증된 것들이지만 마음의 빗장을 여는 그 열쇠는 모두 도둑질한 것이다. 참된 가르침에 편승해 호가호위한 당나귀가 자기도 속고 남도 속이는 가장 위험한 재미에 탐닉해있다.

성인들은 마음에서 마음으로 전했을 뿐, 말이란 한낱 진리를 담는 바가지에 지나지 않았다. 우리의 마음이 잠을 잔다면 귀에 젖도록 들어왔던 익숙한 말을 쏟아놓는 도둑을 분간할 방법이 없다. 갈등과 번뇌를 해결해야할 종교가 또 다른 갈등의 원인이 되는 모순은, 서로 다름을 넘어섬으로서 해결될 수 있다. 단순하고 명확한 의문에는 역시 단순하고 명확한 답을 기대해본다. 자비롭고 사랑에 넘치는 성인들의 가르침이 어떻게 배타의 철옹성이 되고 그 속에서 고립을 자처하게 되었는가?

누군가들이 열심히 쌓아올린 '서로 다름'은 성인들의 참 뜻도 아니며 그것을 추종하여 마음을 닫을 이유도 없다. 종교 단체들이 제 노릇을 하자면 근원을 회복하고 군살을 빼기 위해 뼈를 깎는 자성을 해야 할 것이다. 논리로 우주를 조립하려드는 철학의 맹점처럼 바가지로 물을 대신할 수는 없다. 종교는 갈증을 해결할 진정한 생명수가 되어야 한다.

종교는 통합 되는가

종교로 인한 갈등이 정치적문제와 결합하여 테러와 전쟁으로 비화되고 있다. 이해타산 외에 가치관의 충돌까지 개입되면 혼란은 가중되어 수습은 점점 더 불가능해 보인다. 해결방법이 궁색하던 나머지, 더러 어떤 사람들은 가치관의 충돌을 막기 위해 종교를 통합해야한다고 주장하기도 한다. 과연 종교의 통합은 가능한 것일까?

답답하니까 나온 생각이겠지만 이런 발상은 현실적이지도 않을 뿐더러 문제의 해결이 아니다. 어느 특정한 종교가, 어떤 방법으로, 어떻게 해낼 수 있다는 것일까? 아니면 새로운 종교를 만들기라도 하겠다는 것인가? 그런 공상이라면 결과는 이미 나와 있다.

지난 시절 선교라는 이름으로 행해진 패권적 확산이 얼마나 많은 오류를 범했는지 돌아볼 필요가 있다. 그 편협한 발상은 마치 외나무다리에서 만난 염소들처럼 엉겨서 종교가 영혼의 지혜가 아니라 근육의 충돌인 것처럼 보이게 했다. 오래전의 실수가 지금까지 지구촌 도처에서 일어나고 있는 각종 종교적 대립에 발단이 되었을 뿐이다.

추운 겨울이 지나고 봄이 오면 온 누리에 꽃들이 만개한다. 그 다양한 아름다움은 지난겨울의 혹독함에 지친 우리의 마음속에 희망을 심어주기에 충분하다. 만약 이 들과 산에 꽃이나 나무가 한 종류만 있다면 어떤 느낌일까?

그 꽃나무가 마음에 들지 않는 사람의 삶은 태어나서 임종하는 날까지 고통스럽지 않은 날이 없을 것이다.

과학자들의 표현을 빌리자면 우주는 '자기 조직적 복잡계'다. 누가 기획한 것이 아니라 저절로 섞여져 이루어진 자율적 균형인 것이다. 각자가 형편대로 조합되고, 그 상황에 따라 개성도 불가항력적으로 성립되니 자연히 세상은 다양성을 띠게 된다. 자유로운 영혼을 가진 사람들의 기호도 한가지로 통일될 수는 없다. 공과 같은 다원 상에는 수많은 꼭지점이 존재하듯이 저마다 주인공이 되어 호불호의 기준도 갖가지로 드러나 있다.

봄이라는 계절의 변화는 동일하지만 그 기후변화를 받아 동식물들은 다양한 꽃과 생명작용을 펼쳐낸다. 수많은 꽃들은 봄의 다양성이긴 해도 그 자체가 봄은 아니다. 모든 종교와 우주의 보편적 진리와의 관계도 이와 다를 바가 없다. 자신이 좋아하는 꽃을 통해 봄과 교감하는 것처럼 종교의 다양성 또한 필연적이다. 그렇지만 어떤 경우에도 그것이 '서로 다름'의 벽을 쌓는 명분이 될 수는 없다. 모든 꽃은 봄을 담고 있고 봄이 꽃들을 피운 것이다.

그물코가 여럿이면 어디 걸려도 걸린다고 했다.

목적지로 가는 길은 많을수록 좋고 세상을 구할 성인도 많을수록 좋다. 다양한 종교들은 수많은 사람들에게 생명의 보람을 알게 해줄 것이다. 그러나 여기에 전제되는 절대적 요건은, 역대의 성인들처럼 보편적 진리에 철저히 입각해야 한다는 것이다. 내적 체험을 떠난 종교적 이상은 생명력을 잃고 말과 글에만 담겨 박제가 되어버린다. 그리고 이 말라빠진 껍질들을 놓고 벌이는 논쟁이야말로 갈등과 대립을 조장하는 어둠의 정체다.

지금 우리를 구원한 세계 종교들이 처음 등장할 때 겪어야 했던 수많은 시련도 모두가 이런 우매한 태도들의 소산이었다. 현재와 미래의 성인들을 겨누는 철벽같은 무지는 이런 닫힌 마음에서 비롯된다.

정작 우리가 기대하는 진정한 종교통합의 개념은 종교 간의 상호존중과 교류와 이해에 있는 것이다. 이것은 형식적인 융합이 아니라 오직 내적합일이라는 진실한 공감으로만 이루어질 수 있다. 서로 다른 지도자를 따라 길을 찾지만 그것이 진실로 보편적 진리에 목표를 두고 있다면 우리는 모두 한자리에서 만나게 된다. 세상을 메운 많은 꽃들이 즐거움을 주고 그 즐거움은 동질이듯이, 종교 역시 다양해야만 다양한 마음을 수용하여 한 자리로 인도할 수 있다. 깨어있는 정신의 더 넓은 수용성과 교조의 본의에 충실할 때 종교는 갈등을 봉합하고 평화를 가져오는 본래 모습을 회복하게 될 것이다.

각 종교의 이상은 언어문자로 설명을 듣는데 있는 것이 아니라 직접 체험으로 도달하는데 있고, 그 길은 기도를 포함한 명상수행일 뿐이다. 명상수행의 내적체험이 없는 종교는 향기 없는 꽃과 같고 열매 없는 나무에 불과하다. 만약 선교를 나서는 예수의 제자들에게 마가의 다락방에서 이루어진 성령체험이 없었다면, 그들은 한낱 이야기꾼에 지나지 않았을 것이다.

성경에는 천국이 이미 우리의 마음에 임해있고 하느님은 그 가운데 거하신다고 했다. 불교에는 불외무심, 심외무불(佛外無心·心外無佛)이라 가르친다. 모두 마음 속에 그 가르침의 목적지, 즉 진실된 자리가 있다는 것이다. 또한 그 마음은 갖가지 감정에 내둘리는 속된 것이 아니라 각자의 생명적 원천으로 작용하는 우주의 실상을 가리킨다. 불성(佛性)은 불생불멸의 마음 그 자체다. 영명하게 깨어 있어 영원히 살아있는 하느님과 어떻게 다를 수가 있을 것인가?

서예에서는 처음 붓을 잡을 때 팔꿈치를 들지 못하면 죽을 때 까지 들지 못한다는 말이 있다. 신앙하는 태도는 중요하다. 교조에 대한 공경이

지나쳐서 가르침을 곱씹어보지도 못한다면 진정한 메시지를 얻기는 난감하다.

그저 문 밖에서 칭송만 할 뿐 안은 들여다보지도 못했으니 과자를 싸고 있는 비닐만 먹은 것이다. 증산도의 창시자 강증산은 죽음에 임박해서 궤짝을 하나 남긴다. 천지공사와 관련이 있는 중요한 것으로 아무도 이것을 열지 말라는 유지에 따라 궤짝은 잘 보관되고 있었다. 사후에 2대 교주가 된 조증산이 그것을 발견했다. 그는 조금의 망설임도 없이 궤짝을 해체하고 안을 살펴보았다고 한다. 대담하고 지혜로운 자가 아니면 봉인된 문을 열 수 없다. 아마도 강증산은 그런 사람에게 전하고 싶었을 것이다.

요즘은 그런 사람들이 많아졌다.

2013년 9월 9일자 중앙일보의 기사.
"간화선의 깨달음, 기독교영성과 통하죠."
'한국불교의 세계화'가 부제였던 기사에서 서명원 교수는 다음과 같이 소개되었다. "프랑스인으로 가톨릭 예수회 신부다. 하지만 성철스님 연구로 파리7대학에서 박사학위를 받았다. 참선 수행 없이는 살 수 없다고 말하는 열린 종교인이다."

그는 버클리대 랭카스터 교수와의 대담에서 이런 말을 한다.
"나는 한국불교의 간화선(看話禪)에서 언어도단(言語道斷)의 길을 발견했다. 말로 표현할 수 없는 세계 말이다. 그전까지 나는 말, 언어에 매인 사람이었다. 불교를 접한 후 새로운 기독교 영성에 눈을 떴다.

불교의 깨달음은 기독교에는 없는 개념이다. 하지만 불교를 접한 후, 예수가 깨달은 사람이라는 생각을 했다. 부처가 깨닫고 나서 49일 후부터 불법을 전한 거나, 예수가 성령체험(깨달음)후 광야에서 40일을 보낸 뒤 기독교 전파를 시작한 거나, 둘 사이에는 비슷한 점이 많다. 예수가 어떤 분인지 또렷하게 인식하게 되는 체험이 결국 깨달음 아니겠나."

교육

― 개는 늑대다 ―

서커스에서 재주를 배운 경우가 아니라도 자연을 떠나 사람들과 살게끔 길들여진 동물들은 야성을 잃었다. 사람 손에서 부화되어 나는 법을 배우지 못한 새나 강아지처럼 순종하는 맹수를 보게 되는 경우는 흔한 일이다.

종족의 생존방식이 본능 속에 갖추어진 야생동물들이 어처구니없게도 사람이 되어있는 것이다. 상당수 사람들이 개를 가족으로 주장하며 종종 그들이 왜 말을 하지 않는지 안타깝게 생각하지만 원래는 늑대였다.

이런 모습을 보면 교육과 학습의 중요성을 여실히 실감하게 된다. 여기에는 독립적인 자아를 깨닫고 행동을 반추하며, 스스로 학습하는 능력과 상향적 의시를 가졌다는 인간조차 예외가 아니다. 숲속에서 실종되었다 발견된 아이들 중에는 수 만년세월의 진화를 허무로 돌리고 영영 사람이 되지 못하는 경우도 있다. 결국 산 것들은 식물이 아닌 이상 교육을 받아야 제 노릇을 할 수 있다는 말이 된다.

프뢰벨의 주장처럼 사람의 경우도 유년기 교육이 평생을 지배한다는 말은 대체로 옳은 듯하다. 주변에 본받을 사람도 많고 교육수준이 높은 사람의 행동양식에도 어린 시절에 각인된 정서적 특징이 강한 영향력을 행사한다.

종종 주정뱅이 아버지를 둔 사람이 어머니의 애환을 목격하고서도 자기도 모르게 술을 가까이 하거나, 난봉꾼 아버지의 뒤를 잇는 경우가 있다. 성장기에 학습된 언어와 가치관, 희로애락의 정서는 벗어날 수 없는 성격적 특성이 되고 무서울 만치 그대로 세습되기도 한다. 이런 중차대한 교육의 문제는 개인적인 범주의 일만이 아니다.

집단과 크고 작은 사회, 국가들도, 전통적으로 고유한 정서를 갖고 구성원들의 정체성 형성에 영향을 준다. 또한 오늘날처럼 세계화되고 도시화되어 현대문명이 공유된 시대에는 특정 집단의 정서 못지않게 시대적 영향도 크게 작용한다. 이상적 교육이든 부정적인 학습 효과든 구성원 각자에 끼쳐지는 교육의 역할은 지대하다. 이런 관점에서 생각해보면 지금 현대인들이 겪고 있는 갈등과 대립, 폭력의 문제들은 지난 시간 우리가 직간접적으로 행한 교육의 결과들이다. 그렇다면 우리가 선택한 교육들은 왜 이런 불안한 시대를 만들어 놓았을까?

이 질문에 대한 답은 산업혁명이후 이루어진 현대교육의 특징 속에서 찾아야 할 것이다. 물질적 개벽이 일어나기 시작한 이 시기로부터 이전 시대의 전통적인 교육개념에 혁신적 변화가 나타났기 때문이다.

원래 교육다운 교육은 성인들의 깨달음으로부터 비롯되었다.

본능과 함께 삶의 기술을 전수하던 학습이라면 원시시대부터 있었다. 하지만 사람이 인간다운 모습을 갖춘 것은 무리를 이루고, 그 무리의 공존을 위해 사회적 규범을 갖추면서부터라고 해야 할 것이다. 주변과 자신의 관계에 도덕적 이상을 실현함으로써 비로소 지성적 존재가 성립되었기 때문이다. 그러나 집단의 규범이 되는 도덕의 수준도 성인들의 가르침이 나타나기 전에는 원초적 차원에 불과했다.

사람들의 의식과 생활양식은 그 나름의 필요한 범위 내에서 결정되었기 때문이다. 이런 각론적인 정신세계를 고도의 지성적 수준으로 끌어올린 사건이 성인들의 출현이었고 그 가르침이었다. 세계는 호롱불로 밤을 밝히다가 태양이 빛나는 백주대낮을 맞이하게 된 것이다.

성인의 성인됨은 우주의 보편적 진리를 깨닫고 사람사회에 실현할 도덕적 가치와 규범을 가르친 것에 있다. 사람들은 그제야 비로소 우주 속에 우뚝 선 진정으로 고귀한 '인간적 지위'를 얻게 된 것이었다.

설문해자의 "사람(人)은 천지의 바탕이요, 가장 귀한 것이다"(天地之性 最貴者也)라는 의미부여도 이렇게 해서 성립될 수 있었다.

이런 까닭에 고대로부터 전통적인 교육의 개념은 기술전수만이 목적이 아니었다. 기술적 지식보다는 오히려 도덕적 가치를 배우고 깨닫는 데 더 큰 비중을 두어왔던 것이다. 다시 말하자면 사람을 사람답게, 즉 '인간 꼴'을 하고 살 수 있도록 하는 것이 목적이었다.

교육의 내용이 변하기 시작한 것은 그 인간 꼴에 대한 해석이 달라지고 있었기 때문이다. 기계로 인한 대량생산과 막대한 부의 창출은 물질적 풍요를 가져다주었다. 하지만 소득의 불균형과 그로인한 상대적 박탈감은 탐욕적인 경쟁심을 불러일으켜 놓고 말았다. 이제 전통적인 도덕률에 메어 고려해야할 것이 많은 사람은 성과를 내지 못하거나 굼뜬 행동으로 심각한 손해를 봐야하는 처지였다.

누구도 그런 꼴을 당하고 싶지는 않았다.

사람들의 열망은 즉각 교육에 반영되어 경쟁에 유리하도록 전문화 되었고 성과를 내는데 효과적이지 못한 내용들은 배제되기 시작했다. 두 토끼를 동시에 잡는 지혜는 나오지 않았으며, 마치 고기의 부레처럼 한 쪽으로만 점점 커져 종당에는 다른 한쪽이 사라져버린 교육이 되고 말았다. 상황이 이에 이르자, 성과를 내는데 거추장스러운 성인들의 가르침은 박제된 지식으로 전락해버렸다. 아는 것과 행하는 것은 완전히 별개의 문제로서 인성을 떠받치는 도덕성은 체험 없이는 재현될 수 없다. 이제 이론으로만 배우는 도덕교육은 숨이 멈추었고 더 이상 체온이 남았거나 피가 돌지 않게 되었다.

단순히 이론으로 변하고 주입식전수가 일어났으며 의미도 휘발되어 갔다. 사람들은 도덕적 규범이 자신을 옭아매는 또 하나의 감독자라고만 인식했다. 가뜩이나 섬겨야 할 것이 많은 현대인은 슈퍼에고로 변해 군림하는 골치 아픈 존재를 다정하게 여길 이유가 없어졌다. 전인적인 인성교육은 그렇게 서서히 탈색되고 잊혀져왔다. 성장기 교육에서 경험하지 못한 도덕심은 일생동안 재현되기 어렵다. 오늘 이 현대는 마음이 죽은 전문가들이 경제적 목표만을 향해 달리고 있는 섬뜩한 잿빛의 사회가 펼쳐지고 있을 뿐이다.

현대교육은 이런 반쪽짜리 교육을 받은 사람들을 양산하기 시작했고 아무도 그 추세를 거스르려하지 않았다. 여기에 가속도가 붙게 되자 결과는 끔찍했다.

어린 영재들을 소개하는 한 방송 프로그램이 있다. 이 나라의 평균지능이 세계의 정상급이라고 하는 말을 증명하듯이 정말 천재적인 아동들이 많았다.

그 재동들을 보노라면 우리사회의 밝은 미래가 그려지면서 즐거운 생각을 가질 수도 있었다. 하지만 다른 한편으로 은근히 걱정이 된 것은 가뜩이나 지나친 교육경쟁에 기름을 붓는 효과가 나지 않을까 염려스럽기도 했다. 다행히 그런 우려의 소리가 반영되었는지 방송에서는 자연적인(?)영재들도 소개했지만, 지나친 교육열의 어두운 면도 조명하고 있었다.

그런 경우에 해당하는 몇몇의 예들은 교육열이 지나친 나머지 자식들을 고문하고 있다는 느낌을 지울 수 없었다. 제 자식 데리고 무엇을 한들 어쩔 수야 없는 일이다. 그러나 천진난만하고 자유분방하게 뛰어놀아야 할 아이들이 하루에도 몇 군데 씩, 주중 내내 각종전문 학원들을 순례하고 있는 것은 바람직한 일이 아니다. 우수한 아이들은 분명했지만 아이들의 학구열은 자발적인 것보다 부모의 기대를 충족하기 위한 인내심에서 나오고 있었다. 아이들의 걱정은 오직 부모가 실망할 것을 두려워하는 것뿐이었다.

아이가 재능을 발휘하더라도 집중력은 한계가 있는 것이지만 부모들의 교육은 어디서 멈추어야 할지를 몰랐다. 뒷바라지에 스스로도 힘이 부치면서 아무도 행복하지 않은 이 달리기를 만족을 모른 체 계속하고 있었다. 영재도 아이들이다. 공부보다는 놀이를 더 좋아하는 여느 아이들과 전혀 다를 바 없다. 즐거움대신 염증이 각인된 공부를 앞으로도 좋아할지는 의문이다.

이 사례들을 보면서 인상 깊었던 것은 아이들을 대하는 부모들의 자세였다. 한 주내내 아이를 학원으로 몰아세우는 엄마 중에는 성장기에 친정엄마로부터 그와 똑같은 교육을 받은 사람이 있었다. 방송에서는 소개되지 않았지만 그 엄마가 어린 시절에 배운 그 많은 공부 중에서 지금껏 하고 있는 것은 무엇인지 궁금하지 않을 수 없다. 교육은 훈습이라고 한다. 즉 듣고 배우는 지식의 전수가 아니라 중복되는 체험을 통해 훈련된다는 것이다. 결국 그녀가 배운 것은 전문지식이 아니고, 영리한 아이에게 넘치고도 넘치는 사랑(?)을 붓는 것이었을 뿐이다. 영재는 결코 만들어지는 것이 아니다. 오늘도 쏟아 붓는 지식이 힘이 될 것이라고 착각하는 사람들은 앞서기 위한 경합을 멈추지 않는다.

한 가지 조언을 하자면 정말 중요한 것은 지식의 축적이 아니라 창의력이다. 그리고 종합하는 힘, 위기에 대처하는 상황수습능력과 리더십 등이다. 기술이 발달할 대로 발달한 나머지 인간을 초월하는 순간이 오고 있다. 과학자들은 이 순간을 우주물리학의 특이점처럼, 문화적 특이점이라고 부른다. 지금도 개인이 가진 지식은 기계에 저장된 지식의 양을 따르지 못하고 있다. 하지만 머지않아 이것은 통제가 불가능할 정도로 될 것이 분명하다.

케빈 켈러는 레이 커즈와일의 저서 '특이점이 온다'를 소개하면서 "특이점이란 지난 백 만년간 벌어진 변화들보다 큰 변화를, 단 5분만에도 일으킬 수 있는 커다란 사건"이라고 했다. 이런 시대가 온다면 모든 상황을 종합하고 결단을 내리며 미래를 창조해나갈 수 있는 창의력만이 인간의 것이 될 수 있다. 그렇지만 그런 능력은 교육시장에서 돈으로 살 수 있는 것이 아니다. 체험을 통한 내면적 성장을 통해 스스로 깨달아 지는 것이기 때문이다. 영양가 없어 보이는 놀이와 소통을 통해 터득되고 양이 아니라 질로 성장하는 힘이며, 유년기에 누리는 행복과 안정된 정서가 바탕이 될 때 드러나는 진정한 능력인 것이다.

아무튼 아이들의 미래에는 그다지 도움도 되지 못할 부모들의 이런 노력도 필요한 때는 있었다. 그 결과 옛날에 비해 기술적 성취와 경제적 성과는 현저하게 높아지기도 했다. 하지만 희망과 달리 사회구성원들의 행복지수는 갈수록 곤두박질치고 있다. 각종 뉴스시간에는 사람 같지 않은 인간들의 이야기로 넘쳐나고 수많은 범죄들이 사회적 지위나 교육수준과는 아무런 관련도 없다는 것에 새삼 더 놀라게 된다.
"어떻게 저런 위치의 사람이 그런 짓을 할 수 있을까?"
이런 말을 하며 놀라는 사람조차 갈수록 보기 드물어진다.
소강절은 이렇게 말했다.
"상품인은 가르치지 않아도 선하다. 중품인은 가르치면 선하다. 하품인은 가르쳐도 선하지 않다."
(上品之人 不敎而善, 中品之人 敎而後善, 下品之人 敎亦不善)
이 말에서도 알 수 있듯이 원래 교육의 목표는 기술이 아니라 사람을 선하게 하는 것이었다. 품(品)이란 품위(品位)이니 인격을 말하는 것이다. 가르쳐도 사람노릇 못하는 지금의 교육은 하품 중에도 하품교육이며, 많이 배우고도 부끄러운 짓을 하는 자들은 후안무치(厚顏無恥)의 하품인 이라 하겠다.

결국 이런 한심한 사회가 된 것은 교육의 질적 변화, 즉 '인간 꼴'에 대한 정의가 바뀌었기 때문이다. 직설적으로 말하자면 교육다운 교육을 하고 있는 것이 아니라 개판을 만들고 있는 업보다. 상어는 부레가 없어 죽는 즉시 바다 속으로 가라앉아버린다. 인성교육이 빠진 망나니 교육이 죽은 상어처럼 심해로 가라앉는 것은 당연한 것이다.

유가(儒家)에서는 측은지심이 없다면 사람도 아니라고 했다.
(無惻隱之心 非人也)

다른 사람의 어려움을 보면서 그 고난을 불쌍하게 여길 줄 알아야 한다는 것이겠다. 소강절의 말인들 이와 다른 것이 아니다. 하지만 최근의 매체에 오르는 각종 사건들을 보면 인성은 퇴보하여 저 아득한 옛날 야만의 시대로 복귀되고 있다.

자신도 노부모가 있을 텐데 고령의 노파의 이를 몇 대나 뽑고 바가지를 씌운 치과의사가 있었다. 예쁜 표현으로 과잉진료를 한 것이고 실제는 난장판을 만들었다. 아끼는 애완견의 이빨도 그렇게 함부로 빼지는 않을 것이다. 예로부터 의료업은 인술(仁術)이라 부르면서 특별대우를 했다. 사람의 생명을 다루는 까닭이다. 바로 그 성스럽기 까지 한 곳에서 소득을 올리기 위해 자격도 없는 돌팔이와 간호조무사까지 수술에 동원했다니 어이가 없다.

인건비를 아끼는 것은 사업에서 필수적인 것이라 하지만 아낄 것을 아껴야한다. 단순한 장사라 하더라도 온 돈을 다 받았을 때는 할만치 해줘야 하는 것이 상도의다. 게다가 하라는 수술은 뒷전으로 하고 마취되어있는 환자에게 성범죄를 저지르고 인사불성인 환자의 신체를 뒤적이며 우롱이나 했다. 사람을 살아있는 동물은커녕 푸줏간 고기처럼 생각한 것이다. 한도 끝도 없이 나오는 의료사고는 잠시 제쳐두자.

성매매업소에 대한 행정 처리는 정말 신중해야 했다. 지금 이 문제는 솜에 불붙듯이 번져서 일파만파 되었고 통제가 가능한 가시적 범주로부터 완전히 사라져버렸다. 관공서일이란 신중하고 깊이 생각하는 경륜이 있어야한다. 그 여파가 일상사에 바로 나타나기 때문이다. 처음에는 성매매 여성들을 보호한다고 시작한 것이었다. 그러나 결과는 가뜩이나 음성화된 업계를 더욱 음지로 숨게 만들었고 성매매의 개념마저 바꾸어 놓았다. 가출 청소년에서 나아가 멀쩡한 여염집의 청소년들까지 원조교제와 조건 만남에 나서게 되고 만 것이다.

내용만이 아니라 양적으로도 걷잡지 못할 만큼 확산되었다. 모든 상업지역을 넘어 주택가에 까지 침투하더니 결국은 그 뿌리를 캘 수 없는 지경에 이르고 말았다. 게다가 더 가관인 것은 단속한다는 담당경관들이 한술 더 떠서 미성년 피해자의 약점을 이용한 것이다. 고양이 보고 생선 지키게 한다는 말도 있지만 여기에는 법조계도, 교육계도 예외가 아니었다. 분야를 막론하고 성범죄는 공통분모가 되었고 전 방위적이었다. 우리시대 이 사회의 민도에는 성문제에 관한 성숙도가 매우 유치한 수준에 있음을 극명하게 드러내고 있다.

"열 명의 범인을 놓치는 한이 있어도 한명의 억울한 사람이 없도록 한다."경찰들이 내걸고 있는 슬로건이다. 당연한 말이지만 감격스럽다. 그러나 실제는 많이 달라서 성과내기에 급급한 나머지 진범까지 나선 사건도 덮는 일이 있었다. 삼례에서 부당하게 범인으로 몰렸던 세 사람의 희생자가 그랬고, 억울한 살인누명으로 무려 삼십년을 감옥에서 보낸 사람까지 있다.

 민생을 위해 맡겨지고 보장된 권력이다. 치명적인 결정력이 신중하고 냉철하게 적용되어야 한다는 것은 아무리 강조해도 모자람이 있다. 병원의 오진도 두렵지만 경찰력의 오판과 남용은 더 두렵다. 민초들은 행정력의 도움이 절실하다. 하지만 지금 같아서는, 심약한 사람들은 차라리 고통을 감수하고 사는 쪽을 택할 수도 있다. 화재가 무서워 생식을 하는 꼴과 다를 게 없는 것이다. 사회적 위치의 우위를 이용한 각종 추태들과 온갖 혼란을 모두 들자면 지면과 기회가 주어진다고 해도 그 만리장성보다 긴 내용을 일일이 다 열거할 수가 없다.

 한 영역의 변화가 세상을 바꾸는 초석이 된 대표적인 예는 불의 발견과 산업혁명의 기계발명, 현대의 IT기술들 일 것이다. IT기술에 의한 증강현실이 바탕이 된 4차 산업혁명은 물질개벽시대를 열고 있다. 세상은 새로운 시대로 접어든 것이 분명하다. 그러나 이와는 반대로 한 부문의 결여가 사회를 철저하게 퇴보시키는 결과도 있다. 인성교육에 태만했던 현대 교육의 결과는 사회의 총체적 침몰을 가져왔다. IT기술과는 역으로 사이코패스를 양산하여 모든 부문들에 지옥을 만들고 있는 것이다. 아무리 우주가 자기 조직적 복잡계라 하지만 지금의 세상은 누가, 무엇이 끌어가고 있는지 도무지 알 수가 없다. 신종범죄는 날이 갈수록 늘어난다. 보험사기, 이유도 없는 묻지 마 살인사건, 분노조절이 되지 않는 사람들의 충돌과 폭력사건... 사회에 등장한 새로운 범죄들은 불과 십여 년 전에도 볼 수 없었던 것들이다.

경제 분야도 마찬가지다. 모든 돈이 오가는 곳에는 사기가 있고 거짓말과 음모와 폭력이 있다. 오직 지불능력으로 서열화 되는 사회에서 은행의 계좌에 적힌 숫자는 혈관을 달리고 있는 피와 다르지 않다. 영양실조와 빈혈이 되어 죽지 않기 위해서는 못할 짓이 없는 것이다. 신생 선진국(?) 대우를 받으며 사회운영에 필요한 모든 것을 갖추고 있으면서도 총체적 난국 속에 빠져있는 우리사회. 결국, 원인은 민도의 질적 수준이 함량미달인 까닭이다. 부족한 인성수준으로 인해 치르는 사회적 비용만 천문학적 숫자에 달한다.

부패문제에 대해서는 뒤늦게나마 김영란 법이 통과되어 가동되고 있다. 하지만 이것이 또 땜질 끝에 있으나 마나한 법이 될까 두렵다. 최순실의 국정농단사건과 대통령의 탄핵처럼 특수층의 월권행위에 대한 우려 때문이다. 열 명이 도둑 하나를 막지 못한다고 했다. 항생제가 나올 때 마다 더 면역력을 갖춘 슈퍼 박테리아가 나오는 현상이 어찌 질병에만 그칠 것인가.

묘하게도 사람은 위로는 높은 덕성을 향한 향상심과 아래로는 동물적 본능을 동시에 가진 복합적 존재다. 마음만 먹으면 한없이 고매해질 수도 있고, 반대로 한없이 타락할 수도 있는 것이다. 도덕적 규범이 사라진 삶의 중심에는 저급하고 비뚤어진 원초적 욕망만이 남게 된다. 이제 그것은 이윤만을 추구하는 상업주의에 의해 무한히, 다양하게 조롱을 받고 독버섯의 화려하고 풍성한 향락에서 헤어나지 못한다. 어린이들의 동화에 나오는 발가벗은 임금의 추태는 누가 봐도 우스꽝스럽다. 그러나 그 임금은 얼마나 꿈을 꾸고 있는지조차 알지 못하는 현대인들의 몰골이다.

더욱 한심한 것은 선(善)을 지키기 위해 목숨까지 버렸던 성인들의 가르침을 승계했다는 자들까지 이런 경합에 나서고 있는 것이다. 성직자는 세상 모두가 타락해서 구정물이 되더라도 다시 정화할 수 있는 맑은 샘이어야 한다. 하지만 바로 그자들이 오히려 직분을 이용하여 착복에 나선다. 거룩한 청빈을 외면하고 교조가 목숨을 버려가며 세운 정의를 팔아 노후대책을 한 셈이다. 생명을 위협하는 극단적 시험도 아닌 재물의 유혹 앞에, 그것도 상대적 허기를 이기지 못해 머리를 적셨다. 구약의 소돔과 고모라는 단 세 사람의 의인(義人)도 없이 타락을 한 끝에 노한 하늘로부터 천벌을 받고 말았다. 지금 이 땅이 그래도 견디고 있는 것은, 아마도 의인이 딱 그만큼은 있는가 보다.

전통적 규범이 지켜지는 사회에서는 도덕적 감시자인 '남의 눈'을 두려워했지만 지금 현대인들은 '기계적 남의 눈'인 CCTV나 두려워 할뿐이다. 원래 남의 눈이란 도덕적 가치가 사회화 되었을 때나 존재하는 귀하고 격조 높은 문화에서 형성된다. 천박한 자들에게는 위선이나 귀찮은 감시자로 여겨졌지만, 형벌이 필요 없을 만치 자율적 사회에서만 피는 우담바라였다. 도덕은 사람이라는 동물을 진흙탕 속에서 일으켜 세운 인간이 누릴 수 있는 최고의 가치다.

권리는 누리지 않으면 사라진다는 말처럼 덕성이란 양치질과도 흡사해서 강제성이 없다. 일급수에 사는 생물같이 자신의 품위를 인간적인 덕성에 두는 아름다운 사람은 쉽게 사라지고 있다. 비싼 재물이 품위가 되는 세상에는 광기만 횡행한다. 얼마 전까지도 '남의 눈'은 살아있었다. 그러나 구멍 속에 숨어있는 시궁쥐처럼 조금씩 머리를 내밀어보면 남의 눈은 생각처럼 두려운 것도 아니었다. 더구나 약간의 수치만 감수한다면 무슨 짓을 해도 벌금딱지 같은 것을 뗄 사람도 없다는 것을 알게 되었다. 이렇게 되자 더 이상 남의 눈을 두려워하지 않게 된 자들은 준동을 하기 시작했다. 선량한 사람들은 혼란의 원인을 알지도 못한 채 불한당을 피해 젖지 않은 자리를 찾아 몰려다닌다. 결국 이 시대의 교육이 그 눈을 찔러버렸기 때문이다.

현대는 모든 것이 풍요롭되 마음이 죽은 시대이며, 우리의 문명은 생기 없는 조화처럼 삭막하다. 따뜻한 인간미의 회복 없이 물질적 성공만으로 이상적 사회는 이루어지지 않는다. 타인을 수단으로만 볼 때 인간관계는 한낱 수렵과 다르지 않게 된다. 자신은 타인을 사냥하지만 타인은 자기를 사냥하는 사회에서 안정은 환상에 불과하다. 모두가 천적이 없는 최고의 포식자를 꿈꾸지만 뜻을 이룬 사람은 아무도 없었다.

오늘은 과거의 결과이면서 미래를 향한 새로운 시작이다. 지금 우리의 교육을 되돌리지 않으면 미래는 상상도하지 못할 만큼 암울하고 더욱더 위험 하게 될 것이다.

한비(韓非)같은 법가들은 태평성대를 위해 법을 중시했다. 현실적으로 명군이 계속나기는 어려운 마당에 밝은 법만이 세상을 평화롭게 할 수 있다는 생각에서다. 하지만 그 법은 시행하는 사람이 철저히 공정하고 곧아야 한다는 것이 전제되어야 한다. 늘 보고 있듯이 이것은 한낱 꿈같은 희망사항일 뿐이다. 결국 모든 것의 근본은 사람의 품성에 있고, 그 인재들을 길러내는 교육은 미래의 생명줄이 된다.

공자역시 현실정치에서 뜻을 펼치기 어렵게 되자 마지막으로 택한 것이 교육이었다. 인간 같은 제자들을 길러내어 암울한 세상을 정화하려 한 것이다. 오직 희망은 새사람을 육성하는 원천, 즉 교육밖에 없다. 강물은 항상 새로 유입되는 물로 채워지듯이 사회와 역사도 새로운 사람으로 뒤를 이어가기 때문이다. 그러나 지금은 사회를 구할 유일한 이 생명의 길조차 온전하지 못하다. 소인배 근시안들의 손에 의해 울긋불긋 기워져 넝마가 되고 기능이 마비 된지 이미 오래기 때문이다. 한비 같은 원칙적인 법치주의와 성인들의 가르침이 없는 한 혼돈을 벗어나기는 어려워 보인다.

별같이 반짝이는 어린 아동들이 쓰레기장을 지나는 동안 전혀 딴 사람으로 변해가는 모습을 보고 있는 것은 고통스러운 일이다. 어느 부모가 그 구정물에 자식을 담그고 싶겠는가. 동요를 노래하는 순수한 입에서 귀에 담을 수도 없는 욕설과, 잔인한 폭력, 표독한 심성으로 변하는 현실은 방임될 수 없다. 교육이 우리의 살길임에도 불구하고 원칙도, 방향도 없는 혼탁한 난장판이 되고 있다.

식은 재처럼 죽은 마음속에 인간성을 되살릴 수 있는 것은 오직 도덕성을 회복함에 있다. 새로운 세대의 의식 속에 도덕적 경험을 심어주는 실천적이면서도 체험적인 노력이 절실하다. 도덕성의 체험이란 언어

문자의 지식을 외우고 기억한다고 얻는 것이 아니다. 오직 자신의 내면속에 깃들어 있는 선량한 인간성을 발견하고, 그 인간적 아량과 사랑, 자비를 실천해보는 것으로부터 시작된다. 복잡하게 얽힌 이해관계와 예민해진 감정들을 제치고 존재의 저변에 자리한 본성을 되찾는 훈련이 필요하다. 어떤 기발한 교육적 대안도 인성교육을 갖추지 않는 한 미봉책에 그치게 된다. 명상문화는 누구에게나 잠들어있는 근원적 인간성을 일깨우며, 거듭나는 교육에 생명을 되찾아 줄 가장 적합한 길이 될 것이다.

공감만이 해결이다

2016년 5월, 내셔널 지오그래픽에서는 세상의 이목을 끄는 한 프로그램을 방영했다. 'Story Of God'이라는 제목의 이 특집은, 생명과 우주의 본질에 대한 해답을 찾아 전 세계를 여행하면서 꾸며진 6부작의 방대한 내용이었다. 사회자는 이 해에 팔십이 된 미국의 영화배우 모건 프리먼이 맡아 신중하고 진정성 있게 진행되었다. 다루는 대상의 특성상 모두의 기대를 다 만족시킬 수는 없었겠지만 매우 의미 있는 노력으로 평가받았다.

그 중의 한 에피소드는 내용보다 사회자와 출연자의 태도가 흥미를 끌었다. 출연자는 물에 빠져 익사할 위기에 처한 상태에서 이른바 임사체험을 했다고 한다. 막상 죽음보다 더 무서운 것은 죽을 뻔한 것을 아는 것일 수 있다. 되살아났다 해도 죽어가면서 그 과정을 의식하는 것보다 절박한 경험은 없을 것이다. 그 힘든 과정에서 그는 다가오는 죽음과 그 너머의 세계를 느꼈지만, 역설적으로 공포보다는 오히려 알 수 없는 평안을 체험하게 된다. 또한 정체를 알 수 없는 어떤 의지에 의해 아직은 죽을 때가 아니라는 암시를 받고 세상으로 되돌려 보내졌다고 했다.

구명대원의 증언에 의하면 그가 물속에 있었던 시간은 의외로 길어서 보통사람으로서는 도저히 생존이 불가능한 상태였다. 그러나 죽음의 갈림길에서 돌아온 이런 기적적인 사례는 종교와 상관없이 세계도처에서 목격되고 있다. 괄목할 만한 것은 그 내용보다 임사체험 이후 달라진 그의 생활관이었다. 두 사람의 대화는 교회 안에서 이루어졌지만 출연자는 이제 특정 종교에 의한 삶을 살지 않는다고 했다. 죽음에 임해 만났던 근원적 존재는 한없는 사랑과 자비로움이었으며, 어떤 특정한 종교적 인상도 없었던 것이다. 이런 강렬한 경험을 한 그의 서재에는 이제 여러 종교에 대한 경전들이 골고루 갖추어져 있다고 말한다.

"저 역시 그렇습니다."

사회자 모건 프리먼은 그의 말에 깊이 공감했고 두 사람은 누가 먼저랄 것도 없이 완벽한 교감의 악수를 나눈다. 사회자 역시 임사체험을 한 것인지는 알 수 없다. 하지만 분명한 것은 두 사람이 종교에 대한 인식을 같이 했으며, 이로 인해 서로의 마음이 간극 없이 계합한 것이다. 그런 진실한 모습들은 결코 거짓으로 연출될 수가 없다.

그리고 누구라도 한번은 살아오면서 이런 공감을 한 경험들이 있을 것이다. 설명도 필요 없고 어떤 전달수단도 동원될 필요가 없는 마음의 교류, 완벽한 합일의 경험은 서로간의 관계설정을 특별하게 한다. 그것이 사소한 사건이라도 감동적이겠지만 사람의 정체성에 관한 일이라면 상호 신뢰의 깊이는 비교할 수 없이 돈독해진다. 대개 이런 만남은 평생을 이어가고 시공의 거리가 존재해도 여전히 교감되는 사이가 된다. 두 사람사이의 개성을 넘어 형성되는 이런 일체감은 다른 더 많은 사람들과의 교류에서도 충분히 이루어질 수 있다.

특정한 개인과 집단이 갖는 개별성은 독특한 개성과 문화적 요소, 그리고 그 위에 얹어진 경험들의 총체다. 이런 특별한 경험들이 탑처럼 쌓여 만들어진 고유한 역사는 서로 같을 수 없다.

튤립과 장미를 놓고 생각해보자.

아름답긴 하지만 이 꽃들이 모든 식물을 대표할 수도 없고 모든 생명체를 대표한다고 하기는 더욱 어렵다. 나아가 우주의 모든 물질을 대표하는 것은 더더욱 아니다. 그러나 튤립과 장미는 같은 식물군에 속하고 모든 생명들 중의 하나이며, 우주를 이루는 근원적 물질로부터 분화되어 온 것은 사실이다. 각자 고유한 개성을 갖고 있다 해도 그 근본에는 서로 공유되는 뿌리가 있는 것이다. 주역의 64괘 384효가 현란하게 펼쳐져있어도 그 모두가 음양의 조합인 것과 다르지 않다.

이것은 유정무정의 세상만물 모두에 해당하는 실상이다. 최근 과학에서는 분자생물학이 DNA로, 소립자물리학에서는 입자 가속기로 얻어진 미세한 소립자들로 각기 물질의 원뿌리를 다루고 있다. 기초과학의 발전은 사물의 근원을 밝혀내고 외형적 차이를 넘나드는 소통의 길을 열고 있는 것이다. 그러나 감정이 배제된 과학과 달리 사람들의 사회적 갈등문제는 제자리에서 맴돌며 진척을 보이지 못하고 있다. 더구나 이미 손에 들고 있는 답조차 쳐다보려 하지도 않는다.

관념의 대립은 개인의 내면에서부터, 개인들 상호간의 첨예화된 이해관계와, 집단, 사회, 국제적 문제에까지 갈등과 충돌의 원인이 된다. 세상살이에 수반되는 충돌과 갈등은 인간사가 시작된 이래 삶의 고질적한 요소가 되어 쉽사리 떨쳐지지 않는다. 부단한 성인들의 노력이 있었음에도 불구하고 끈질기게 제자리로 돌아와 갈등과 대립은 사람을 정의하는 대명사 같기도 하다. 그러나 해결의 길이 전무한 것은 아니다.

개인이나 집단의 개성을 전체에 비해볼 때는 규모에 관계없이 모두가 부분적인 편향성들이다. 또한 일상의 어떤 현상도 시간적으로 변화하는 세계 속에서 상대적이며 한시적인 작용에 불과하다. 모든 것이 고정불변의 진리가 아니며 어느 존재만 특권이 보장되어 있지도 않다. 그럼에도 불구하고 개인이나 집단이 이해를 놓고 조우하는 상황이면 각자의 편향성에 독선과 아집까지 가미되어 양보 없는 투쟁이 일어난다. 영원한 승자가 있을 리 없는 이런 갈등은 분노와 증오를 증폭하면서 상처를 주고받지만 어느 쪽도 멈추려하지 않는다. 결국 편향성의 극복은 근원으로 회귀하여, 서로가 간극 없는 소통을 이루지 않으면 해소될 수 없는 난제인 것이다.

북방선의 삼조 승찬(僧璨)은 신심명(信心銘)에서 "도에 이르는데 별다른 어려움이 없지만, 오직 간택(분별)함을 꺼린다."라는 말을 남겼다.

(至道無難 唯嫌揀擇)

구도한다는 것은 우주의 근원을 찾아 회귀하는 일이다. 결국 이것인가 저것인가 하는 분별과 어느 한쪽의 입장을 취하는 편향성은 도를 이루는데 가장 큰 훼방거리다. 유가(儒家)의 중용(中庸)과 수많은 선가(禪家)의 화두가 모두 이 자리에 이르게 하는 길로 제시되었다. 기초과학이 우주의 근원을 밝혀 세상을 이해하고 물질을 소통하려고 하는 것처럼, 정신작용에서 이루어지는 삶의 모든 문제도 근원에서 만나지 않으면 해결이 나지 않는다.

아인슈타인은 통일장이론이 발견된다면 그것은 아주 심플한 짧은 공식일 것이라고 했다. 모든 다양함을 수렴할 수 있는 포용성은 오히려 아주 단순할 수 있다는 것을 암시한 것이다. 사람들의 고뇌를 해결하고 평화를 찾아주려 했던 성인들이 제시한 길은 너무나도 소박한 것이었다. 세상에 가득한 갈등과 대립을 중지하고 공존의 길을 여는 것은 지구적 차원의 일이다. 하지만 기대되는 통일장이론처럼 단순하고도 포용력 있으면서 최소한의 투자만으로 가능해야 한다.

한고조 유방은 진나라의 복잡하고 엄중한 법 대신 꼭 지켜야 할 조항만으로 약법삼장을 만들었다. 다양하게 엇갈린 민심을 수습한 것은 복잡한 법이 아니라, 간단함으로서 오히려 운신을 자유롭게 해준 소박한 법이었다. 우리가 찾는 소통과 화해의 길도 성인들이 제시했던 모든 가르침들이 그러했듯이 단순하고 소박한 방법이어야 한다. 격렬한 증오와 강력한 폭압 앞에 자칫 나약해 보이는 그 길은, 그러나 과거에도 그랬듯이 지금의 극단에 달한 위기도 해결해 나갈 수 있다. 쿤이 '과학혁명의 구조'에서 말한 것처럼 새로운 패러다임은 항상 작은 변화로부터 시작되고, 기존의 균형이 무너지는 것도 아주 작고 미미한 계기에서 마련될 수 있는 것이다.

　오래 전 강원도의 이름이 알려지지 않은 한 초등학교 교사는 학생들에게 새로운 제안을 했다. 즉 달리는 기차에 돌을 던질 것이 아니라 손을 흔들어주자는 것이었다. 당시까지만 해도 기차 여행객들 중에는 창을 뚫고 날아온 돌에 부상을 당한 사람들이 많았다. 현재도 생존해 있는 한 여성은 처녀시절에 한쪽 눈에 큰 부상을 입고 미모였던 얼굴의 절반이 흉하게 변한 채 일생을 살아오고 있다. 이 땅에 기차가 처음 등장한 것은 일제가 수탈을 위해 시설한 것으로 이 나라에 득보다는 실을 주는 존재였다. 자연히 초기에 그것을 이용한 사람들은 혐오의 대상으로 인식되었다. 아이들은 증오심으로 기차를 향해 돌을 던졌지만 그런 행동은 나라가 해방되었음에도 이어지고 있었다. 돌을 던지는 행위가 위험한 유흥으로 변질된 것이다.

　결국 시골교사의 소박한 시도가 세상을 바꾸어 놓았다.

　지금 우리는 기차여행 중에 만나는 아름다운 풍경 속에서, 그 풍경보다 더 아름다운 사람들이 손을 흔드는 모습을 볼 수 있다. 개인 한사람의 마음속에 일어난 작은 변화가 세상을 바꾼다는 것은 어렵거나 놀라운 일이 아니다.

과학은 소통의 언어가 될 것인가

무력으로 흥한 자는 무력으로 망한다는 말은 수도 없이 검증이 되었다.
측은지심(惻隱之心)과, 사랑과, 자비가 아니고는 대립을 넘어 포용의 장(場)을 만들어낼 수 없다. 지금은 격렬한 증오를 내려놓고 스스로 자신들을 돌아봐야 할 때다. 사람의 인성에 따뜻한 온기가 감돌지 않는 한 오늘날의 이 삭막한 대립은 결코 종결되지 않을 것이다.

희망이 실현되기 위해서는 누구나 공감하고 인정할 수 밖에 없는 필연적 동질성을 찾아내고 그 자리로부터 진정한 화합을 이루어내야 한다. 하지만 세속적 태도를 버리기 어려운 일반인들에게 성인들의 가르침은 한 없이 멀게 느껴질 수 있다. 철저한 보편성을 요구하는 이런 조건에 부합되는 길을 일상 속에서 찾을 수는 없을까? 어쩌면 이런 것은 과학자들의 생각처럼 가치중립적인 과학, 그리고 그 중심에 있는 수학의 세계에서 해결되지는 않을까? 만약 그것이 가능하다면 우리는 언어와 글자대신 수로 소통하는 길을 선택하면 될 것이다.

생전의 아인슈타인은 마지막 생애동안 물리학의 모든 공식을 아우르는 통일장 이론을 찾는데 시간을 보냈다. 그의 말로는 아주 심플한 것이 될 것이라고 했던 통일장 이론(만물이론)은 아직도 후보들만 무성할 뿐 확정된 것은 없다. 수많은 후보이론들은 여전히 검증중이고 호락호락하지 않은 어려운 벽들이 그 앞에 버티고 있다. 뿐만 아니라 합리적 객관성으로 논리의 기초가 되는 수학조차 그 한계가 있음이 괴델에 의해 증명되었다.

7의 불완전성의 정리로 보더라도 인류문명은 단지 진실의 바다위에 떠있는 작은 섬에 불과하다. 그럼 이것으로 만물이론을 찾는다는 생각은 한낱 꿈에 그치고 마는 것인가? 과학자들은 호환을 어렵게 만드는 그 공식들의 유기적 통합을 이루기 위해 차원확장이라는 개념을 고안해냈다. 간단한 예를 들자면 남산아래의 남쪽 마을과 반대편 북쪽마을을 두고 생각해볼 수 있다. 두 마을에 사는 사람들은 산꼭대기에 올라가지 않는 한 서로 반대편 마을을 볼 수가 없다. 그러므로 두 마을은 서로 상대방을 동일한 차원에서 인식하지 못한다.

이때 남산의 정상에 올라간 사람의 시계(視界)는 전혀 다르다. 두 마을이 단절없이 한 차원에서 인식될 수 있는 것이다. 즉 낮은 차원에서 높은 차원으로, 차원확장이 이루어지면 한계를 초월하는 해결책이 나오게 된다. 미치오 카쿠는 자신의 책 "평행우주"에서 모든 물리학의 공식들도 차원확장을 시도하면 모순 없이 융합할 수 있음을 소개했다. 단지 이에는 10 혹은, 11차원까지의 확장이 필요해진다. 현재는 인도출신의 천재 '라무나잔'에 의해 연구되었던 끈 이론과 그 새 버전이라는 M이론들이 '만물이론'의 강력한 후보가 되어있다.

하지만 이런 수학의 공식은 어렵게 성립된다고 해도 일반인이 가까이하기에는 그다지 친숙해보이지 않는다. 아인슈타인의 희망과는 달리 전혀 심플하고 간단하게 보이지를 않는 것이다. 더구나 이런 해결을 위한 발상 전환의 아이디어는 성인들의 가르침에서 얻어지고 있고 역으로 과학이 그 보편성을 증명하고 있을 따름이다.

현대과학의 정의들은 점점 더 고대 성인들의 가르침을 닮아간다.

프리초프 카프라(Fritjof Capra)의 말처럼 과학 발전의 지평은 동양의 정신문화에 크게 의지하고 있는 중이다. 과학은 객관적이지만 우리가 찾는 길은 그와 동시에 누구에게나 접근하기 용이해야 한다. 기대에 비해 과학적 방법은 완전하지도 않고 복잡한 공식 역시 논리를 도구로 하는 한 동종의 인문학과 차이가 없다.

절실한 화해의 길을 찾기 위해서는 기차를 향해 돌 대신 손을 흔든 것처럼 사고와 발상의 전환이 필요하다. 한 뿌리의 꽃나무에는 여러 송이의 꽃이 피어난다. 다양한 문화채널들은 여러 꽃송이들일 뿐 나무의 뿌리가 아니다. 문제해결의 관점도 꽃송이들로부터 뿌리로 옮겨져야 한다. 우리가 찾는 합일점은 부분이 아니라 전체라야 하며 모든 문화채널이 시작된 근원이라야 하는 것이다. 그것은 오직 사람의 마음에 있다. 그간 진리처럼 여겨졌던 타산적인 도구적 이성을 내려놓고 누구나 소유한 인간적 본성을 채널로 삼아야 한다. 마음은 그 작용과 희로애락으로 종의 벽도 넘어서는 생명체 공통의 근원이며, 외적 차이들의 산실이기 때문이다.

유연하고 근원적인 인류애적 가치는 모든 대립적 차별성을 넘어 공유되는 우리 모두의 정체성이다.

오래전부터 있었던 새로운 길

– 신생아는 왜 울기부터 할까 –

새로 태어나는 신생아들은 왜 울기부터 할까?

신생아가 말을 할리야 없다. 그렇다고 해도 처음부터 고고의 성을 울리며 울음을 터뜨리는 이유는 무엇일까? 생리적으로는 숨을 터기 위한 본능이겠지만 그것이 전부는 아닐 것이다. 그런데 그렇게 목을 놓아 울던 아기도 젖을 물리면 그 즉시 울음을 그친다. 그리고 적당히 배가 부르면 포근한 엄마의 품안에서 언제 그랬냐는 듯이 단잠 속으로 빠져 들어간다. 결국 아기가 원한 것은 주린 배를 채운 포만감과 함께 심신의 안정이었던 것임이 분명하다.

사람의 일생을 통해 가장 아늑한 상태라면 모태 속에 들어있을 때라는 것에 이의를 제기하는 사람은 없는 것 같다. 기실 신생아의 울음은 그 절대 안정으로 부터의 분리에 의한 상실감 때문이다. 허공으로 손을 내젓고 무엇인가 붙잡으려 애를 쓰며 울던 아기들도 번데기처럼 포대기에 돌돌 싸주면 금방 조용해진다. 모태 속에 있었을 때와 다름없는 안정감을 얻었기 때문이다. 유아로부터 성장기를 거쳐 가정을 이루고 성인이 될 때까지 우리가 살아가는 동인은 무엇일까? 이것은 우주가 어떻게 존재하는가에 대한 다른 식의 질문이기도 하다.

사춘기에는 알 수 없는 공허감과 함께 감정의 기복도 크고 종종 정서적으로 혼란스러운 경우도 많다. 모호한 세상과 마주하여 정체성을 형성해가는 과정은 끊임없는 변화와 불확실성으로 차있기 때문이다. 성인이 된 뒤에도 당장 해야 할 것만 선명해졌을 뿐 크게 달라지는 것은 없다.

당면한 과제들은 야구장의 타격연습기가 공을 뱉어내듯이 쉴 새 없이 들이닥친다. 싫고 좋은 선택의 여지도 없는 것이다. 열심히 헤치고 나와 만난 곳은 또 다시 헤쳐 나가야할 다른 과제에 불과하다.

달도 없는 야밤에 누가 달리기 시작하면 온 동네사람이 모두 달리고도 그 이유를 모른다. 인생도 다르지 않다. '행복한 삶을 위해'라는 기치 아래 내달려온 결과 과연 목표를 이루고 행복은 얻어졌는가? 경제적 성과를 포함하여 자신의 꿈을 제대로 실현했다는 사람의 수는 너무나 희소하다.

기실 알록달록한 희망사항들이 삶의 목표가 된 이유는 거기에서 안정을 얻을 수 있을 것이라 여겼기 때문이다. 성공적으로 산 사람이나, 꿈을 전혀 이루지 못하고 한만 남긴 사람이거나 간에, 공통적으로 원한 것은 오직 안정감일 뿐이다. 단순하고 소박해 보이지만 이보다 절실한 것은 없다.

신생아로부터 임종하기까지의 전 생애를 통해 우리가 찾고 원하는 것은 근본적이고도 완전한 안정이라는 명제다. 이것은 모든 산 것들의 삶의 방향이 되고 있다. 하지만 존속기간이 짧은 외형적 성공으로서는 기대가 충족되지 않는다.

외부의 대상들은 풍요롭게 보이지만 실상 그것들은 모두가 상대적이면서 시공간적으로 유한한 것들에 불과하다. 획득과 동시에 상실의 고통이 시작되는 거품과 환영이며, 심지어 대상이 변하기도 전에 자신이 먼저 변하기도 한다. 원하는 것을 이루어 봐도 안정은 또 저만치 물러서있다. 외부적 대상은 흔들린 마음이 투영된 것 일뿐 그 자체가 진정한 목표가 아님을 여실히 보여주는 것이다. 둘은 절대로 같은 것이 아니다. 게다가 얻기도 어렵고 유지하기도 힘든데다 유통의 과정마다 셀 수도 없는 대립과 갈등만 빚어놓는다. 이런 것은 사람들이 원하는 안정과는 거리가 멀다.

결국 우리는 안정을 주지도 못할 것들을 얻어 안정을 찾으려는 모순적 삶을 살고 있는 것이다. 아무리 가져도 여전히 부족하고 오히려 그것을 얻으려 노력하는 만큼 더 불안정해지는 것이 그 증거다.

이것은 결국 안정이 무엇인지 제대로 알지도 못할 뿐만 아니라 안정을 찾는 방법부터 잘못된 까닭이겠다. 놀란 토끼처럼 불안정한 존재들이 생존을 위해 빚어내는 대립과 갈등을 넘어 완전한 안정을 찾을 수 있는 길은 어떤 것일까? 세상의 모든 종교는 여기서 시작하고 세상의 모든 논쟁도 여기서 시작된다. 병은 환부를 제대로 치료함으로서 낫는 것이다. 불안정은 마음의 교란이므로 외부의 대상을 쫓을 것이 아니라 마음을 다스려야 한다.

불교의 12연기설은 인간의 고뇌와 불안정의 원인을 마음의 어리석음 즉 무명(無明)으로 설명하고 있다. 무명에 의해 외부로 반연된 정신은 신기루 같은 대상들에 집착하고 사물들의 무상한 변화에 따라 희로애락의 고통을 겪게 된다.

기독교의 창세기에는 아담과 이브가 선악과를 따먹는 장면이 있다.

하루는 창조주가 자신의 걸작인 에덴을 돌아보니 그 아름다운 환경에 즐겁게 지내고 있어야 할 사람 둘이가 보이지 않는다.

이에 이상해서 그들을 불러보자 둘은 모습을 숨기고 있다가 마지못해 나타났는데 꼴이 이상한 것이다. 천둥벌거숭이로 천진난만해야할 자들은 부끄러워하며 나뭇잎으로 몸을 가리고 있었다. 진상을 알아낸 창조주는 대노한다. 그리고 이미 에덴에서 살 수 있는 자격을 상실한 자들을 낙원으로부터 추방해버린다. 이로부터 인간은 출산과 양육, 생명을 이어가기위한 노동의 고된 삶을 살기 시작하게 된다. 그들은 선악과로 상징되는 분별심에 눈을 뜸으로 해서 모태와 같은 절대안정의 에덴으로부터 분리되어 나왔다. 모든 것을 준 창조주를 의심하고 분별을 시작함으로서 고뇌를 갖게 된 것은 인간불행의 시작이었다. 이것이 기독교에서 말하는 인류의 원천적인 죄, 즉 원죄다.

모든 것을 선택할 자유의지로 메마른 세상을 만들고 있는 현대인들도 여전히 에덴의 밖에 있다.

육조 혜능의 일화에는 풍번문답(風幡問答)이라는 것이 있다.

일진광풍에 깃발이 나부끼게 되었다. 수행 중이던 절 안의 대중들이 그것을 보고 깃발이 스스로 움직였다느니, 바람 때문에 흔들렸다느니 의견이 숭숭했다. 그때 오조의 휘하를 떠나 한동안 잠적해 지내던 혜능이 모습을 드러내고 충격적인 한마디를 던진다.

"그것은 마음이 움직인 것이오."

깊은 산속에서 아무도 보는 사람이 없는 가운데 나무가 넘어지면 그 소리가 있었겠는가? 라는 물음도 있다. 듣는 이가 없다면 소리가 있었음을 누가 알겠는가. 듣는 이의 듣는 마음이 분별을 일으켰기 때문에 나무가 쓰러지는 소리가 있는 것이다.

 시끄러운 음악 감상실에서 중요한 이야기를 하는 경우, 자신이 신청한 곡이 나오고 있음에도 전혀 듣지 못한 경험은 누구나 있다. 청각만이 아니다. 마음이 딴 곳에 가 있을 때 제 기능을 하지 못하기는 다른 감각들도 마찬가지다. 결국 듣고 보는 것은 눈이나 귀가 아니라 마음임을 알 수 있는 것이다. 한번 분별이 시작되면 마음은 일파만파 번져나가고 그 과정에서 끊임없이 갈등과 고뇌가 일어나게 된다. 승찬(僧璨)이 신심명(信心銘)에서, 도에 이르는데 어려움은 없으나 오직 분별을 경계한다 한 것도 이를 말한 것이다. (至道無難唯嫌揀擇)

 종합하자면, 신생아로부터 전 생애를 통해 사람들이 진정으로 원하는 것은 절대적 안정이다. 그리고 그 안정을 찾는 유일한 방법은 그림자에 불과한 외형적 대상들로부터 관심을 돌리는 것에 있다. 밖으로 작용하던 마음을 거두어 분별을 떨칠 때 비로소 고뇌와 갈등의 뿌리는 사라진다.

 이제 중요한 것은 마음을 되돌려 내적 안정을 찾는 실제적 방법이다. 그 길이 생명을 얻기 위해서는, 전통적으로 지식 획득의 바른 방법이었던 체험수업을 통해 이루어져야만 한다. 마음을 되돌리는 체험수업은 고대로부터 여러 문화에 깃들어있는 명상 수행 속에 갖춰져 있다. 옛날부터 있어온 오랜 길이지만 현대인들에게는 잊혀진 고향처럼 멀게 느껴지는 길이다.

개인들 각자의 문제로부터 집단, 나아가 사회적인 갈등과 대립을 해소하는데 명상이라는 길을 제시하는 것은 전혀 생소한 것이 아니다. 역대의 성인들이 명상수행으로 깨달음을 얻고, 그것으로 개인이 살고, 집단이 살아나고 사회가 살아났다. 그들의 가르침과 규범은 야만과 무지 속에 잠자던 인류의 영혼을 깨워 사람의 품격을 갖추게 했고, 무지의 혼란으로부터 세상을 바로 세웠다.

1부의 초반에서 강조한 바처럼 명상은 개인의 내면에서 이루어지는 경험이지만 그 성과는 다분히 사회적이다. 어떤 거대한 집단도 개인으로 형성되지 않을 수 없고, 어떤 갈등과 대립도 개인의 참여가 없이 발생하는 경우는 없다. 기술만으로 바뀌는 세상은 사람의 인성을 변화시키지 못하고 사람이 변하지 않으면 세상은 달라지지 않는다. 진실로 인류의 삶을 고양시키고 새로운 세상을 만들고자 한다면, 단 한 사람의 개인부터 바로 서야한다.

"…영적인 실천의 성과인 자기 인식과 자기절제는 이 세상 누구나 원하고 있는 리더십과 높은 성과, 그리고 권력을 얻기 위한 핵심이기도 하다. 비즈니스에서 자기절제를 할 수 있는 사람은 많지 않다. 하지만 자기절제에 실패하면 리더십을 잃게 된다. 자기 절제를 위한 가장 확실한 방법은 자기반성과 일기 쓰기, 명상과 같은 영적인 원칙을 세우는 것이다.…우리 자신을 다스릴 수 있을 때 사람들, 그리고 세상을 관리할 수 있는 것이다."

(존 나이스비츠: 메가 트랜드, p.226, 청림)

도구적 이성에 끌려 에덴을 상실한 현대인은 소유와 소비를 신으로

섬겼고 부지런히 분별하며 다투어 인성의 황무지를 만들었다. 그 결과 사람에게 주어진 또 다른 능력은 잊혀지고 쇠락하여 퇴화되어 왔다. 아무리 척박해진 세상이라 할지라도 내적 합일을 통한 공감과 용서, 관용으로 대표되는 사람의 본성은 소멸되지 않는다. 이해관계도 없이 주고받는 친절에 감격하고 타인의 어려움에 눈감지 못하는 것은 이것을 증명한다. 가슴을 적시는 음악에 눈물짓고 공동성과에 보람을 얻는 것은 어디서 연유하는 것인가?

명상으로 되살아난 영적지혜는 말과 글의 건조한 허상을 벗고, 맞잡은 손과 눈을 통해 따뜻한 사랑과 자비를 전하게 될 것이다.

지금까지 인문학의 대표적 방법들과 명상을 비교해보며 그 필요성에 대해 검토 해보았지만 부족함이 많다. 이것으로 명상의 역할에 대해 충분히 천명했다고 하기에도 미흡하다. 법보다는 주먹이 가깝다는 말은 이성보다 폭력이 더 앞선다는 뜻이다. 그렇다면 이성보다 더 나약해 보이는 감성적 노력이 어떻게 폭력을 해소할 것인가.

그러나 이런 우려는 지난 역사 속에서 명상문화가 보여준 환난극복의 역할을 통해 충분히 해소될 수 있을 것이다. 더욱이 우리의 역사는 명상이라는 소박하면서도 완전한 길을 따라 새로운 세상을 만들었던 경험을 갖고 있다. 2부는 그 역사의 현장으로 돌아가 시대의 중심이 되었던 명상문화를 조명하면서 그 가능성을 확인하려 한다.

제2부
세 가지 신물(神物)

"바다 속에 네 귀퉁이가 마치 네 개의 문처럼 솟아나온 돌이 있다."
(海中有石 四角聳出如四門)

피리를 불면 적군이 물러가고 바람이 그치며 파도가 잠잠해졌다. 그러므로 만파식적이라 부르고 국보로 삼았다.

대당전쟁과 그 전후의 외교상황에서 충분히 볼 수 있듯이 문무왕은 주변의 강대국을 활용하긴 했지만 그들에게 종속되려 하지 않았다. 오히려 스스로 대룡(大龍)이 됨으로 해서 자신의 후계자들을 모두 용의 계보에 올려놓고 중국의 황족을 넘어서는 자신감을 보여주었다고 할 수 있다.

역사속으로

우리에게는 세상 어느 나라나 민족도 가져보지 못한 건국이념을 세우고 그것을 실현하기 위해 이상적 사회를 창조했던 위대한 체험이 있다. 물리적 국력만이 아니라 사람의 품격으로도 가장 덕성이 높았던 이상적 국가. 그 최초의 시작은 모두가 알고 있는 고조선의 단군역사다. 이 한 가지 사건만으로도 우리가 구하는 역할모델로는 차고 넘친다.

하지만, 당시의 치세는 덕화(德化)가 위주였던 시대다. 압도적인 문명의 우위와 높은 도덕적 가르침 앞에 주변세력들은 저절로 융화되고 추종해왔기 때문이다. 갈등과 대립, 충돌이 빈발하는 현대에는 그보다 다른 시대의 경험이 필요하다. 현대만큼 아니면 그보다 더 힘든 시기의 경험이라야 지금 우리에게는 살가운 모델이 될 수 있는 것이다.

다행히 그에 부합하는 경험 또한 우리의 고대 역사 속에 존재한다.

고구려 백제 신라의 첨예했던 삼국대립이 막을 내리고, 이제 막 하나로 통일된 국가가 시작되려던 시대적 전환기가 바로 그 때다. 개인의 생명과 국가의 존망이 걸린 당시의 상황은 현대보다도 훨씬 고단하고 힘들었으며 갈등과 대립 역시 더욱 심각했다. 어렵게 쟁취한 평화는 아직 떡잎과 같았고 승패에 상관없이 민심은 어수선해 있었다. 이렇게 위태롭고 불안했던 시대에 기여한 명상의 역할이라면 오늘 우리의 아픔을 해결하는 교훈이 되기에 충분할 것이다.

현대는 개헌같이 정치적인 틀이 바뀌면 사회에 전면적인 변화가 일어난다. 국체가 바뀌기 때문이다. 그 보다 더 큰 변화는 고대국가의 왕조가 바뀔 때가 될 것이다. 이에 비하면 작은 규모지만, 신왕이 등극하거나 새 정권이 창출되어도 사회는 많은 변화를 겪으며 새롭게 달라진다. 각종제도와 기구들이 존폐와 혁신의 과정을 거치면서 달라진 세상의 이상을 실현하기위해 정돈된다. 오늘날의 변화가 정치적 범위에 국한되는 것과 달리 옛날의 경우는 종교와 역법, 복식과 관혼상제의 형식까지 바뀌는 일대 격변이었다.

더욱이 어제까지만 해도 서로 각을 세우고 생사의 대립을 하던 사람들이 한 국가의 백성이 되는 데는, 험난하면서도 쉽지 않은 과정들이 놓여있었다. 서로간의 갈등은 겨우 둘러친 울타리가 무색해질 지경이었고, 새로 시작된 시대는 작은 사건하나가 국가의 붕괴를 가져올 만치 위태로웠다. 이 어려운 시대에 우리의 선조들은 어떤 노력으로 새 역사를 이룩해 나올 수 있었을까.

지도자들은 온갖 갈등과 생사, 시비가 난무한 바로 그 땅에서 새로운 세상을 열기위해 노력해야 했다. 여기에 필수적인 것은 모든 앙금을 털어내고 새 출발을 하기위한 화해와 대화합의 장이었다. 만약 이 과정이 없다면 세상은 원한과 보복의 대물림으로 영원히 벗어날 수 없는 지옥이 펼쳐지게 될 것이다. 과연 어떤 일이 백성들의 마음을 하나로 모아 익숙한 과거를 흘려보내고 낯선 미래를 받아들이게 했던 것일까?

우리 조상들은 고대로부터 애타고 고단했던 일 년 농사의 대장정을 마치면 어김없이 축제를 열었다. 수확의 기쁨을 공유하며, 농사일을 하는 동안 있었던 온갖 갈등과 대립을 내려놓고 일대화합의 장을 펼쳤던 것이다. 축제는 용서와 화해로 공동체의식을 가다듬고 새로운 시작을 기약하는 전환점이기도 했다. 이런 의식은 한계적 시공간에서 얼마든지 발생 가능한 더 큰 불상사를 막아내고 평화롭게 공존할 수 있는 정신문화의 기틀이 되었다. 그런 까닭에 청산과 새 출발의 전환점은 더없이 진실하고 신성한 가치로 모두로부터 존중받았다.

늘 대하는 곳이라도 비가 내려 먼지를 씻어내면 세상은 새로워진다. 그와 같이 조상들은 터(시공간적)를 맑히고 정갈하게 하여 근원적 신성함을 부여하는 '씻김'이라는 개념을 창조했다. 그리고 기독교의 물세례처럼 이 씻김이라는 개념을 통해 거듭 날줄 알았다.

지금 갈등과 대립으로 혼란한 현대인들에게도 씻김이라는 정신적 일대 전환의 계기가 필요하다. 개인이 당면하고 있는 내적 방황으로부터 사회와 국제적 갈등에 이르기까지 씻김의 과정을 통해 불사조처럼 다시 태어나야한다. 물론 씻김은 무당이 한판 춤이나 춘다고 해서 절로 이루어지는 그런 황당한 것은 결코 아니다. 고대로부터 씻김이 현실화하는 과정에는 철저하고도 적절한 조치가 뒤를 따랐다. 새로운 왕조들은 실제적 노력으로 정치, 경제, 종교, 제도와 역법, 복식 등, 모든 분야에 개혁을 단행했던 것이다.

평균 삼년에 한 번 씩 전쟁이 있었다는 우리의 삼국시대.

어느 나라를 막론하고 집집마다 전상자가 없는 집이 없었다고 하니 전쟁을 종식시키는 통일과업은 누가 승자가 되던 이룩해야만 하는 절실한 일이었다.

결국 우여곡절 끝에 물리적 통합은 이루었지만 이 또한 전쟁으로 인한 한과 슬픔을 산처럼 쌓아놓게 되었다. 피할 수 없었다고 해도 전쟁을 전쟁으로 해결했고 피로써 피를 씻은 일이었다. 이런 처참한 상황에서 한 순간 모든 것을 잊고 하나의 공동체를 이룬다는 것은 말처럼 쉬운 일이 아니었다.

가장 절실한 것은 증오와 아픔을 넘어 서로를 감싸 안을 수 있는 정신적 공감대였다. 망국의 슬픔과 개개인의 상처는 승자나 패자에게 모두 고통이었고 까마득한 난제라 해서 그만두거나 피할 수도 없는 일이었다. 상처의 봉합만이 아니라 희망찬 새 세상을 창조해야 하는 통일보다 더 힘든 과업이 지도자들에게 주어졌다. 삼국 백성들의 마음을 융합할 용광로로 정신적 혁명이 이루어져야 했고 이를 위해 유불선이 고루 장려되었다. 사회조직의 갖가지 제도개선과 개혁도 뒤를 이었다.

선조들은 이런 적극적이고도 창의적인 노력을 통해 지울 수 없는 원한과 뿌리 깊은 갈등을 넘어 대화합의 장을 창출할 수 있었다. 이제 그 선례를 돌아보며 현대인들에게 귀감이 될 유익한 지혜를 얻어 보려고 한다.

대왕암과 만파식적

우리의 고대사 중에서 쉽게 대할 수 있는 것은 김부식의 삼국사기와 일연의 삼국유사다. 두 책의 중요성을 비교한다는 것은 어리석은 짓에 지나지 않는다. 그러나 굳이 둘 중 하나를 골라야 한다면 육당 최남선은 삼국유사를 선택하겠다고 했다. 비단 최남선만이 아니라도 삼국유사의 중요성을 설파하고 있는 학자들은 수도 없이 많다.

삼국사기가 역사의 사실적 기록에 비중을 두었다면, 삼국유사는 역사적 사실 뒤에 살아 숨 쉬는 선조들의 생생한 숨결을 담아냄으로서 우리의 정서 곧 정신적 정체성을 보여주고 있기 때문이다.

스티븐 킹은 '유혹하는 글쓰기'에서 다음과 같이 말한다.

"탁자가 있고 그 위에 통이 있는데, 통속에는 등에 숫자 8이 쓰여진 토끼가 한 마리 있다. 이런 경우, 작가가 특별히 서술하지 않아도 일반의 관심은 평범한 탁자나 토끼가 아닌 숫자 8에 쏠린다. 그리고 그것은 시공을 초월하여 사람들의 마음을 한자리에 모을 수 있는 마법이 되기도 한다."

설화는 바로 그런 목적으로 실재적 사실과 함께 교훈을 심어놓은 서사시적 꽃밭이다. 삼국유사의 통일신라 초기 기록에는 이 숫자 8처럼 관심을 끌면서도 한 번도 제대로 평가되지 못한 특별한 이야기가 있다. 삼국사기에도 기록이 남아있지만 삼국유사에 더 자세히 기록된 그 이야기는 지금까지 우리가 논해왔던 문제의 중요성으로 인해 새롭게 이목을 끌게 된다.

그리스의 일리아스나 인도의 베다처럼 길지는 않고 그렇다고 바가바드 기따처럼 자세하지도 않았다.

그러나 오늘을 사는 현대인들의 고난을 구제하기에는 충분한 본보기가 이야기 속에 담겨있다. 여느 우리의 문화유산이 다 그렇듯이, 그 질적 수준은 타의 추종을 불허하는 위대한 것으로 역사서 속에 숨겨진 진정한 보물이다.

이제 이야기는 잠시 지난 역사 속으로 다녀와야 한다. 등이 몹시 가려울 때는 고양이 손이라도 빌려야 한다는 말처럼 약을 찾는 입장으로 어디인들 마다 할 것인가.

원효라고 하면 새삼 강조하지 않아도 될 한국불교의 위대한 사상가다. 비단 한국불교만이겠는가. 일본과 중국, 심지어 불교의 발상지인 인도에 까지도 그의 저서는 알려지고 발간되었다. 불교 교리간의 논쟁을 종식시키는 대통합의 화쟁(和諍)을 창안하고 통일된 국가의 화합을 위한 사상적 저변을 구축한 큰 인물이다. 그는 실로 명실상부한 세계차원의 불교적 사상가라 하겠다.

육당 최남선이 "인도의 불교가 서론이고 중국의 불교는 각론일 때, 한국의 불교는 결론이다."라는 말을 할 수 있었던 것도 모두 원효로부터 기인한 것이다. 그런 그가 한참 활약을 하고 있던 시기와 맞물려 삼국을 통일한 신라에는 이상한 일이 벌어지고 있었다. 원효의 설법을 청해들을 정도로 지성미 넘치는 왕들이 일반이 생각할 때도 이해가 가지 않는 언행을 하고 있었던 것이다.

그중 한 가지는 유사 이래 전례가 없는 왕의 해중능 이야기이며, 그 다음은 기어이 해중릉을 조성한 후에 바다에서 얻었다는 신비한 보물에 관한 것이다. 그것은 임금이나 귀족들이 허리에 두르는 옥대와 한 자루의 피리였지만 보통의 귀한 보물들과는 차원이 다른 배경을 갖고 있었다. 더구나 피리는 신묘한 능력을 갖고 있어 한번 불기만 해도 질병과 재난이 사라졌다. 또한 가뭄에는 비가 내리고 장마가 심할 때는 하늘이 개었으며 사나운 바람과 물결조차 평온해진다고 했다. 하지만 생각 없이 들으면 이규보가 처음 동명왕 본기를 읽었을 때처럼 황당하게 보인다. 처음 이규보의 생각에는 "귀신 씨나락 까먹는 소리"거나 "턱에 닿지도 않는 소리"였다고 했다. 이 보물들에 대한 이야기 역시 그와 다르지 않게 보일 것이 분명하다.

그런데 당시의 걸출한 지도자들은 맑은 정신으로 왜 이런 말을 했던 것일까?

이야기의 중심에 있는 신문왕만 해도 그렇다. 682년 국학을 세우고 유학을 장려해 논어 맹자를 가르치게 했으며, 산학박사(算學博士: 수학박사)와 조교로 이루어진 명산과(明算科)를 둔 현명한 왕이다.

이때 명산에서 가르친 것 중에는 밀률(密率)이 있으니 오늘날의 '파이'다. 현재 컴퓨터로 계산하여 소수점 이하 1조자리까지 해도 그 끝이 안 보인다. 당시에 사용한 값이 3.14159로 여섯 자리인데 이조 세종대에 와서 이순지도 칠정산외편(七政算外篇)에서 그곳까지만 확정해서 적용한 것으로 되어있다. 칠정의 계산은 복잡해서 당시의 일본수학자들이 배워 가고도 잊어먹고 다시 또 배우러 와야 했다. 고려시대에는 3.14로 사용했다고 하지만 이미 고구려 축성에서 소수점 이하 여섯 자리까지가 활용되고 있었다 한다. 황금비율이 적용된 석굴암과 불상, 다보탑 외에도 화려한 문화유산을 남긴 신라가 이를 모를 리 없었다. 이런 놀라운 수학적 능력과 그것을 장려한 명군들이 모호한 언어로 안개를 피우고 있는 대목에는 어떤 의도가 있었던 것일까?

삼국사기보다 삼국유사에 더 자세히 실린 그 이야기는 천년도 훨씬 지난 현대에 와서 학술조사의 대상이 되었다.

1981년 11월 12일 한국일보 문화면 기사에는 이런 기사가 실린다.

"신라 만파식적(萬波息笛)설화는 해중능조영(海中陵造營)묘사한 것"

당시 동국대학교 대학원장으로 있던 황수영박사가 "문무대왕 1천3백 주기를 맞아"라는 부제로 올린 기사였다.

요약하면 1967년 4월 하순 황수영은 한국일보가 기획한 신라오악(新羅五嶽)조사단에 참가하였고, 동해구(東海口)에서 돌 거북을 찾는 작업을 주관하였다. 마침내 같은 해 5월 7일, 대왕능에 처음 도착하여 돌 거북을 바로 이곳에서 찾았다고 말한다. 그가 찾는 돌 거북은 문무왕의 아들 신문왕이 등극 2년, 이견대에 이르러 바다 한가운데 떠 있는 한 작은 산(小山)을 본 것에서 유래한 것이다. 이상한 산이 바다에 떠서 왔다 갔다 하니 신문왕은 신하를 시켜 그것이 무엇인지 가보라고 명한다. 돌아온 신하는 그것이 마치 거북의 머리같이 생겼다고 보고를 했다. 과연 그 작은 산은 무엇이었을까?

황수영은 돌 거북이 대왕암을 조성할 당시에 그 중앙에 놓은 거대한 바위거나 아니면 대왕암 자체를 가리킨 것이라고 생각한다.

"그리고 왕이 5월 7일 이견대에 이르러 그 산을 바라보고 사람을 보내 살피게 하니 산세여귀두(山勢如龜頭)라 한 것은 바로 오늘, 대왕릉 중심에 자리 잡은 1매 거석(一枚巨石)의 형태를 가리킨 것으로 볼 수는 없을 것인가?"

그의 실측결과로 대왕암 가운데 있는 거석은 길이가 12척, 폭이 8척이었다는 것이 밝혀졌다. 그 정도의 바위를 육지로부터 운반해 대왕암의 한가운데 놓자면 요즘 같이 장비가 좋은 때에도 보통 어려운 일이 아니다. 현대식 장비를 동원한다 해도 너울이 출렁이는 바다위에서 거대한 바위의 하역작업은 위험천만한 일이다. 하물며 당시에는 뗏목위에 거석을 싣고 파도를 이기며 나가야 했을 것이니 그 난공사는 눈에 불 보듯이 훤하다.

황 수영은 대왕암이나 그 뗏목에 실린 거석을 거북의 머리와 비교했다고 판단한다. 그리고 이 기사에서 만파식적은 해중릉의 조성작업 중에 얻어진 영감의 산물인 듯이 여기지만 더 이상의 언급은 없다. 분명 삼국유사와 삼국사기에는 대왕암과 함께 당당히 역사의 주인공으로 자리매김 되어 있는 것인데도 말이다. 철저한 현장조사를 원칙으로 하는 고고학자의 입장에서는 어떤 물적 증거도 없는 대상에 대해 추측할 필요를 느끼지 못했을 수 있다.

이런 생각은 김부식도 마찬가지였다.

그가 정리한 삼국사기의 잡지(雜志) 樂, 三竹 다음에 이어 기재된 향삼죽(鄕三竹)은 이렇게 기술되어있다.

"향삼죽은 역시 신라 때부터 시작되었으나 누가 만들었는지는 알 수 없다. 고기(古記)에 이르기를 신문왕 때 동해 가운데서 홀연히 한 작은 산이 나타났는데 형상이 거북 머리와 같고, 그 위에 한 줄기 대나무가 있어 낮에는 갈라져 둘이 되고 밤에는 합하여 하나가 되었다. 왕이 사람을 시켜 베어다가 피리를 만들어 이름을 만파식적(萬波息笛)이라고 하였다. 이런 말이 있으나 괴이하여 믿을 수 없다."

그러나 김부식조차 삼죽적(三竹笛)에는 7조(七調)가 있었다고 했고, 그 7조(七調)의 내용을 일일이 기록한 것으로 보아 만파식적이라 불린 피리가 있긴 했던 것이다. 또한 중국의 조선지(朝鮮志)에 "옥피리는 한 자 아홉촌, 소리는 맑고 밝다. 해동의 용이 바친 것이라 한다."라는 기록도 남아있다.

(有玉笛 長尺有九寸 其聲淸亮 云海東龍所獻)

대나무를 옥이라고 기재했지만 만파식적은 그 존재가 중국에까지 알려질 정도의 신물이었다. 주변국에 널리 알려진 이런 소문은 중국만이 아니라 바다건너 일본에서도 사신이 찾아올 정도였다. 김부식은 이토록 국내외에 소문이 파다했던 엄연한 실체를 무시해버린다. 출처가 괴이하다하여 잡지(雜志)속에 초라하게 기술하고 덮어버린 것이다. 참으로 통탄할 이 행위는 천년세월이 지난 지금 그것이 무엇이었는지 생각조차 하지 않게 만든 원인이 되었다.

삼국유사에 실린 문무대왕의 해중릉과 만파식적에 대한 기사의 원문을 통해 당시의 상황을 알아보자.

제 31대 신문대왕 이름은 정명, 성은 김씨. 개요원년 신사년 7월 7일에 즉위했다. 아버지 문무대왕을 위하여 동해변에 감은사를 창건하였다.(사중기에 말하기를, 문무왕이 왜병을 진압하기위해 처음 이 절을 지었으나 완성하지 못하고 붕어하여 바다의 용이 되었다. 그 아들 신문이 즉위, 개요2년에 완성하였다. 금당의 섬돌아래 동향으로 구멍 하나를 열어두었는데 바로 용이 들어와 서리도록 마련한 것이다. 대개 유조에 따라 뼈를 묻은 곳을 대왕암이라 하고 절 이름은 감은사라 했다. 후에 용이 나타난 모습을 본 곳을 이견대라 했다.) 이듬해 임오년 5월 초하루(어떤 기록에는 천수원년이라 하나, 잘못된 것이다.)에 해관 파진찬 박숙청이 아뢰었다.

"동해 가운데 있던 작은 섬 하나가 감은사 쪽으로 떠내려 와 파도를 따라 왔다 갔다 합니다."

왕이 이 말을 듣고 이상하게 여겨 일관 김춘질(춘일이라고도 함)에게 점을 치도록 명했다. 일관이 왕에게 아뢰었다.

"돌아가신 임금께서 지금 바다의 용이 되어 삼한을 지키며, 또 김유신공이 33천의 한 아들이 되어 지금 내려와 대신이 되었습니다. 두 성인께서 덕을 같이하여 성을 지킬 보배를 내리려고 하시는 것입니다. 만약 폐하께서 바닷가로 나가시면 반드시 값을 매길 수 없는 큰 보배를 얻으실 것입니다."

왕은 기뻐하며 그달 7일에 이견대로 가서 그 산을 바라보고 사신을 보내 살펴보게 했다. 산의 형세는 거북이 머리처럼 생겼고 그 위에 대나무 한그루가 있었는데 낮에는 둘이 되고 밤에는 합쳐졌다.(혹은 산 역시 대나무처럼 밤낮으로 합쳐졌다 떨어졌다 했다고 한다.) 사신이 와서 아뢰자 왕은 감은사로 가서 묵었다. 이튿날 오시에 대나무가 하나로 합치자 천지가 진동하고 이레 동안 폭풍우가 치면서 날이 어두워졌다. 날씨는 그달 16일에야 바람이 멈추고 파도가 가라앉았다. 왕이 배를 타고 그 산으로 가니 용이 검은 옥대를 가져다 바쳤다. 왕은 용을 영접하여 함께 자리에 앉았다.

왕이 물었다.

"이 산과 대나무가 떨어졌다가 다시 합치는 것은 무슨 까닭인가?"

용이 말했다.

"한손으로 치면 소리가 나지 않지만 두 손으로 치면 소리가 나는 것과 같습니다. 이 대나무란 물건은 합친 후에야 소리가 나게 되어있으니 성왕께서 소리로써 천하를 다스릴 징조입니다. 왕께서 이 대나무를 얻어 피리를 만들어 불면 천하가 평화로울 것입니다. 지금 돌아가신 선왕께서는 바다 속 큰 용이 되셨고 김유신은 또 천신이 되었습니다. 두 성인께서 한 마음이 되어 값으로는 정할 수 없는 이런 큰 보물을 내려 저에게 바치도록 한 것입니다."

왕은 놀라고 기뻐하며 오색 비단과 금옥으로 답례한 뒤, 사람을 시켜 대나무를 베어가지고 바다에서 나오니 산과 용이 갑자기 사라져 보이지 않았다. 왕은 감은사에서 묵었다. 17일에 지림사 서쪽 냇가에 이르러 수레를 멈추고 점심을 먹었다. 태자 이공(나중에 효소대왕)이 대궐을 지키다가 이 이야기를 듣고는 말을 달려와 축하하고 천천히 살려본 다음 아뢰었다.

"이 옥대의 여러 쪽들은 모두 진짜 용들입니다."

왕이 물었다.

"네가 그것을 어떻게 아느냐?"

"한쪽을 떼어서 물에 넣어 보십시오."

왕이 왼쪽에서 두 번째 쪽을 떼어 시냇물에 담갔더니 곧바로 용이 되어 하늘로 올라갔고 그 자리는 못이 되었다. 그래서 그 연못을 용연이라 불렀다. 왕은 궁궐로 돌아와 그 대나무로 피리를 만들어 월성 천존고에 보관했는데, 이 피리를 불면 적군이 물러가고 바람이 그치며 파도가 잠잠해졌다. 그러므로 만파식적(萬波息笛)이라 부르고 국보로 삼았다.

효소대왕 때 이르러 천수4년 계사에, 부례랑이 살아 돌아온 기이한일이 있었으므로 다시 만만파파식적(萬萬波波息笛)이라 불렀다. 자세한 것은 그 전기에 있다.

이상이 삼국유사 만파식적 조에 실려 있는 기록의 전문이다.

순서대로 본다면 해중능에 문무대왕의 장례를 지냈으며, 그 후에 용이 되어 승천하는 모습을 본 곳을 이견대(利見臺)라 했음을 알 수 있다. 신문왕은 신하들의 말을 쫓아 바로 그 이견대로 나가서 바다 속의 바위섬을 확인한 것이다. 이 내용을 보면 거북이야기는 해중능 조성당시가 아니다. 백번 양보하여 황수영의 말대로 공사당시 상황을 보고 만들어진 이야기라고 하자. 그렇다면 일의 순서를 바꿔가며 그런 이야기를 만든 것에는 다른 뜻이 숨겨져 있다는 것이 된다.

삼국을 통일했으니 영토는 더 없이 넓어졌다. 그런데도 불구하고 막강 권력의 통일군주는 멀쩡한 육지 위의 숱한 명당을 마다하고 굳이 바다 속의 돌섬으로 가겠다고 했다. 반대가 빗발 같았을 텐데 이유가 여간하지 않고서는 천부당만부당한 선택이었다. 그것으로 끝이 아니었다. 바다위에 떠서 오가고 있던 섬 위에는 이상한 대나무가 한그루 있었고, 그것으로 피리를 만들어 신비한 신물(神物) 만파식적이 되었다는 것이다. 무슨 뜻이었을까?

신비로운 이야기를 좋아하는 사람들은 흥미를 갖겠지만 오늘날처럼 매사에 논리를 앞세우는 시대에 이런 이야기는 황당하게 들릴 수 있다.

그러나 과연 그럴까? 종종 현대인들은 과거의 문물이 지금에 비해 뒤졌다고 생각하는 우를 범한다. 자그마치 이천년 이상 된 가르침에 자기의 혼을 맡기며 고대 현자들의 발밑에도 가지 못하는 주제들인데도 말이다. 단지 후대에 태어났다는 벼룩의 눈만 한 유리함을 가지고 선대의 현자들을 함부로 평가하는 경우가 즐비하다.

대왕암과 만파식적은 이 책이 다루는 주제에서 중요한 비중을 차지하고 있다. 그러므로 이참에 우선적으로 이 두 문화유산의 존재가치부터 제대로 규명해보려고 한다. 성낙주는 '에밀레종의 비밀'에서 대왕암이 안타깝게도 온갖 모욕적인 언사에 휩싸여 있다고 증언했다. 소중한 이 문화적 코드들은 더 이상 지금처럼 모호한 존재로 둘 수도 없고 더욱이 몰지각한 자들의 평가에 오명을 쓴 채로 두어서도 안된다. 무릇 사물에는 체와 용이 있다고 했다. 2부에서 다룰 대왕암과 만파식적, 흑옥대의 신물들은 특별한 체용을 갖춘 존재들이다. 통일신라초기의 이 의미심장한 세 신물들에 대한 연구도 이 두 가지 방향으로 전개해 갈 것이다.

한국일보 기사의 신라오악조사단은 1967년, "대왕암은 세계유일의 해중능"이라고 발표한 바 있었다.

1981년 11월 12일 한국일보에 실린 황수영의 말과 성낙주의 연구에 의하면 당시의 조사단은 대왕암에 직접 올라가 답사를 했다. 십자형 수로 및, 거북돌, 암설에 남아있는 인공치석의 흔적 등을 확인하고 간단한 실측을 거쳐 거북돌 밑에 납골장치가 숨어있다는 추정 하에 해중능설을 처음 공포한 것이다.

이 발표는 신랄한 반론에 부딪히게 된다. 문제는 거북돌 아래 납골장치가 있는지 없는지 실제로 확인하지 못했다는 데 있었다. 바로 이것

때문에 그 장치의 존재유무를 확인하기 전 까지는 능이라고 인정을 할 수 없다는 반론이 일어난 것이다. 남천우는 거북돌이 바위에서 굴러 떨어진 자연석에 불과하다고 주장했고, 유홍준은 자신의 저서 '나의 문화유산 답사기'에서 수중능설은 과대 포장된 대국민 사기극이라 했다. 나아가 공명심에 찬 학자들이 3선 개헌을 앞둔 박정희 정권에 부역한 것이라는 극언까지도 서슴지 않았다.

자연석이 떨어진 것이라는 주장은 지질학자들의 견해도 참고해야 하겠지만 거북돌 주변의 정황을 볼 때 공감을 얻기는 어렵다. 왜 하필 그 돌만 용케도 퍼즐처럼 그 자리에 있는지를 설명하자면 그 것이 더 힘들 것이기 때문이다. 더구나 그 돌이 떨어져 나온 자리로 추정될만한 흔적은 어디에도 없다. 천년이상의 세월 속에 흔적 또한 자연화 되었다고 할 수 있겠지만 그렇게 보기에 주변의 모습은 놀라울 만치 균일하다.

유홍준의 주장은 "해중능을 발견했다고 신문마다 요란을 떨었고, 사람들은 마치 아무도 모르던 것을 그때 발견한 것인 양 알게 되었고, 학교에서도 그렇게 가르치고 책에도 그렇게 씌어 진 것이 많다"라는 것이다. 또한 이미 알만 한 사람은 다 알고 있는 일인데 새삼 부산을 떠는 것은 정치적인 이유가 있다고 했다. 그러나 이런 주장이 터무니없다는 것은 유홍준 자신의 말에도 나타난다. 즉 '알 만한 사람이 다 아는 진실'은 누구도 조작할 수가 없음이 그것이다.

대왕암에 대한 기록은 조사단들이 최초로 발견했다고 할 수도 없도록 그 이전의 기록에 수도 없이 등장한다. 삼국사기와 삼국유사가 그것이고 신증동국여지승람(新增東國輿地勝覽), 지봉유설(芝峯類說), 동경잡기(東京雜記), 세종지리지(世宗實錄地理)와 홍양호의 이계집(耳溪集) 등등, 관심이 있는 사람이라면 얼마든지 관련기록을 찾을 수 있을 만큼 잘 알려진 내용이다. 그와 같이 쉽사리 접근 가능한 기록이 존재했기 때문에 조사단들도 답사를 할 수 있었고 유홍준 자신도 들춰내어 보일 수가 있었다. 그럼에도 불구하고 유홍준은 그들이 '최초로 발견'했다고 국민들을 속인 것으로 몰아세웠다. 이런 주장에는 큰 억측과 무리가 따른다.

첫째, 일이 그렇게 되자면 그 기록은 일반이 접근할 수 없을 만큼 감추어진 자료라야 한다.

둘째, 유적을 답사한 사람들은 모든 기록에 등재된 사실을 감출 수 있다고 생각할 만치 우둔해야한다.

셋째, 유홍준 자신이야말로 일반이 모르는 이런 자료를 찾아내고 무리한 음모를 제일 먼저 알아낸 사람이라는 것이다.

넷째, 조사단들의 연구 활동이 현대에 이루어진 최초의 답사라는 것을 충분히 이해할 수 있는 입장에서 그 말을 고의로 와전시키고 있는 점이다.

그리고 유홍준은 갑자기 대왕암답사와 아무 관련도 없는 정치에 연계하여 감상적 독백을 늘어놓는다.

"한없이 슬프고 분하게 생각되는 것은 저 추악한 군사 문화 속에서 꽃 피워볼 날 없이 모진 풍파를 당해야 했던 뜻있는 진보적 지식인 선배들의 고난스럽던 날들과 죽어라고 해도 죽지 않는 질경이 같은 인생을 살아야 했던 민초들의 아픔이 울컥 생각나기 때문이다."

어차피 교과서도 아니요 학위논문도 아닌 일개 '기(記)'에 불과하다. 개인의 넋두리와 진배없는 마당에 무슨 말인들 못하겠는가? 김삿갓처럼 한잔 얼큰히 취한 채 개인적 감회를 술회하는 국면이라면 못할 말은 없다.

잠깐 돌아보자. 서슬이 시퍼럴 때의 김지하는 1970년 11월, 민족학교에서 있었던 강연에서 "사회현실에 대한 문학의 지도적 기능의 확보야말로 우리문학이 오래도록 염원해온 문제다"라고 했다. 조지 오웰도 "내 작업을 돌이켜보건대 내가 맥없는 책들을 쓰고, 현란한 구절이나 의미 없는 문장이나, 장식적인 형용사나 허튼소리에 현혹되었을 때는 어김없이 정치적 목적이 결여되어 있던 때였다"라고 말했다.

그러므로 지식인이 현실의 상황을 내버려두고 미사어구나 외는 것은 다 허수아비 같은 위선자라는 말인데, 저 이육사나, 한용운, 윤동주들의 피 맺힌 언어를 봐도 모두 지당한 일이다.

그러나 그것도 관련이나 있는 일을 갖고 하는 말이다. 역사를 언급할 때는 진실하고 객관적이어야 한다. 현전하는 모든 기록들에 대왕암은 문무왕의 장처(葬處), 즉 능(陵)으로 일관되게 기록되어 있음에도 불구하고 유홍준은 이를 부정했다. 화장한 뼈이기 때문에 산골(散骨)한 것이 맞고 그렇다면 장(葬)한 것이 아니므로 능이 아니라는 주장이다. 하지만 자신이 고증으로 내세우는 기록들 어디에도 산골지(散骨地)라는 표현은 없다. 산골이라는 말을 사용한 것은 고대인들이 아니라 후대의 주장에 불과하다. 결국 날조는 오히려 유홍준 자신이 하고 있는 것이다.

성낙주는 대왕암이 산골지가 아니라 능인 까닭을 조목조목 따져 밝했지만 천만번 양보하여 유홍준의 말이 타당성이 있다고 가정하자. 그렇다고 해도 자신이 언도하듯이 확정할 자격이나 있는지 의문이 생긴다. 이것은 참으로 경솔한 처사로서, 그 역할은 당시 이 일의 주역이었던 옛 사람들의 소관이다. 능이던 아니던 당사자들이 의미부여의 필요를 느껴 정했다면 그것으로도 충분한 의미를 가지는 것이다. 천년 후에 태어난 국외자가 나설 일은 아니다. 이 일은 후대의 모모가 무엇이라고 하던 간에 당시의 주인공들이 그렇게 결정을 했고 역사상 기정사실로 확정되었다. 이와 같은 엄연한 사실을 두고 턱없는 주장을 하는 것은 아무 의미도 갖지 못한다.

성낙주는 유홍준의 주장에 대해 이런 언사야 말로 침소봉대된 혹세무민의 전형이라고 일축해버린다.

2001년, 지하 투과레이더와 전자탐사기 등의 과학 장비가 동원된 탐사에서도 바위 밑에서는 어떤 것도 발견되지 않았다. 그렇지만 납골장치의 유무로 능을 결정하려는 융통성 없고 독선적인 안목으로는 진실을 알 수 없다. 이미 장법(葬法)이 특수하면 보는 관점도 달라야 한다. 대왕암은 이런 고답적이고 경직된 관점 때문에 여전히 홀대받고 있다. 그렇다고 해서 일부가 주장하는 시원치 않은 오답들을 정답으로 여길 수는 없다.

한자(漢字)라면 식견이 높았던 쪽은 우리보다 옛 사람들이다.

기록을 위해 한 글자, 한구(一字一句)를 선택할 때마다 수많은 것을 고려했다는 점을 알아야 한다. 더구나 국사에 해당하면 문자하나를 선택함에도 나라 안의 최고 석학들이 철저히 검토했을 것은 당연한 일이다.

선대의 역사를 평하면서 현재의 시선내지 자기관점만으로 윤색하여 우를 넘어선 난도질을 하는 경우가 있다. 이것은 행패를 넘어 알권리를 가진 독자들을 기만하는 매우 불순한 처사다.

무모한 이런 태도들을 향한 성낙주의 충고가 인상적이다.

"역사가 남긴 활자를 부정할 권리는 누구한테도 없으며, 설령 획 하나가 부서진 활자라도 우리는 그 앞에서 겸허하고 또 진중해야 한다."

유홍준의 설명을 보자.

"홍양호가 발견한 문무대왕비 파편에는, '나무를 쌓아 장사지내다(葬以積薪). 뼈를 부숴 바다에 뿌리다(硏骨鯨津).' 등이 삼국사기 내용과 똑같이 적혀있다."

설문해자(說文解字)에 보면, '갈 연(硏)'은 역위이석마물왈연(亦謂以石礦物曰硏)이라 했다. 즉, 돌로 물건을 가는 것을 연(硏)이라 한다.

마(礦)는 원래 '갈 마(磨)'의 본자(本字)이며 마(磨)의 소전체로서 돌로 물건을 간다라는 뜻이다. 설문해자는 이어서 "수부(手部)에 '문지를 마(摩)'는 '갈 연(擘)'이다. 연(擘)은 마(摩)이니 전주(轉主)한다."라고 밝혔다.

전주, 즉 "A가 B이고 B는 A이다" 라는 것으로 같은 뜻의 다른 글자를 서로 돌려 사용하는 것을 말한다. 설문해자는 저 유명한 허신(許愼)이 글자가 만들어진 뜻을 설명한 책으로 그 공적으로 인해 공자에 비견대는 칭송을 받고 있다. 비록 허신의 생전에는 갑골문이나 상(商)과 주(周)의 고대문자가 발견되지 않았고 후대에 와서 공자의 고택에서 나타난 벽중고문(壁中古文)도 볼 수 없었다.

이런 연유로 허신은 춘추전국 이후 발전된 소전체(小篆體)를 기준해서 설문해자를 기술했으며 그 이전의 글자는 수록하지 못했다. 그러나 춘추시대이후의 기록물은 모두 설문해자가 기준이 되고 다산을 포함한 이조의 선비들도 이 책을 따랐다. 그러므로 고문을 해석해야할 학자라면 아무리 망발을 하고 싶어도 이를 부정할 수 없을 것이다.

유홍준의 해석대로라면 뼈를 부수었으니 옛 기록도 '깰 파(破)'나 '부술 쇄(碎)'가 되어야 했다. 그런데 왜 선조들은 그 글자를 연(研)이라 했을까?

문무왕은 당대에 삼국을 통일한 대왕이요 모화사상을 벗고 본다면 황제 격에 해당한다. 더구나 그의 아들이 두 눈을 부릅뜨고 보고 있는데서 감히 왕의 뼈를 때려 부순다? 그런 말은 오늘날의 상주들 앞에서도 함부로 할 수 없는 망발이다. 유홍준의 표현을 빌리자면 그의 글을 읽은 이 나라의 독자들은 "모두 그렇게 알고 그렇게 배웠을 것"이다.

더구나 문무왕능비에조차도 명백하게 "…분골경진(粉骨鯨津)…"이라고 기록되어있다. (을유문화사 삼국사기 상권 155)

분골(粉骨)은 곱게 연마하여 가루가 된 뼈다. 어느 쪽이 옳던 독자들을 위해 제대로 해석해야 하고 관련 문헌들은 같이 올려놓아야만 한다.

"뼈를 부숴 바다에 뿌리다(研骨鯨津)"라는 해석 또한 허술하다.

연골(研骨)도 그렇지만, 경진(鯨津)이 어찌 '바다에 뿌리다'인지 일반이 납득하게하자면 상당히 말을 잘해야 할 것이다. 진(津)이야 나루터로 포구이지만 경(鯨)은 동사로 '쳐들다, 들어 올리다'이니, 존중하여 모신 것이 된다. 제대로 해석하자면 무슨 밀가루나 뿌리듯이 흩날린 것이 아니고 "뼈를 연마해서 포구에 모셨다"라는 뜻이다.

또한 같은 주석에는 여지승람(輿地勝覽)을 인용, 대왕암의 위치는 "....대하십보(臺下十步)..."라는 기록이 보인다. 이 또한 유홍준이 조선조 왕조실록 지리지에 있는 기록을 인용하여 "이견대 아래 70보"라고 설명한 것과 많이 다르다. 오늘날 이견대에서 바다로 내려가자면 십보가 넘고 70보도 모자랄 것이다. 왜 기록상에 이런 차이가 생겼는지는 아직 확정된 설명이 없다. 당시 해수면의 높이가 지금보다 높았는지, 그간에 지각이 융기한 것인지, 옛 기록에서 십(十)이라는 글자 앞에 칠(七)이 탈락한 것인지 알 수 없다. 그도 아니면 복원을 한 이견대의 위치가 당시에 비해 올라선 것인지 더 연구가 필요하다.

물론 감은사 앞까지 바닷물이 들어왔다는 설이 있고, 삼국사기나 삼국유사로부터 시작하여 이에 대한 기록을 시대 순으로 보면 바다는 십보에서 칠십 보로 물러난 것이 된다. 그러나 당시의 해수면이 지금보다 높았다는 설정을 단순적용하면 설명이 불가능한 오류가 있다. 즉 그 정도의 해수면이었다면 대왕암은 바다아래 있어서 장처로 고려할 형편이 아니었을 것이다. 그렇다면 해수면은 그대로 두고 달라진 거리를 설명하는 방법은 육지의 융기밖에 없다. 대왕암을 중심한 바다의 높이는 변하지 않았으나 감은사까지 바닷물이 들어오지 못하고 대하 칠십 보이상의 거리에 바다가 있는 상황은 이런 까닭일 것이다.

실제는 지금의 해수면이 당시보다 조금 낮아졌다는 연구가 있지만 그 정도로 모든 상황이 설명되기에는 모자람이 많다. 해수면이 내려감과 동시에 육지는 융기하는 현상이 있지 않고서는 그 변화한 높이에 대해 설명할 수 없다. 이 점은 지금 드러나고 있는 경주지역의 지질학적 단층활동으로 미루어볼 때 충분히 가능성이 있는 가설이 된다.

선대기록물의 연구는 한 개인이 마음대로 전횡할 대상이 아니다. 오류를 범하지 않기 위해서는 아는 대로 서술하고 관련 자료는 모두 올려서 후대의 연구로 남기는 것이 옳다.

대왕암은 많은 사람들에게 알려져 있지만 해변에서 멀리 떨어져 있어 그 속을 들여다 본 사람은 드물다. 모두가 그저 물끄러미 한번 바라본 것이 전부일 것이다. 오늘날은 인터넷에 정보가 풍부해 사진 이미지를 검색한다면 그 구조까지 자세히 볼 수가 있다. 동해의 거친 파도 속에서 천년의 역사를 담고 현재까지도 굳건하게 자리를 지키고 있는 대왕암을 보다 보면 절로 감개무량해진다. 통일국가를 세우고 후손들의 영원한 번영을 위해 스스로 수호신이 된 문무왕의 뜻이 전해져 오기 때문이다. 더욱이 역사적 비중에 비해 전혀 알려지지 못한 비밀을 간직한 채, 긴 세월을 이어온 모습에는 숙연한 마음까지 갖게 된다.

유홍준은 감은사를 답사할 때 마다 우현 고유섭의 석비에 반드시 들려 이런 말을 한다고 했다.

"존경하는 우현선생님, 당신이 찾으라는 문무대왕의 위업이 가는 세월 속에 이렇게 바뀌었답니다. 앞으로는 문무대왕을 찾으라고 하지 마시고 무장사로 가라고 말해주십시오."

유홍준에게 대왕암은 단지 산골지 이상의 의미가 없음을 말한다. 무장사, 삼국을 통일한 뒤 평화의 시대를 열기위해 전쟁에 썼던 무구들을 모아 감춘 곳이다. 그의 말로 미루어보면 무장사는 알지 몰라도 대왕암에 대해 무지했음을 알 수 있다.

하늘에서 촬영한 사진을 보면 알 수 있듯이, 주변의 작은 암초 몇 개를 거느린 대왕암은 가운데 열십자 수로로 인해 크게 사등분되어 보인다.

"사각이 마치 네 개의 문처럼 튀어나와 있는데, 이것이 장례를 한 곳으로, 지금 대왕암이라고 한다."(四角聳出如四門 是其葬處 至今爲大王岩)

여지승람(輿地勝覽)의 기록처럼 우리가 볼 수 있는 대왕암의 구조는 사방이 솟은 바위와 십자형수로, 그리고 가운데 자리한 거북돌이 전부다. 위와 같은 기록은 여지승람외의 다른 곳에서도 중복되어 기재되어 있다. 실제의 대왕암에는 그 네 덩이의 암초 말고도 주변에 작은 암초들이 더 보인다. 그러므로 이 문장의 본뜻은 그 바위덩이들 중에서 특별히 대왕암이라 칭하는 범위를 규정한 것이다. 그러나 단조롭게 보이는 대왕암은 지금까지 알려진 것 정도의 단순한 구조물이 아니다.

알고 보면 종래에 있어왔던 대왕암에 대한 시비는 수박의 겉이나 핥는 피상적인 것으로 그곳에 담겨진 참모습은 한 번도 제대로 규명되지 않았다. 더욱이 그 참모습은 지금까지 살아서 작동하고 있는 신비한 원리를 가졌음에도 불구하고 그것을 알아보는 안목이 없었던 것이다. 동해의 한 이름 없던 암초가 왕의 능지(陵地)로 선택되고 구상에 맞게 조성된 것은 전적으로 문무왕의 뜻이다. 그렇다면 여기서 그간 아무도 묻지 않았던 두 가지 질문을 해보자.

문무왕은 왜 굳이 그 암초를 자신의 장처로 삼았는가?

바다 속 암초위에 장사를 지내기만 하면 용이 되는가?

그간 많은 학자들이 대왕암을 연구해왔다. 하지만 이런 문제에 대해 생각한 바는 없었다. 그것은 차를 닦고 재원은 연구해도 시동한번 걸어보지 못한 것과 다르지 않다.

문무왕은 생전에 이미 여러 차례 동해의 용이 되겠다는 의사를 표명하고 있었다. 삼국유사에는 왕이 평소에 존경하던 지의법사에게 자주 이 뜻을 말했다고 되어있다.

"나는 죽은 뒤에 나라를 지키는 큰 용이 되어 불법을 숭봉해서 나라를 수호하려하오."

이 말에 법사가 말했다.

"용은 짐승의 응보인데 어찌 용이 되려하신단 말입니까?"

그런데 왕의 대답이 수상하다.

"나는 세상의 영화를 싫어한지가 오래 되오. 만일 추한 응보로 내가 짐승이 된다면 이야말로 내 뜻에 맞는 것이오."

(王平時常謂智義法師曰 朕身後願爲護國大龍 崇奉佛法 守護邦家 法師曰 龍爲畜應報 王曰 我厭世間榮華久矣 若麤報爲畜 則雅合朕懷矣)

삼국사기에도 유조를 따랐다고 하니 이 역시 실재로 주고받은 대화에 가깝다고 볼 수 있겠다. 종합해보자면 왕은 이미 자신의 능을 바다 속에 마련할 생각을 했고 적절한 장소까지 찾아놓았음이 분명하다.

문제는 문무왕의 대답이 상식에 너무 어긋나 쉽게 이해되지 않는다는 점이다. 아무리 나이가 들었다고 해도 삼한을 통일한 영걸한 대왕이다. 갑자기 염세적인 태도를 보인다는 것은 믿기가 어렵다. 문무왕과 지의 대사의 대화 속에는 시선을 끄는 두 가지 대목이 있다.

하나는 두 사람의 명백한 세계관 차이다. 지의대사는 용을 짐승의 응보라 해서 왕이 취할 바가 아니라고 했지만 문무왕은 전혀 개의치 않고 있다. 또 다른 한 가지는 굳이 용이 되어야 하는 이유에 대해 자세한 설명조차 하지 않는 것이다. 오히려 납득하기 어려운 말로 적당히 얼버무려 버린다. 그렇다면 왕은 가깝게 지내는 지의법사한테도 감추고 싶은 다른 뜻이 있었던 것은 아니었을까?

대왕암과 만파식적이라는 의미심장한 화두

대왕암을 자신의 능으로 정해 이야기의 주역(主役)이 된 문무왕과 아들 신문왕, 나아가 나중에 짜깁기된 효소왕까지 삼대에 걸쳐 완성된 설화는 분명 중요한 의미를 지녔다. 시대적 배경은 삼국병합직후였다. 사회적 혼란을 수습하고 최초로 세워진 통일국가의 정체성을 확립하기위해 애쓰던 중차대한 시기였다. 그러므로 이 사건에는 김춘추를 비조(鼻祖)로 한 신라중대왕실의 무궁한 발전과 하늘로부터 품부된 왕권신수(王權神受)적 의미를 강력하게 부각시키려는 뜻도 담겨있다. 삼국을 통일한 것은 천명이며, 그 역사적 소임을 이룩한 왕에게 신들이 하사한 신물(神物)은 왕권의 절대적 권위와 신성함을 상징하고도 남음이 있는 것이다.

이야기에 등장하는 세 사람의 왕에게는 각자 한 가지씩의 신물(神物)과 연관이 맺어진다. 문무왕은 스스로 선택한 대왕암이 그것이고, 신문왕에게는 만파식적이 그것이다. 또한 신문왕이 만파식적과 같이 받은 것으로 되어있지만 실제로는 이공(효소왕)이 개입하여 그 의미가 뚜렷해지는 흑옥대가 있다.

성낙주는 만파식적까지가 문무왕의 발상이라 했으며 한편의 장대한 서사시에 비유하기도 했다. 문무왕이 각본과 주연을 맡고 아들 신문왕이 뒷마무리를 하는 신라의 중대왕실이 꿈꾸었던 대서사시적 구상이었다는 것이다. 이야기의 신비로움과 극적 아름다움, 그리고 국가와 백성들의 안위를 기원하는 지도자의 열망들을 생각할 때 매우 적합한 헌사라 하겠다.

이 의견에는 큰 틀의 흐름에서 공감한다. 하지만, 부분적으로는 아쉬운 점들이 있다. 그 중하나는 이야기에 등장하는 세 명의 왕 중에서 문무왕을 제외한 나머지 두 왕은 짜깁기로 가세된 것이 분명하기 때문이다. 비록 그 신물들을 관통하는 중심사상만은 일관되게 계승된 것이지만 이야기는 분명하게 다른 세 가지 배경으로 나뉘어져 있다.

문무왕이 붕어하기 전, 직접 언급한 것은 자신의 장지뿐이었고 만파식적에 대해서는 일체의 암시조차 없었다. 신비한 피리의 등장은 순전히 신문왕만의 체험일 뿐이며, 아버지 문무왕의 해중능에 맥을 잇대어 만파식적을 창조해낸 것이다. 그 뚜렷한 증거로 신비한 사건이 있을 것을 암시하는 사람은 선대와는 아무런 관련 없는 후대의 사람들로서, 해관 파진찬 박숙청과 일관 김춘질 등이다. 그들이 무엇인가 나타날 분위기를 잔뜩 잡아놓은 연후에도 왕은 다시 다른 사자를 보내어 더 알아보게 한다. 자신은 전혀 개입하지 않고 다른 입들을 통해 객관적 상황을 만들어 놓은 것이다.

만약 문무왕이 처음부터 계획한 일이라면 굳이 신하들이 들러리를 서는 수고를 하지 않아도 되었다. 사후에 내가 신물을 보내겠다고 말한다 해서 이상할 것은 하나도 없다. 오히려 더 신빙성을 갖출 수 있었을 것이다. 그러나 그런 일은 없었기 때문에 신문왕의 입장에서는 모두가 납득할 만한 절차를 밟아야만 했다.

바탕이 마련된 뒤, 왕은 못 이기는 척 행차를 했고 그 이상한 섬에서 용을 만나 흑옥대와 만파식적이 될 대나무를 얻게 된다. 이 신비한 사건은 인간인 왕의 신하들이 아니라 영물인 용에 의해 하늘의 뜻이 전달된 것으로 완료되었다. 이로써 신문왕은 자신의 뜻이 전혀 개입되지 않은 가운데 순전히 하늘이 알고 땅이 아는 지도자가 된 것이다.

드디어 하늘의 뜻을 전하고 역할을 다한 섬과 용은 홀연히 사라져 버린다. 그렇다면 이 둘은 무엇이었을까?

이견대에서 보이는 돌섬은 대왕암이며 그곳에서 용이 되어 있는 존재는 아버지 문무왕뿐이다. 신문왕으로서는 선왕에게 감히 이런 역할을 담당하게 하는 것은 황공한 일로서 하늘을 대신해 말해줄 다른 용과 섬이 필요했다. 나중에 황수영에게 "이 섬도 대왕암이 아니었을까" 하는 의문을 주기도 했던 섬과 용은 대왕암이나 문무왕의 경우와는 완전히 격이 다르다.

나중에 이런 연극적 요소를 눈여겨 본 이공 역시 신문왕의 기발한 짜깁기에 수저만 얹는다. 실제의 효소왕 이공은 할아버지의 국상이 있던 당시에는 세상에 태어나지도 않았던 인물이다. 이 해 즉, 신문왕이 만파식적과 흑옥대를 얻은 개요 2년이든 영순 원년이든지에도 태어나지 않았다. 그럼에도 불구하고 자신도 아버지 신문왕이 받은 신물이야기 속에 등장하여 그 맥을 잇고 영명한 존재로 보일 필요가 생겼을 따름이었다.

효소대왕 이공의 모후인 신목왕후(神穆王后)와 아버지 신문왕의 국혼(國婚)은 즉위 3년째 되던 해, 5월 7일에 가서야 이루어졌다. 만파식적을 얻은 개요(開耀)2년이던, 영순(永淳) 원년의 다음 해였다. 성낙주는 '에밀레종의 비밀'에서 화랑세기의 이름을 인용해 다음과 같이 말한바 있다.

"…신문왕이 즉위한지 한 달밖에 안 된 8월8일에 권력의 앞마당에서 모반이 일어난 것이다. 왕비인 신목왕후 김씨의 생부로, 신문왕에게 장인이 되는 김흠돌이 그 주모자였다……"(p.239)

그러나 실제 신목왕후는 흠돌의 딸이 폐위된 뒤에 왕후로 간택되었고 아버지는 일길랑 김흠운이다. 먼저의 왕후는 아버지 흠돌의 죄와 연좌되어 역사에 그 성만 남긴 채 폐위되었다. 신목왕후의 아버지 김흠운은 모사와 아첨으로 출세한 흠돌과는 판이하게 다른 인물이었다. 그는 내물왕의 8세손으로, 무열왕 6년에 백제와 싸운 양산전투에서 장렬하게 전사해 화랑도의 사표(師表)가된 인물이다. 삼국사기 신라본기 제8 신문왕조의 기록은 다음과 같다.

"왕비는 김씨였다. 소판 흠돌의 딸이었고 왕이 태자였을 때 맞았으나 오래도록 아들이 없었고, 후에 아비의 죄에 연좌되어 쫓겨났다."

(妃金氏 蘇判欽突之女 王爲太子時納之 久而無子 後坐父作亂 出宮)

또한 실제의 화랑세기에는 억지춘향으로 혼인한 신문왕과 왕의 어머니 자의태후가 김흠돌의 딸을 싫어했다고 기록되어 있다. 신문왕과 자의태후는 태종 무열왕 김춘추의 왕후이자 김유신의 여동생인 할머니 문명태후의 명을 거역할 수 없었을 뿐이다.

 화랑세기는 효소왕 이공의 어머니 신목왕후가 누구인지 자세히 설명한다. "소명태자가 무열왕 김춘추의 명으로 김흠운의 딸과 결혼하기로 되어있었으나 소명태자가 일찍 죽었다. 이에 흠운의 딸은 혼인도 올리지 않았으나 스스로 청상과부, 즉 소명제주(昭明祭主)가 되기를 원한다. 그 마음을 갸륵하게 여긴 신문왕의 모후 자의가 이를 허락했고 아들과 함께 자주 소명궁(昭明宮)으로 거둥했다. 태자였던 신문왕이 소명궁을 좋아하게 되어 마침내 이공전군을 잉태하게 된다.(잉태는 왕비가 되고 난 후의 일이다.) 자의가 소명궁에게 명하여 동궁으로 들어가게 하고 선명궁(善明宮)으로 이름을 바꾸었다. 총애함이 흠돌의 딸보다 컸으며, 흠돌의 딸이 투기를 했다."

 – 이종욱, 대역 화랑세기. p.363 출판사 소나무 –

 – 이종욱, 춘추, p.402 효형출판 –

 성낙주가 말한 것과 원전의 내용은 다르다. 아마도 착오가 있었던 것 같다.

 국혼은 철저하게 예법을 갖추어 절차대로 진행되었다. 김유신의 아들 삼광(三光)까지 참여하는 왕의 사신들이 신목왕후의 친정으로 가서 기일을 정했으며, 대아찬(大阿飡) 지상(知常)이 성대한 폐물로 납채(納采)를 했다. 신문왕 즉위 3년 되는 계미(癸未)의 5월 7일. 신목왕후의 가마는 묘시, 즉 아침 5시부터 7시 사이의 아주 이른 시간에 친정으로부터 궁궐로 출발한다. 해가 긴 때였지만 길에서 소모되는 시간과 궁궐에서의 각종행사를 감안한다면 서둘러 출발하지 않을 수 없었을 것이다. 그 즉시 이공(理恭, 혹은 理洪)을 잉태했다손 치더라도 왕으로 등극하는 임진(壬辰)년까지는 9세 밖에 되지 못한다. 실제의 출생은 그나마 그보다 더 늦어서 신문왕7년에야 태어난 것으로 되어있다. 정리해보면 흠돌의 난이 일어난 후 까지 선명궁은 왕후가 되지 못하고 있었다. 그리고 이때 비로소 정식으로 왕후책봉을 받은 뒤에 이공을 잉태한 것이 된다.

효소왕은 아버지 신문왕이 붕어하자 이렇게 어린 나이에 바로 왕이 되어야 했다. 이런 이공이 태어나지도 않은 해에 말을 달려 축하하러 왔다는 것은 말위에서 태어나고 말위에서 죽는 몽골에서도 있을 수 없는 일이다.

만파식적 이야기는 워낙 아름답고 매력적이다 보니 각별히 부각되어 보인다. 그러나 실은 흑옥대와 함께, 문무왕이 대왕암에서 용으로 화하겠다고 한 기상천외한 신화에 의지하고 있는 입장에 있다. 발생동기부터가 대왕암이 나무라고 한다면 신물들은 그 나무에 열린 열매 같은 존재다. 두 신물이 대왕암에 의지하는 것은 후대의 두 왕이 문무왕에게 의지할 절실한 이유로부터 나온다. 왕들은 자신들의 권위가 절대적으로 신성시되기를 원했는데, 그것은 두 왕 모두에게 즉위초기의 정치적 상황이 매우 불안정했기 때문이었다.

신문왕은 즉위 원년에 다른 사람도 아닌 장인 김흠돌이 주도한 반역사건으로 일대 위기를 겪었다. 이 일로 후유증은 컸다. 삼국통일에 크게 기여했지만 역모에 가담한 화랑들의 세력을 축출하기 위해 그 제도를 폐지해야 했다. 또한 왕비를 폐위하고 많은 중신들을 숙청하는 정변이 일어났던 것이다.

그 아들 효소왕 역시 어린 나이에 거대한 통일국가를 승계한 까닭에 왕권과 정치적 기반은 심각할 만치 불안정했다. 왕들은 이런 힘든 여건들을 타개하기 위한 갖가지 방안을 고안해내었다. '하늘이 점지한 왕'이 됨으로서 신성불가침이기를 바란 신문왕과, '어리지만 매우 영명한 지도자'로 보여야 했던 효소왕의 필연적 요구가 신물들의 등장이었던 것이다.

절대왕권의 당위성을 확보하려는 고대의 왕들은 민심의 안정된 지지기반을 위해 마음을 한 곳으로 모을 구심점을 필요로 했다. 이것은 그들만이 아니라 어느 시대를 막론하고 모든 통치자들에게 공통적으로 절실한 문제일 것이다. 민주화된 오늘날의 사회는 역사를 바로 읽어 뚜렷한 비전을 제시하고 실천력 있는 강력한 리더십을 구축한다면 국민을 하나로 모을 수 있다. 구성원의 지식수준이 높고 사회가 발전되어 있기 때문이다. 그러므로 지금의 현대인들은 이런 신물의 존재적 가치를 제대로 실감하기 어렵다. 그러나 동서를 막론하고 고대 농경사회의 신분이 낮은 일반백성들은 지식수준이 낮았다. 생존에 필요한 농사와 사냥에 대한 지식은 가족이나 소규모 집단 내에서 충분히 얻었고 나머지 지식에 대한 필요성은 절박하지 않았기 때문이다.

이조로부터도 더 오랜 통일신라 초기의 문맹률이라면 능히 짐작을 할 수 있다. 이런 까닭에 고대에는 지도자의 선악과는 관련 없이 전달수단의 한계 때문에라도 종교와 설화가 통치에 유용하게 활용되었다.

교육이 잘된 현대에도 이런 설화같은 이야기들은 여전히 살아있다. 그러나 사회적 안정과 권선징악, 도덕적 규범을 가르치던 고대와는 달리 조잡한 목적으로 변질되어있을 뿐이다. 'How 2 Win' 이라는 미국의 한 방송프로는 생존과 성과에 보탬이 된다면 온갖 꼼수조차도 마다하지 않고 소개하는 것으로 인기를 끌고 있다. 그 중에는 배울 만한 것부터 벼라 별 짓이 다 나오는데, 심지어 "미신도 활용하라"는 말까지 등장하고 있었다.

그래서 그런지 오직 고의로 사회를 고립시킬 필요가 있는 독재자들은 아직도 이런 방법에 연연하고 있다. 자신들의 생존을 위한 방어수단이라고 주장하며 핵무기를 개발하고(그 길이 꼭 그래야만 하는 것인지 설명하기는 어려울 것이다.), 그 공적은 나사하나 만들지 않은 독재자의 것으로 돌리는 것은 이를 본 딴 것이다. 핵무기를 현대판 만파식적으로 삼는 의도가 고대 왕들의 뜻과는 전혀 닮지도 않았지만 효과만은 그렇게 얻고 싶은 것이겠다.

고려시대에도 나라를 침략한 몽골군에 대항하기 위해 팔만대장경편찬사업을 벌이고 국론을 하나로 묶는 노력이 있었다. 부처의 가피를 입어 국난을 벗어나려는 생각도 있었겠지만 그보다 먼저 국난 극복의 신념을 갖게 할 정신적 구심점이 필요했기 때문이다. 그리고 그 구심점을 낳는 정서적 바탕에는 당시의 시대적 중심사상이 깔려있지 않을 수 없다.

고구려 백제와 같이 신라도 불교를 숭상했다. 하지만 다분히 귀족중심이었으며 당시사회의 정서적 바탕에는 여전히 전통적인 고대의 신선사상이 자리하고 있었다. 신라의 불교는 이차돈이 순교한 법흥왕이후 정착되었으나 이 시기에 활약한 원효에 의해 비로소 대중 불교로 확대되는 중이었다. 점차 일반백성들에게까지 전파되면서 확립된 대중 불교는 신선사상과 공존하면서 백성과 통치자를 종교적으로 묶어주었다. 유불선 삼교는 고르게 숭상되었지만 신문왕초기의 사건은 신선사상의 퇴조와 불교발전의 전환점이 되었을 것이다.

뚜렷한 사상적 변화는 후대 왕들에게서 드러난다. 왕들은 불교를 전파하는데 힘을 쏟았고 신물에 대신하여 절을 짓고 종을 제작하는 쪽으로 관심을 돌린다. 종과 탑, 각종불사가 새로운 신물로 등장하게 된 것이다. 그러므로 이런 시기에 형성된 설화들 중에는 많은 신비적 영물들이나 신선들이 좋은 장소마다 절을 짓게 하고 있다. 신선사상을 배경으로 하는 신물이 더 이상 필요 없게 된 왕들은 있는 것이나 보관할 뿐 새로운 신물을 만들지 않았다.

우리의 만파식적 역시 이런 시대적 배경 하에 어느 날 '성의 없는' 왕들에 의해 홀연히 유실되고, 홀연히 사라져 버렸다.

삼국유사의 만파식적 기사를 연구하면서 놀라운 것은 이 짧은 이야기 속에 어떻게 삼대의 정치적 상황과 왕들의 염원을 모두 담았는가 하는 것이다. 게다가 그것만이 아니었다.

세 가지 신물들은 내적으로 이어진 의미로서의 영속적이고도 정통적인 문화사적 가치와 함께 실제 하는 신비한 힘을 소유하고 있었다. 그 힘은 우리 현대인 각자, 그리고 집단과 국제사회의 갈등을 구원할 '오래

고도 새로운 길'이 되기에 충분했다. 그런 뜻에서 세 신물은 흘러간 시간과 함께 사라진 것이 아니라 아직도 살아있고 영원히 살아있다 하겠다. 스티븐 킹의 토끼 등에 그려진 숫자 8처럼 고대의 왕들이 신물들에 담아둔 것은 어떤 것이었을까?

신물들을 제대로 알기 위해서는 이견대(利見臺)라는 열쇠가 필요하다.

성낙주는 "신문왕은 만파식적을 주제로 한 공연이 끝나자, 그 자리를 기념하고자 이견대를 세운다."라고 썼다. ('에밀레종의 비밀' p.231)

바다의 용으로부터 받은 대나무로 만파식적을 만드는 과정을 하나의 공연에 비유한 것이다. 이대로라면 이견대는 만파식적을 받고난 뒤에 만들어졌다는 것으로 된다. 그러나 그 앞쪽 p.226에서는 "신문왕은 동해구로 행차해 5월 7일에 일단 지금의 감포읍 대본리 이견대로 나아간다."라고 한 바 있다. 신하들로부터 대왕암으로 나가보라는 건의를 받고 출발하는 장면이다. 글의 내용대로 아직 바다의 용도 만나기 전이고 만파식적은 당연히 본적이 없는 때지만 이미 이견대가 존재하고 있음을 알 수 있다. 이것은 삼국유사에 "나중에 용(문무왕)이 나타난 것을 본 곳을 이견대라 했다."(後見龍現形處 名利見臺)라는 글귀의 후(後) 즉, 나중이라는 글귀를 잘못 이해한 까닭이다.

이견대를 만든 나중은 시간이 한참 지난 것이 아니라 실제로는 대왕암의 부속시설로서 능을 조성한 당시거나 최소한 감은사 완공사이의 어느 때였을 것이다. 그렇지 않고서야 어떻게 삼국유사의 기록에 5월 초하루에 해관 파진찬 박숙청의 보고를 받고, "그 달 7일에 '이견대'로 나가 그 산을 바라보았다"라는 기사가 실려 있을 것인가?

(以其月七日 駕幸利見臺 望其山)

여지승람 경주 이견대조(輿地勝覽 慶州 利見臺條)에는 다음과 같은 기사가 있다.

"신문왕이 아버지의 유지를 따라 장례를 한 후 추모하였으며, 누각을 쌓고 (대왕암을)바라보았는데 바다에 큰 용이 있는 것을 보았다. 그로 인해 이견대라 이름 하였다"

(神文王從之, 葬後, 追慕, 築臺望之, 有大龍見于海中, 因名曰利見臺)

결론적으로 이견대는 만파식적을 얻기 전, 대왕암 조성과 감은사완공 까지에 이미 만들어져 있었던 누대였다. 그러나 이런 것보다 더 중요한 것이 있다. 그것은 이견대라는 이름에 함축된 의미다.

많은 사람들이 알고 있듯이 이견대의 이름은 주역(周易)의 중천건(重天乾)괘로부터 비롯된 것이다. 주역 64괘중 중지곤(重地坤)과 함께 모든 괘들의 으뜸(首卦)인 중천건괘는 용이 하늘로 날아오르는 모습을 빌려 육효(六爻)를 설명하고 있다. 그 중에서 이견대라는 이름의 원형이 된 것은 '이견대인(利見大人)'이라는 구절로, 구이(九二)와 구오(九五)에서 두 번 나타난다.

구이(九二)

"밭에 용이 나타남이니 대인을 만남에 이로울 것이다."

(見龍在田 利見大人)

구오(九五)

"나르는 용이 하늘에 있으니 대인을 만나보면 이로울 것이다."

(飛龍在天 利見大人)

효사(爻辭)가 지금까지 읽혀온 전례를 따른다면 이견대인(利見大人)은 둘 다 '대인을 만나봄이 이롭다'는 뜻이 옳다. 그러나 여기서 따온 글자이긴 해도 이견대는 달리 해석되어야 한다. 즉 누각(臺)이라는 명사 외에는 이견(利見)의 뒤를 따르는 단어가 없기 때문에, 이견(利見)은 형용사구가 되어야 하는 것이다.

보편적으로 이(利)가 뒤를 따르는 명사를 수식할 때, 즉 형용사일 때.

이도(利刀)는 잘 드는 칼이고,

이뇨(利尿)는 소변을 잘 보는 것이며,

이병(利兵)은 정예군.

이안(利眼)은 밝은 눈, 눈썰미 있는 눈.

이섭(利涉)은 건너는데 편리함이 된다.

다산 정약용은 자신의 주역사전(周易四箋)에서 艮괘 태녀이구(兌女利口)를 "여자가 말을 교묘하게 잘 한다"라고 해석했다.

목적어가 없는 동사나 명사 앞에서 利는 '이롭다'가 아니라 '능 하다'로 해석된다. 설문해자(說文解字)의 육서법(六書法)에서 利는 회의(會意)로서, 벼(禾)를 칼(刀)로 자르는 것이기 때문에 그 칼은 잘 들어야 하는 것이다.

(刀禾然後利者 本意也)

사전에서도 형용사로서의 利는 '예리하다, 날카롭다, 편리하다'이며, 동사로는 '이롭게 하다', 명사로 쓰일 때에야 '이익, 이로움'이라고 된다.

배병삼은 이견대를 '이현대'라고 읽었다.

이것은 주역의 중천건 九二, 見龍在田 利見大人중에서 현용재전(見

龍在田)의 見을 나타날 현(現)으로 읽는 데서 온 생각일 것이다. 고대에는 현(現)과 견(見)을 병용했기 때문이다. 다시 설문해자를 참고해 보자.

"견은 보는 것이다. (見 視也),"

또한, "보고 있는 사람이다."라는 설명이 뒤를 잇는다.

종목인 용목지인야 (從目儿 用目之人也).

견(見) = '目+儿'

어진사람 인(儿)은 사람이 꿇어앉아 있는 모습이며, 동작이나 모양을 나타내는 글에 쓰인다. 견(見)은 인(儿)에 눈 목(目)이 붙었으니 경건한 자세로 무엇을 보고 있는 것을 표현한 것이다.

배병삼의 생각대로 해석한다면 이견대는 누각이 나타나면 이롭다거나, 누각이 잘 나타나는 것 정도가 된다. 좀 더 확대 해석해도 '잘 나타나는 누각' 이상이 아니다. 어느 경우에도 주인공은 누각이 되어버린다. 이견대가 만들어진 목적과 용도에 비교해 보면 뜻이 통하지 않는다는 것을 알 수 있다. 더구나 배병삼은 '현'이라고 읽는 근거를 '현용재전'에서 가져왔지만 이견대는 뒷 구절인 '이견대인'에서 가져온 것으로 앞의 '현용'과는 관련이 없다.

중천건괘의 하괘(下卦) 건(乾)의 중간에 있는 九二는 이미 변해서 이(离)로 된다. 이(离)가 물상(物象)에서는 눈이니 '보는 것'이 주가 되고 이것은 九五에서도 마찬가지다. 그러므로 두 곳에는 모두 '이견대인'이 붙어있다.

또한 굳이 중천건의 九二와 九五에 중복된 '이견대인' 중에서, 이견대와 직접 관련된 글을 찾는다면 다분히 九二에 해당한다. 아래 밭(九二)에서 하늘 위(九五)를 보는 것이기 때문이다. 용이 되어 하늘을 나는 문무왕을 아들이 올려다보고 잘 보인다고 할 위치는 九二외에는 없다.

그러므로 '이견대(利見臺)'는 이견대라 읽고, 잘 볼 수 있는 누각으로 해석되어야 참뜻이라 하겠다. 만파식적을 얻고 그 기념으로 이견대를 만든 것이 아니라 그 장소에서는 무엇인가가 잘 보였음을 말한다.

신문왕이 그 장소에서 똑똑하게 잘 보았다라고 해야 할 것은 단 한 가지 뿐이다. 즉 아버지가 생전에 염원 했던 대로 대왕암으로부터 용이 되어 하늘로 오르는 모습을 제대로 목격하는 것이다. 화룡점정(畵龍點睛)의 이 중대한 일을 누구한테 맡길 것인가? 아들인 신문왕 외에 문무왕의 구상을 제대로 이루어줄 적임자는 없다. 아들이자 제왕인 신문왕이 "나는 부왕께서 용이 되어 종횡천하 하는 것을 여기서 목격했다"라고 증언할 때 문무왕의 꿈은 비로소 완성되고 기정사실이 된다.

선현들은 중천건의 모든 陽들의 덕(德)이 동일하다고 했다. 즉 처해진 위치에 따라 귀천의 입장이 있을 뿐, 모두가 성인이 될 만한 능력과 품성을 갖추었다. 그러므로 九二는 그간 잠저(初九)에서 수양을 하던 陽이 밭이라 묘사되는 세상에 그 모습을 나타낸 것이다. 위로 하늘을 나는 九五의 용(왕)을 바라보며 서로 호응하니, 이것은 신왕인 신문왕이 이미 용이 된 문무왕을 친견하는 모습과 합치된다.

이것으로 이견대는 대왕암의 부속시설로서 중요한 역할이 있고 신문왕이 그 신성한 임무를 행하는 장소였던 것이다. 그리고 왕의 이 거둥은 후대 왕들에게 까지 이어지는 성스러운 행사가 되었다.

성낙주는 이견대를 일러 '누구나 신선이 될 수 있는 곳, 이견대'라는 찬사를 바친다. 또한 "그곳에 오르면 우리네 범부라도 저절로 우화등선의 꿈에 취하게 된다. 옛 선비들이 즐겨 그곳을 찾아 호연지기에 잠기거나 시를 남긴 까닭이 거기에 있을 것이다."라고 했다.

기억력이 좋은 독자들은 앞서 제시한바 있는 의문을 잊지 않았을 것이다. 즉, 바다 속 암초위에 장사를 지내기만하면 용이 되는가? 하는 질문이다. 흔히 대왕암 하면 문무왕이 용이 되기 위해 동해바다에 수장되었다 라고만 생각한다. 그러나 싫건 좋건 동해바다에 수장된 사람이 한둘인가? 수장만 되었다고 모두 다 용이 되는 것은 아니다.

문무왕의 진정성은 차치 하고라도 바다에서 용이 되었다는 말을 들으려면 최소한 주변이 납득할만한 특별한 통과의례가 있어야만 한다. 신문왕이 만파식적과 흑옥대를 위한 배경을 다졌듯이 용이 되는 절차나 용을 쏘아 올리는 발사대 같은 여건조성이 필수적인 것이다. 게다가 문무왕은 호국용이 되려는 자신의 구상에 대해 매우 진지했다. 후대 학자들이 연구목적으로 대왕암을 기웃거리는 관심정도와는 비교가 되지 않았다. 더욱이 김부식이나 유홍준처럼 백안시하는 태도로는 그 마음을 짐작할 수도 없다.

왜 이런 부류들은 이집트 같은 남의 나라 왕의 사후세계관에는 입도 벙긋하지 못하면서 제나라 고대임금의 행적은 가볍게 생각할까?

중국의 진시왕과 조조는 자신의 묘역을 꾸미기 위해 온갖 지혜를 다 동원했다. 우리 임금들만 그저 아무 흙덩이나 긁어모으고 그 속에 그냥 드러누웠을 것인가? 한번가면 다시 돌아오지 못하는 길이다. 유종의 미를 거두기 위해 온갖 구상을 다하는 것이 오히려 정상적인 행동일 것이다. 통일군주 문무왕 역시 용이 될 준비를 헐렁하게 하지 않았다. 사람들을 속이기 위한 것이 아니라 진정으로 용이 되어 이 강산을 지키려고 한 헌신적인 제왕이었기 때문이다. 이런 염원으로 열과 성을 다해 사후에 용이 될 수 있는 묘책을 찾으려 했을 것이고, 결국은 그 방법을 알아내게 된다. 그러므로 숙고 끝에 대왕암이 장지(葬地)로 선택된 것에도 그만큼 충분한 이유가 있었다.

　용이 되는 꿈과 그 방법, 그리고 대왕암의 천연적 입지, 이 모든 것을 우연이라고 할 수 있을까? 결코 그렇지 않다. 온갖 모욕적 언사가 난무하고 있지만 대왕암은 분명 문무왕의 열정과 그 염원에 감응한 하늘의 응답이었다.

　더구나 흑옥대와 만파식적은 종적도 없이 사라졌지만 대왕암은 지금도 당당한 모습으로 동해구를 지키고 있다. 이토록 실체가 엄연한 대상을 놓고 연구가 미흡하다는 것은 후손들의 불성실이 아닐 수 없다. 하물며 그 실체를 두고도 비토의 대상으로 전락시키는 자들의 태도에 할 말을 잊는다.

　과연 대왕암에는 문무왕을 용이 되게 한 어떤 신비한 비책이 강구되었던 것일까? 기록상 대왕암의 모습은 다음과 같이 기술되어있다.

　"바다 속에 네 귀퉁이가 마치 네 개의 문처럼 솟아나온 돌이 있다."

　(*海中有石 四角聳出如四門*)

　항공사진을 보면 이 모양은 더욱 뚜렷하게 보인다. 그러나 이것의 기이함은 네 귀퉁이가 솟아나와 문같이 생긴 정도가 아니다. 이 거대한 바위에는 두부의 한가운데를 열십자로 벤 것 같은 수로가 니 있다. 실제로는 수로의 가운데 부분이 다소 넓어 마치 네발 불가사리라도 되는 것처럼 보인다.

유홍준은 "바윗돌을 쪼갠 것은 인공인지 자연인지 증명될 수가 없는 일이다. 인공이었다 하더라도 그것이 천 삼백년간의 파도에 부딪혀 다시 자연스러운 모습이 되었을 것이니까" 라고 했다. 그리고 안내표지판의 글을 인용, "세계유일의 수중능이라는 장황한 해설 끝에, '학자 중에는 산골처라는 주장도 있다'는 단서를 적어두었다. 나는 그것만이라도 적어둔 것을 차라리 고맙게 생각하고 있다"라는 말로서 능으로서의 대왕암을 폄하한다.

다른 학자들도 한가운데를 포함하여 약간의 손질을 한 흔적은 있었지만 전체적으로는 자연적이라는 결론을 내린 바 있다. 현재의 모습으로만 본다면 타당한 말이긴 하지만 이 또한 미숙한 해석이다. 이 말은 원래 조성당시, 자연적인 것에 약간의 손질만 한 것이라는 결론이기 때문이다. 그렇다면 당시에 그 '약간의 손질한 흔적'이 천 삼백년을 견디고 지금까지도 남아있다는 것인가? 정말 약간의 손질만 했다면 그 긴 세월이 지난 지금 제대로 남은 것이 있기나 할지 모르겠다. 차라리 유홍준의 말처럼 "얼마나 인공적이었는지는 모르나 지금은 그것을 알아볼 수 없다."라고 하는 것이 설득력 있는 말이다.

지금의 모습을 그 옛날 대왕암이 처음 왕의 능으로 조성되었을 당시와 같다고 생각하는 사람은 아무도 없을 것이다. 암초를 에워싼 바닷물이 하루도 쉬지 않고 천년 이상을 마모시켜온 결과 어디에 얼마나 인공을 가했었는지 알아보기는 결코 쉽지 않다.

그러나 그들은 이런 의견들을 내면서 몇 가지 의문도 가졌어야 한다.

첫째, 왜 자연적인 모습에 약간의 인공만 가했을까?

둘째, 자연적인 모습이 선인들의 특별한 구상에 약간의 차이만 있었기 때문이라면, 그렇다면 선인들의 생각은 무엇이었을까?

또 어떤 의견은 해중암초를 그렇게 쪼개고 손질한다는 것은 불가능한 일이라고 한다. 하긴 거대하고 멀쩡한 암초를 그런 모습으로 만들자면 현대장비로도 만만한 일은 아니다. 그리고 당시의 토목공사능력을 많이 양보해서 인공의 힘으로 바다 속에 암초를 만들어 넣을 수는 없었다고 하자. 그러나 원래 있는 자연암초를 제단하고 의도적으로 조성하는 것은 생각처럼 어렵지 않다. 연구자들이 잊지 말아야 하는 것은 거석시대의 고인돌을 옮긴 고대인들의 능력과 거대한 성을 쌓거나 그 성을 공격하여 허물었던 집단적 힘이다. 세계적으로 범위를 넓히면 고대인의 경이적인 유적은 일일이 셀 수가 없다. 영국의 스톤 헨지는 본토도 아닌 바다 건너의 섬에서 채굴한 돌을 날라온 것이다. 이집트의 피라밋과 잉카의 마추픽추나 마야족들의 피라밋과 유적들, 캄보디아의 앙코르와트, 이스트 섬의 모아이, 진시왕의 능, 등등… 고대의 대형토목공사 흔적은 수도 없이 많다.

왜 그 보다 훨씬 뒷사람인 우리 조상만 큰 공사를 못한다는 것인가?

삼국통일전의 고구려에서는 천리장성을 쌓았으며, 전 세계에서 고인돌이 가장 많은 나라는 다른 곳도 아닌 이 나라다. 북한산 높은 바위 위에 세워진 정계비나 사라진 큰 불탑과 분황사의 초석들을 보면서 대왕안을 비교한다면 그 정도 암초를 제단 하는 것은 일도 아니라는 것을 알 게된다.

쌓는 일은 별것도 아니고 돌을 쪼는 일이 어렵다고 생각하는 사람들이 귀담아 들을 이야기가 있다. 나중에 국민적 영웅이 된 인도의 농부 다슈라트 만지는 망치와 정만으로 돌산에 길을 만들었다. 험한 돌산으로 고립된 마을에 길을 내기위해 시작한 혼자만의 공사는 22년이 걸렸다. 하지만 길이가 110m, 너비는 9.1m에 달하는 이 길은 마을의 운명을 바꾸어 놓고 말았다.

한 사람의 집념과 노동력도 이와 같지만 임금의 능을 만드는 국가적 사업이라면 상황은 달라진다. 풍부한 노동력이 주야로 투입되면 높은 산도 불과 며칠 만에 평지로 화한다. 로마군은 이스라엘의 난공불락의 성 마사다를 공략하기위해 기록적인 토목공사를 벌였다. 이와 비교한다면 통일제국 신라군의 일개 병력만 해도 대왕암을 조성하는 것은 일반가정의 화단공사보다 쉬운 일이다. 어쨌거나 삽질도 제대로 해보지 않은 일개 서생들에게는 열흘 삶은 호박에 이도 들어가지 않을 일처럼 보일 수 있다.

그러나 이 모든 의견들은 담 밖의 구경꾼들처럼 정작 중요한 것을 읽어내지 못한 오산들이다. 대왕암의 진면목은 그런 것에 있지 않다.

대왕암의 설계도

 지금까지 상당수의 대왕암 연구자들이 헛바퀴를 돈 것은 모두 이 닳아버린 암초의 표면에만 집중을 한 것에 원인이 있다. 그 덕분에 긴 세월동안 대왕암의 실상은 안개 속을 벗어나지 못하고 있었다. 연구자들은 바위에만 눈을 붙인 근시안을 벗어나 좀 더 크게 봐야했었다. 시선을 넓혀 바다 전체에서 바위를 다시 보기만 해도 대왕암은 다른 모습으로 보일 수 있기 때문이다. 그렇게 하면 바위의 외곽을 에워싼 해수면과 내부의 열십자 수로가 합쳐서 이루어낸 글자를 발견할 수 있게 된다.

 그것은 진흙위에 찍힌 발자국처럼 밭 전(田)자를 만들고 있다.

 그간 논쟁이나 일삼는 학자들은 돌의 표면에만 눈이 꽂혀 모두 이것을 볼 수조차 없었던 것이다.

 물론 시비를 좋아하는 사람들은 대왕암 곁에 붙어있는 다른 암초들의 존재는 무엇이냐고 질문할 수 있다. 그러나 그런 정도의 질문을 실제로 하는 경우라면 이미 학자적 자질을 의심받게 된다. 삼국사기나 삼국유사에 왜 굳이 '바다 속에 네 귀퉁이가 문처럼 나온 바위'에만 의미를 부여했는지 생각해보면 알 수 있다. (海中有石 四角聳出如四門)

 그 곁의 바위들은 있거나 말거나 대왕암으로서의 의미 공간에서 제외한 것이다. 그럼에도 불구하고 남겨둔 것은 처치 곤란한 크기였다기보다는 차라리 대왕암을 보존하는 방파제로 삼았음을 이해할 수 있다.

 이 대왕암이 된 암초는 결국 해수면위에 드러난 밭(田)의 모습이다.

앞서 소개한 중천건괘의 九二의 효사 현용재전 이견대인(見龍在田 利見大人)을 상기해보자. 대왕암에는 바로 그 말이 그대로 실현되어 있으며 그런 것은 九二의 내용만이 아니다. 전체의 모습과 세부구조를 잘 관찰해보면 대왕암은 주역의 중천건괘 내용 모두를 실현해놓은 신성한 성지라는 것을 알 수 있게 된다.

먼저 암초의 아래에 있는 해수면을 보자.

원래 중천건괘의 초구(初九)는 어떻게 되어있었는가?

"물속에 잠긴 용은 쓸 수 없다."(潛龍勿用)

"양(陽 즉, 龍)이 아래 있기 때문이다."(陽在下也)

두 구절을 종합해서 살펴보면 대왕암의 아래 바다는 중천건의 초구(初九)에 해당하고 수면 윗 쪽은 구이(九二)의 밭(田)이 된다. 대왕암의 내부에 굳이 열십자형의 수로가 설치되어야만 하는 필연적 원인이 이것이다.

게다가 이 수로에는 대왕암이 중천건괘를 실현했음을 증명하는 여러 중요한 단서중 하나가 더 있다. 바위를 열십자로 자른 것까지는 이해했다하더라도 그것을 굳이 수로가 되게 만든 것은 또 무슨 까닭인가? 바닷물이 넘나들게 되면 바위의 마모만 심해질 뿐인데 선인들은 왜 그렇게 수로를 만들어놓았는가? 더구나 그 십자형 수로의 중앙부분은 일부러 약간 확대시켜놓아 바닷물이 고이는 웅덩이가 되어있다.

이런 것을 알기위해서는 그 한 가운데 엎드려있는 거북의 등같이 생긴 바위에 주목해야 한다. 남천우로부터 자연석이 떨어진 것에 불과하다고 까지 격하된 바로 그 비운의 바위다. 비판적 연구자들은 대왕암에 속한 연못과 이 바위의 용도를 결코 이해하지 못했다. 하지만, 이 바위는 경이로운 이 시설에서 오늘날 까지도 중요한 한 역할을 수행하고 있다. 몰이해한 연구자들의 식견처럼 그 아래 유골을 장(藏)했던 말았던 간에 이 돌은 필요한 시설물이다. 바위는 중건천괘의 구삼(九三)을 실현 한 것이기 때문이다.

구삼(九三)의 효사(爻辭)는 다음과 같다.

"종일 (원을 세우고) 노력하면서 쉬지 않고 열심히 일한 뒤 저녁에는 근심하며 일상을 반성하면 위태로워도 허물이 없을 것이다."

(君子 終日乾乾 夕惕若 厲 无咎)

올곧게 수양하는 군자의 정신자세가 잘 드러난 내용이다. 문무왕은 스스로 살아서는 전쟁을 종식시키는 통일과업에, 사후에는 용이 되어 나라와 강산을 지키기 위해 헌신하겠다는 의지를 천명했다. 중천건괘 구삼의 내용은 왕의 혼신을 다하는 위국안민의 열망과 너무나도 잘 부합된다. 왕은 이 돌 위에 앉아 아직도 우리를 위해 열과 성을 모으고 있을 것이다. 혹자는 주역의 중천건괘 九三에는 바위가 없다고 말할 수 있다. 그렇다면 다음에 설명할 연못과 함께 위치한 九三의 위상을 무엇으로 상징할 것인가?

이번에는 십자형수로의 한가운데를 약간 넓혀 물웅덩이를 만들어 놓은 것에 주시해야 할 차례다. 이곳은 주변 바위들의 보호를 받아 어지간한 파도에는 수면이 고르다고 한다. 강이나 바다보다는 수량이 적고 갇힌 물로서 수면이 잔잔한 것을 연못이라고 하는바, 실제 사진을 보면 맑고 고요한 것이 영락없는 연못이다.

대왕암 거북돌

당연히 이것은 우연이 아니다.

많은 연구자들이 인공적으로 치석을 한 흔적 운운하는 것도 이 부분에 집중되지만 안타깝게도 그 이유를 모르고 있다. 기껏해야 거북 돌 위에서 문무왕의 분골을 장례 지내기 위한 준비로 이해한다. 그런 까닭에 "인공적으로 치석을 한 흔적은 있으나 전체적으로는 자연적이다."라는 공허한 말이나 하고 있는 것이다. 그나마 성낙주의 시선이 가장 예리하다 하겠다.

"전체 모양새부터 괴이한 중에 가장 주목할 사실은 중앙의 웅덩이를 축으로 정확히 네 방향으로 갈라져 열 십자모양의 물길을 이루고 있는 점이다. 그 물길을 따라 사방의 파랑이 쉴 새 없이 넘나드는데 중앙의 웅덩이에는 항시 물이 고여 있어 흡사 소(沼)라도 보는 듯하다. 더욱 수상쩍은 것은 바로 그곳에 덮여있는 거북모양의 너부죽한 거석이다."

그는 다시, 대왕암의 그런 모든 특징은 결코 자연의 조화나 우연으로 돌릴 수 없으며 인위적인 공역의 결과로 보는 게 타당하다고 말했다. 하지만 어떤 목적의 인위적인 공역인지를 설명하지 못한 것이 못내 아쉽다.

이유를 모르면 그저 신비하고 괴이한 모습이지만 중천건괘의 내용으로 보자면 여기에는 필연적으로 연못이 있어야만 할 자리다. 그리고 이것 역시 중천건괘의 순서진행상 구사(九四)의 효사에 그 근거가 선명하게 드러나 있다.

구사(九四)의 효사는 다음과 같다.

"혹, 연못에서 뛰어오른다. 허물이 없을 것이다. 상에 말하기를 나아감에 허물이 없는 것이다."

(或躍在淵 无咎 象曰 或躍在淵 進无咎也)

그동안 열과 성을 다해 노력한 용이 연못에서 날아오를 연습을 하는 모습이다. 이것은 가히 비상을 위해 九三의 거북 돌 위에서 오래도록 애쓰고 노력한 결과다. 바야흐로 용은 하늘을 가르면서 솟아올라 그 진면목을 드러낼 준비를 갖추었다.

나아간다 해도 허물이 없다는 말로서 그 공력이 충분히 쌓인 것을 증명한다. 그러나 신성한 용의 행동은 결코 경솔하지 않다. 천하 만민의 소원에 따라 왕으로 추대 받아도 그 청을 세 번이나 물리듯이 아무리 충분한 준비가 되어 있더라도 선 듯 나서지를 않는다. 자신이 그만한

대왕암의 설계도 **155**

덕을 갖추었는지 돌아보고 또 시험(或躍)을 하는 것이다. 그러므로 나아가 흠이 없을진대도(進无咎) 여전히 연못에 있는 중(在淵)이다. 대왕암 속의 연못, 그것은 주역의 중천건괘에서 용이 도약을 연습하는 연못이며 이 또한 구사(九四)의 효사에 맞춰 조성된 시설물이었다.

여기까지는 대왕암과 직접 관련이 있는 중천건괘의 효사들이다.

다음의 구오(九五)부터는 대왕암에 장치가 없다. 그 위치가 하늘에 있기 때문이다. 하지만 문무왕의 준비는 철저했다. 구름처럼 허공에서 이루어지는 역사는 물적(物的) 장치가 없는 대신 목격할 수가 있다. 바로 그 역할을 위해 이견대를 마련한 것이다. 하늘 높이 날아오른 용은 변화무쌍한 자신의 재주를 한껏 드러내는 단계에 이르렀다.

대왕암 연못

"나는 용이 하늘에 있으니 대인을 봄이 이롭다."

(飛龍在天 利見大人).

이제 비로소 신왕(新王)인 九二의 大人 신문왕과 九五의 대룡이 된 大人 문무왕이 서로 마주보게 되었다. 九二와 九五의 "利見大人"을 구현한 것이다.

구름 속에 그 모습이 출몰하는 용은 중천을 무대로 자신의 온갖 재주를 발휘하여 세상에 그 혜택을 베푼다. 벼락과 천둥으로 삿된 것을 몰아내며 농사에 적절한 시기에는 구름을 몰고 와 비를 내린다. 어질고 선량한 백성들에게 은혜를 베풀고 인재를 등용하며 바다와 땅과 하늘을 지키는 전능의 용.

이것이 우리가 잘 아는 전설속의 용의 모습이고 사람 사는 세상에서는 최고의 지존인 임금이며 문무왕의 꿈이었다. 이런 활동을 하기위해서는 다른 왕들처럼 능묘에 육신을 두어서는 안 될 일이다. 필히 화장을 하여 대왕암에서 용으로 화해야만 하는 것이다.

신문왕은 이견대에서 부왕인 문무왕이 바다 속의 대룡(大龍)이 된 모습을 발견했다. 그리고 대왕암을 거쳐 하늘로 올라 활약하는 것까지 이 모든 것을 다 지켜봄으로서 중요한 목격자 역할을 한다. 또한 문무왕은 이 시설들을 운용, 자신의 장처로부터 나와 자유롭게 돌아다니며 세상을 통어하게 되었다. 감은사(感恩寺)의 원래 이름이 진국사(鎭國寺)였다는 것을 생각한다면 이해는 더 쉬워진다.

문무왕은 절의 이름에 나라를 지키고 편안하게 하겠다는 뜻을 담았다. 그리고 용이 된 자신이 이 절을 무대로 그 꿈을 실현하겠다는 생각이었다. 실제로 감은사의 금당아래에는 구들 같은 구조가 만들어져 있고, 삼국유사에는 동쪽으로 구멍을 뚫어 용이 마음대로 돌아다닐 수 있도록 했다는 기록이 있다. 이 출입구는 현대의 유적답사과정에서 실제로 확인되기도 했다. 감은사를 완공한 신문왕이 대룡의 출입을 위해 구멍을 만들었다고 하지만 사실상 이것은 문무왕의 구상이 틀림없는 것으로 보인다.

감은사 건립공사는 처음에 문무왕이 시작했지만 일을 마치지 못하고 붕어하자(문무왕 재위 20년이 되는 해, 신문왕 즉위원년: 開耀 元年 七月一日), 그 나머지를 신문왕이 마무리했다고 한다. 유홍준은 '나의 문화유산 답사기 p.165'에서 문무왕이 680년에 붕어한 것으로 써놓았다. 하지만 그해는 당나라 영륭원년(永隆元年)인 경진년(庚辰年)이다. 정작 문무왕이 붕어한 해는 그 다음해인 681년으로서 당나라 년호 개요원년(開耀 元年)인 신사년(辛巳年)이다.

신문왕은 즉위한 뒤 한 달을 겨우 넘긴 8월 8일에 장인이었던 김흠돌의 난을 당하고 그 뒷수습에 정신을 차릴 여가가 없었다. 모반에 대한 징벌과 진압에 대한 포상 등, 대폭적인 인사이동이 있었고, 10월에 가서는 시위감(侍衛監)을 파하고 장군(將軍)六人을 두었다고 했다. 평화로운 승계가 이루어져도 신왕이 등극함과 동시에 많은 이동과 개편이 뒤를 따른다. 하물며 모반이었다. 그 뿌리까지 색출하고 제거하자면 상당한 시간이 필요했을 것이고 다른 일을 돌아볼 여유조차 없었을 것이다. 이런 소동 속에서 이루어진 공사였다. 감은사는 이듬해 봄(開耀 2년)에 완공을 했는데, 정치적인 상황은 제쳐두고 공사의규모와 진척도만 놓고 생각해봐도 단기간의 작업으로는 도저히 불가능하다. 또한 집이란 아동들의 그림처럼 하늘에서부터 지어 내려오는 것이 아니고 아래서부터 위로 쌓는 것이다. 그렇다면 최소한 금당아래 구들 구조나 동쪽으로 난 구멍은 신문왕의 작품이 아니다. 결국 감은사는 그 이름만 빼고는 처음부터 끝까지 짓다가 붕어한 문무왕의 구상대로였다고 할 수 있다.

즉 대왕암이 능묘이자 조화지력을 쌓는 곳이라면 감은사는 문무왕의 집무실이나 마찬가지였던 것이다. 후대 왕들이 여기서 용이 된 문무왕을 알현하고 갖가지 기원을 포함한 제의를 실행할 수 있는 구조로 되어 있다. 실제로 혜공왕이 감은사에 행차해 바다에 제사를 지냈다는 기록도 있다. 이로 미루어 볼 때 역대의 왕들은 해마다 정월이면 동해구로 행차, 대왕암과 감은사에서 제사를 올렸을 가능성이 있는 것이다. 이 두 유적은 한 영역으로서 고대에는 신성한 권역이었음이 분명하다.

이제 남은 것은 중천건의 상구(上九)다.

상구(上九)의 효사는 "높이 올라간 용이 뉘우침이 있다. (가득 찬 것이) 오래가지 못한다."이다. (亢龍有悔 不可久也.)

효사의 수신(修身)적인 풀이로서는 지나침에 대한 경고가 된다. 그러나 여기서는 동지에 양이 나타나 하지에 이르러, 여시해극(與時偕極) 즉, 사시(四時)와 더불어 극에 도달한 천지 운행을 취한다.

그러므로 上九는 양극어상(陽極於上)이니 양이 위로 상승하여 정점(頂點)에 도달한 모습이다.

그간 천하를 일주하면서 자신의 일과를 마친 용은 서서히 하늘아래

자기처소를 향해 내려오기 시작한다. 그리고 처음의 자리로 돌아온 용은 휴식을 취한 뒤, 중천건의 효사들이 보여주는 그 과정을 밟아 또 다시 하늘로 솟아오르기를 반복하는 것이다.

음과 양이 교대하면서 끝도 없이 진행되는 것이 천도의 운행이다.

(一陰一陽之謂道),

오르는 것은 양이고 그 정점에 올라 양이 소(消)하는 것은 음으로서 하루의 오전 오후와 일 년의 사계절이 모두 여기에 해당한다. 어디 그뿐이겠는가 세상 모든 만물의 유동하는 속사정이 이와 같다. 그러므로 양(陽) 즉, 용이 된 문무왕의 수명은 한이 없고 그 염원도 한이 없어 천삼백년 전의 그날로부터 지금까지 단 한 번도 끊임이 없었던 것이다.

다시 말하자면 오늘 이 순간에도 대왕암은 살아 작동하고 있고 문무왕은 그 곳에 있다. 영특한 통일군주 문무왕의 꿈은 한낱 미물이 되는 것이 아니라 영원불멸의 수호신이 되는데 있었다. 아는 만큼 보인다는 말과 같이 암초의 표면이 마모된 것이나 논하는 안목으로는 결코 대왕암의 실체를 볼 수 없다. 이쑤시개를 많이 사용하면 멀쩡한 이의 사이도 벌어진다. 그와 같이 가운데의 수로는 천년세월의 풍파 속에 조금이라도 더 넓어졌고 연못 또한 더 넓어졌을 것이다. 그러나 그로인해 '인공이 가미된 원 뜻'이 자연으로 화하는 일은 일어나지 않았다. 밭 전(田)자의 모습은 오히려 더 선명해져 있으며 연못의 모습도 엄연히 그 대로다. 대왕암은 아득한 옛날의 퇴락한 유적이 아니라 황금시대의 꿈 그대로 불멸의 자태를 보여주고 있는 중인 것이다.

결론적으로 대왕암은 사후에 용이 되어 이 나라의 강토를 수호하고 자손만대의 영화를 기원하려했던 문무왕의 꿈을 실현한 곳이다. 또한 그런 웅대한 생각을 실현해줄 방법을 중천건괘에서 찾아낸 놀라운 착상은 주역의 본고장이라 할 중국의 어떤 유적에서도 찾아볼 수가 없다. 용을 좋아하고 황제를 용에 비유하는 중국의 어느 왕조에도 이런 시도는 없었으며 세계를 통틀어서도 찾기 어렵다. 문무왕은 삼국통일로 전화(戰禍)속에서 민생을 구제하고 이 땅에 욕심을 가진 당군(唐軍)을 몰아내는 대당전쟁까지 승리로 이끈 지도자다. 외국의 힘을 끌어들여 동족의 나라를 멸했다는 평도 있지만 이런 것은 후대의 민족주의적 시각만으로 역사를 해석한 왜곡된 관점일 뿐이다. 최근의 균형 잡힌 새로운 해석들이 당시의 역사를 재평가하고 있는 것은 다행한 일이다.

대당전쟁과 그 전후의 외교상황에서 충분히 볼 수 있듯이 문무왕은 주변의 강대국을 활용하긴 했지만 그들에게 종속되려 하지 않았다. 오히려 스스로 대룡(大龍)이 됨으로 해서 자신의 후계자들을 모두 용의 족보에 올려놓고 중국의 황족을 넘어서는 자신감을 보여주었다고 할 수 있다.

성낙주의 찬사처럼 가슴속에 큰 꿈을 가진 사람들이라면 이견대와 대왕암이 보이는 해안으로 찾아가 볼만하다. 신문왕은 아버지 문무왕의 화신인 대룡(大龍)을 접견하고 새로운 세상을 펼칠 꿈을 구상했다. 지금의 우리도 동해 바다에서 그 용을 만나면서 웅지를 키워볼 만하지 않을까?

대왕암에 담긴 문무왕의 뜻은 이것으로 그치지 않았다. 중천건을 용이 되는 수단으로 삼은 것에는 단순히 그것이 가진 상징적인 의미만을 취한 것이 아니다. 주역익 중천건괘는 뒤를 이어 등장하는 만파식적과 흑옥대에 까지 승계되는 다른 중요한 함의를 내포하고 있다.

여기서 글의 방향을 돌려 허무하게 도참이나 논할 생각은 추호도 없다. 하지만 대왕암을 보다보면 세간에 떠도는 오랜 말 한 구절이 생각난다.

이재전전 수중악전.

(利在田田 手中握田)

이 구절은 여러 도참서적 속에 공통으로 등장했다. 특이하게도 많은 도참서적들이 전(田)에 집중하고 있는 것이다. 이것을 즐겨 연구하는 사람들 중에는 전(田)을 일러 궁궁(弓弓)이라거나 을을(乙乙)이라고 해석하기도 한다. 또한 그 궁을(弓乙)속에 든 비밀을 알아내는 것이 다가오는 세상을 여는 길이라고 주장하고 있다. 그러나 그 전(田)이 무엇을 말하는지 정확하게 설명한 것이 없다.

도참의 주장들이 늘 그렇듯이 정말 대왕암의 밭전(田)자 속에는 무언가 있을지도 모른다는 느낌마저 들게 된다.

(海印理 天下人民神判機 四口合體全田理 黃庭經讀丹心田 四方中正從金理 日月無光不夜城 落盤四乳十字理 死中求生完然覺.)

(十性之理如何意 十處十勝十姓也 四方中央乙字 右乙之間十字 左乙中央十勝 四角虛虧十字理 滿七加三十姓 地理十處十姓 天理弓弓十勝 訪道君子愼之下 誤入十勝 後悔莫及痛嘆下.)

흑옥대(黑玉帶)

　대왕암이 있는 바다에서 신문왕은 만파식적이 될 대나무와 함께 또 하나의 특별한 보물을 얻는다. 흑옥대가 바로 그것이다. 대왕암이라면 이견대와 감은사라는 뚜렷한 관련유적까지 거느린 채 아직도 건재한 모습을 보이고 있다. 만파식적 또한 그 실체는 사라졌다고 하지만 상세하고 많은 기록이 있어 후세의 자손들에게 변함없는 동경의 대상이 된다. 그러나 이 흑옥대만은 그 둘에 비해 너무 비극적이다. 이야기 속에 잠깐 모습을 비쳤다가 사라진 후 종내 뒤 소식이 전무한 실정인 것이다.

　하지만 기록에는 만파식적에 상응하는 보물로 등장했으니 이 역시 무가지보(無價之寶)라는 말에 합당할 만큼 신비하고 귀했을 것은 분명하다. 그럼에도 불구하고 흑옥대는 단명한 신물이 되고 말았다. 이것은 흑옥대 이야기의 주인공격인 이공 효소왕이 즉위한지 10년 만에 불과 16세의 어린 나이로 요절한 것이 원인이었을 것이다.

　이런 내력을 가진 흑옥대는 얼핏, 중국의 삼국시대 촉주 유비의 군사(軍師)였던 방통을 떠올리게 한다. 제갈량과 견줄 만큼 뛰어난 재사였으나 촉을 경략하는 과정에서 전사해버린 방통처럼 안타깝고 애절한 느낌을 주기 때문이다. 연구자들조차 그 귀함과 신비함에 대해 상상이나 할뿐 짧은 찬사들만 남길 수밖에 없었던 이 흑옥대의 실체는 어떤 것이었을까?

　태자 이공은 아버지 신문왕이 바다의 용으로부터 무가지보(無價之

寶)를 얻었다는 소식을 듣고 한달음에 현장으로 쫓아온다. 그리고 흑옥대를 자세히 살펴보고 다음과 같이 말한다.

"이 옥대의 여러 쪽들은 모두 진짜 용들입니다."

왕이 물었다.

"네가 그것을 어떻게 아느냐?"

"한쪽을 떼어서 물에 넣어 보십시오."

태자의 말대로 왼쪽에서 두 번째 쪽을 떼어 시냇물에 담갔더니 옥은 곧바로 용이 되어 하늘로 올라갔다. 옥을 담갔던 시냇물도 변해서 연못이 되니 용연(龍淵)이라 불렀다 한다.

우리가 알고 있는 단서는 이 짧은 이야기 한 토막뿐이다.

그러나 흑옥대 이야기는 길이가 짧은 것에 비해 나름의 독립성과 함께 매우 파격적인 내용으로 구성되었다. 이야기 속에는 정치적 배경에 대한 단서가 선명하게 나타나 있으며, 그 비밀스러운 작용으로 인해 두 신물과도 맥이 통해있음이 잘 드러나 있다.

왕조시대에는 임금의 몸을 일러 옥체(玉體)라고 했던바 고대에는 금보다도 옥을 더 귀하게 여긴 까닭이다. 그러므로 지존이나 허리에 두를 수 있었던 이 귀한 옥대(玉帶)는 그것만으로도 보물이라 할 것이다. 하지만, 신문왕의(결국은 효소왕 이공의) 흑옥대는 여기서 한 발 더 나간다. 그것에는 고인이 된 문무왕과 김유신의 이성(二聖)이 하사했다는 의미까지 더해 최고의 신성이 부여되어 있는 것이다. 도저히 가치를 따질 수도 없는 보물이다.

그런 옥대에 여러 개의 '흑옥'이 붙어있었다고 했다.

왜 꼭 '흑옥' 이어야만 했을까?

1971년 7월 7일, 공주에서는 이 땅의 고대사를 다시 써야할 정도로 파격적인 발굴이 이루어진다. 백제 25대 무령왕의 능이 발견된 것이다. 많은 왕릉들이 도굴당하고 유물이 희소한 가운데 이집트의 투탕카멘처럼 매장유물이 고스란히 남아있었던 희귀한 유적이었다. 그러나 경주의 서봉총발굴이 일제의 외교수단으로 이용당했던 만큼이나 황당한 한탕주의에 의해 졸속 발굴의 한을 남기기도 했다. 유물이란 물건자체뿐만 아니라 그것이 해당 자리에 놓여져 있는 이유까지도 연구대상이다. 흔히 제대로 보존된 살인사건의 범죄현장은 범행과정과 범인을 말하고 있다고 한다. 유물과 유적의 주변 환경에는 눈에 보이지 않는 문화유산이 눈에 보이는 것보다 더 많이 존재하는 것이다.

내부의 사진을 찍어보겠다고 들이닥친 기자까지 유물을 밟아 훼손을 하는 무식이 난무한 개판이었다. 이 난장판을 허겁지겁 서둘러 수습을 했다하니 건진 것 보다 못 건진 것이 더 많았다. 그럼에도 불구하고 무령왕릉에서는 많은 고고학적 자료들이 쏟아져 나왔다. 그 중에는 당시에 발견된 이후 40년 이상을 숯으로 오인 받은 흑옥제 유물이 무려 128점이나 포함되어있었다. 단일 유적에서 출토된 흑옥제 유물로는 전 세계를 통틀어도 그 유례가 없었다는 기록적 매장량이었다.

무령왕릉의 흑옥은 2011년 9월에 있었던 40주년 연구발표회를 통해 비로소 숯이라는 오명을 벗고 귀금속으로 평가된다. 퇴적된 식물이 화석화하면서 형성된 이 보석은 동서양을 막론하고 초자연적인 힘으로 액운을 막고 몸을 지켜주는 신비한 힘을 가졌다고 여겨졌다. 서아시아에서는 히가(Higa)라고 불리는 호신용 흑옥장식을 왕가의 자녀들에게 패용하게 했다고 한다. 즉, 흑옥은 보석이면서도 액을 막는 힘까지 가졌음을 알 수 있다.

경주 바다의 해룡이 받친 흑옥대 이야기(682년)는 무령왕으로부터도 60년 정도나 지난 뒤에 발생한 사건이다. 무령왕은 신라의 지증왕보다 한 해 뒤(辛巳: 501년)에 즉위하고 신라 법흥왕 십년(癸卯: 523년)에 붕어했다. 이것을 미루어 볼 때 옥대에 붙은 흑옥 역시 무령왕릉에 사용되었던 것과 마찬가지로 액을 막고 평안을 보장하는 능력을 가진 것이 분명하다. 흑옥은 동아시아에서는 흔하지 않은 보석에 속했다. 그러나 해양 국가였던 백제나 지금의 중동지방에서도 찾아올 만큼 국제무역을 해온 신라가 얻지 못할 보물은 아니었을 것이다.

이야기의 마지막 대목에서는 의아한 일이 벌어진다.

신문왕은 "한쪽을 떼어서 물에 넣어 보십시오."라는 태자 이공의 말에 따라 서슴없이 옥을 떼어 시냇물에 집어넣는다. 놀라운 것은 그것이 용이 되어 하늘로 날아간 일만이 아니다. 실험을 위해 옥을 떼어 내었으니 결론적으로 흑옥대가 훼손된 것이다.

신문왕에게 흑옥대를 받친 용은 문무왕과 김유신의 심부름으로 세상을 구할 힘을 가진 신비한 대나무를 전해주었다. 또한 그 고마운 용이 신문왕을 보자 선의의 마음으로 선물한 것이 흑옥대였다. 만파식적에 비교할 수 없을지는 몰라도 이 또한 귀한 보물이다. 더구나 받아들고 돌아선지 얼마나 되었다고 선물로 준 옥대에서 옥을 떼어낸다는 말인가. 이런 짓은 제왕은커녕 평민들 사이에서도 있을 수 없는 실례가 된다. 사실상 지도자로서나 인격적으로나 신문왕과 태자 이공이 취할 행동은 아닌 것이다. 그렇다면 이 이야기는 무리를 해서라도 보여주려는 것이 따로 있음이 분명하다.

그것은 아버지 신문왕의 말에서 여실히 드러나게 된다.

"네가 그것을 어떻게 아느냐?"

신문왕의 말은 단순한 듯 하지만 두 가지 관심사가 담겨있다.

한 가지는 어린 태자가 옥대의 신비한 능력을 알아낸 것이 기특했고 다른 한 가지는 옥대가 갖고 있는 신비한 힘이다.

옥대에 붙어있는 옥들이 모두 용이라는 믿기 어렵고 알아내기도 힘든 사실을 태자는 잠간의 관찰로 간파해내었다. 옥대도 신기하지만 이공 또한 매우 특출해 보인다. 그 즉시 파격적인 보물의 훼손이 이루어지고 태자의 말은 사실로 증명이 된다. 당시의 신문왕과 수행하던 신하들이 모두 놀랐고 후대에 이야기를 읽는 우리도 놀랄 일이다.

태자 이공은 이 일로 인해 고금에 뛰어난 지혜를 가진 영명한 인물로 여겨진다. 실제 이 대목의 중요성은 훗날 어린 나이에 등극한 효소왕 이공이 함부로 범접할 수 없는 명석한 지도자임을 보이는 것에 있었을 것이다.

또 한 가지 괄목할만한 것은 이공이 꼭 집어 언급함으로서 그 친연성이 증명된 흑옥대의 신물로서의 가치다. 이공은 만파식적이 될 대나무에 대해서는 아무런 언급이 없다. 이것은 신문왕 역시 대나무에 대한 대화만 있을 뿐 선친인 문무왕의 대왕암에 대해 언급하지 않는 것과 동일하다. 각자 자신의 선친과 연계성은 모색하지만 선대의 일에 관여

하는 불경을 범하려 하지 않는 것이다. 그러므로 삼대가 짜깁기된 이 설화에서 문무왕에게는 대왕암이, 신문왕에게는 만파식적, 그리고 흑옥대는 이공의 신물임이 분명해진다.

그렇다면 두 불세출의 신물들처럼 흑옥대도 나름의 특별한 비밀을 갖고 있었다는 뜻이다. 매우 짧게 서술된 내용이지만 우리가 주목하고 생각해야할 단서는 풍부하다.

흑옥대가 가진 신비한 능력을 이해하자면 먼저 설화가 제시한 몇 가지 단서에 주목하도록 해야 한다. 첫째 한 가지는 여러 개의 옥들이 모두 용이라는 대목이다. 정확하게 옥의 개수가 서술되지는 않았다. 하지만 그 중 왼쪽으로부터 두 번째 쪽을 떼어내었다고 하니 흑옥대에는 다수의 옥이 달려있었을 것이다. 이것은 아무리 에둘러 표현을 해도 여섯 용(六龍)이 등장하는 주역의 중천건괘를 닮았음을 부정할 수 없다. 더욱이 시냇물에 담긴 옥은 용이 되어 승천함으로서 연관성을 강력히 시사하고 있다.

앞서 설명한 다산 정약용의 파성(播性)이라는 말을 떠올려보자.

주역은 본괘(本卦)가 지괘(之卦)로 변할지라도 그 속성은 지괘속에 여전히 씨 뿌려져 이어간다. 마치 자식이 부모의 용모나 성격을 닮는 것과 같은 것이다. 그와 같이, 대왕암에서 기원한 신물들도 대왕암의 원리와 무관하지 않으며 그 원리는 만파식적과 흑옥대에 그대로 상속되어 있을 수 있다. 흑옥대 역시 대왕암에 적용된 원리가 담겼다면 할아버지 문무왕이 용이 될 수 있었던 바로 그 신비한 능력을 가진 신물이라는 뜻이 된다. 그리고 효소왕 이공은 어린 나이에도 불구하고 그 내용을 간파한 영특한 인물이라는 것이다.

두 번째, 기록에는 굳이 왼쪽에서 두 번째의 옥을 떼어내었음을 자세히 적시해놓고 있다. '그 중의 하나를 떼어내었다'라 하지 않고 정확하게 묘사하려고 노력한 의도가 있음이 분명하다. 이것은 무엇을 말하는 것일까?

주역은 64괘 384효에 세상만물의 변화를 투영한다. 괘의 구조로는 상하로서 내외(內外)를 분류하고 나와 남을 유추하며, 일의 진척도와 선후, 그 방향 등등, 모든 정황을 담아낸다. 또한 괘에는 상하와 선후만이 아니라 흑옥대에 나타난 좌, 우의 개념도 포함되어 있다. 이에 대해 대표적인 사례는 지화명이(地火明夷)의 네 번째 효사에 잘 나타난다.

"六四: 왼쪽 배로 (칼을 찔러) 들어갈 것이다. 오랑캐를 개명(開明)시키고자 하는 마음을 얻어 문 앞의 뜰을 나섬이로다. 象傳: 왼쪽 배로 (칼을 찔러) 들어감으로서 스스로 목숨을 끊은 것은 마음으로 뜻하던 바를 얻은 것이다." – 방인 –

(入于左腹, 獲明夷之心, 于出門庭. 象曰: 入于左腹 獲心意也.)

지화명이의 곤(坤)과 이(离)는 설괘전(說卦傳)에서 모두 배라고 설명했다. 고대인들은 왼쪽을 숭상한 까닭에 상괘의 곤(坤)은 왼쪽 배가 되고 아래의 이(离)는 오른쪽 배가 된다. 다산은 소식(蘇軾)의 말을 인용해서 외괘는 왼쪽이고, 내괘는 오른쪽이라고 말한 바 있다.

(故人尙左 离在下 則右腹也 坤在上 則左腹也: 蘇軾云 外卦爲左 內卦爲右)

지화명이에는 육사(六四)만이 아니라 육이(六二)에도 좌(佐)가 나온다. '夷于左股'가 그것이다. 이깃을 자세히 설명하자면 문외한들에게는 어렵게 들리겠지만 불필요한 논쟁을 피하기 위해 근거를 밝혀둔다. 명이괘의 이전(以前)괘인 소과(小過)의 상호(上互)괘는 태(兌)이다. 이것을 뒤집으면 손(巽)이 되므로 상괘에 있는 손(巽)은 왼쪽다리가 된다. 소과(小過)가 명이(明夷)로 추이(推移)하면서 四에 있던 陽이 떨어지니 왼쪽다리가 다친 것이다. 정작 다산이 좌우의 근거로 삼은 소식(蘇軾)의 설명은 육이(六二)에 대한 해석에서 비롯되었다.

(爻言左右 猶言內外也 在我之上則於我爲在矣)

종합하자면 흑옥대의 왼쪽 두 번째는 중천건괘의 상괘 구오(九五)에 해당하는 것이다. 그렇다면 이것은 대왕암의 원리와 전혀 다를 바 없게 된다. 중천건의 구오(九五)는 '비룡재천 이견대인(飛龍在天 利見大人)'으로서 연못을 벗어나 하늘로 날아오른 용이었다. 수중으로부터 힘을 쌓아 그 모습을 드러낸 용처럼 흑옥대의 옥은 물속에 넣자마자 용이 되어 하늘로 올라갔다. 두 신물에 작용하는 원리는 호리의 차이도 없는 것이다.

주역의 감괘(坎卦)는 음속에 양이 들어 있는 모습이다. 장차 용으로 화할 에너지가 감추어져 있는 모습이며 색은 흑색이고 물을 상징한다. 해룡(海龍)의 선물인 옥대의 색은 여기에서 연유하고 옥들은 모두가 용이라는 것은 중천건에서 비롯한다. 용이 승천하자 그 곳에는 못이 생겨 용연이라 불렀다는 것도 중요한 단서가 된다. 이것은 중천건의 구사(九四) 흑약재연(或躍在淵)을 실현한 대왕암의 연못을 그대로 모사 내지 승계한 것이다. 흑옥대의 옥이 용으로 화해 승천하는 과정에는 짧은 묘사 속에도 중천건괘의 뜻이 모두 함축되어 있다. 이렇게 신물들의 내밀한 정체성에는 한결같이 주역의 중천건괘가 작용하고 있었다.

흑옥대와 만파식적은 혼자라도 비범한 보물이다. 그럼에도 불구하고 굳이 문무왕과 대왕암에 연계시킨 목적은 단순히 정통성과 신령한 힘을 얻고 권위를 더하려한 것만은 아니었다. 설화의 방향은 신물들을 대왕암과 연결시키려는 왕들의 의지를 반영한 것이다. 그들이 그토록 소중하게 여긴 중천건괘에는 어떤 특별한 비밀이 감추어져 있는 것이 분명하다.

결국 흑옥대로 인해 효소왕 이공은 영명하면서도 신비한 용들이 수호하는 신령스러운 임금이 되었다. 또한 대내외에 할아버지 문무왕의 적손으로서 그 정통성을 이어가는 신성불가침의 지도자임을 과시했다.

실제의 효소왕 이공은 할아버지의 국상이 있던 당시에는 세상에 태어나지도 않았던 인물이다. 이 해 즉, 신문왕이 만파식적과 흑옥대를 얻은 개요 2년이든 영순 원년이든지에도 태어나지 않았다. 그럼에도 불구하고 자신도 아버지 신문왕이 받은 신물이야기 속에 등장하여 그 맥을 잇고 영명한 존재로 보일 필요가 생겼을 따름이었다. 파격과 무리수가 있는 흑옥대 이야기는 역사적 사실성보다 그 속에 담긴 뜻에 주목해 달라고 말하고 있는 듯하다.

여기서 경주시에 제안하고 싶은 것이 있다.

기본적으로 대왕암에 대한 연구를 더 발전시켜나가야 한다는 것과 그 주변의 개발이다. 지금 해변 가에 있는 약간의 환경만으로는 너무 소박하다. 신문왕당시에는 대왕암이 보이는 해변과 이견대, 감은사를 포함한 넓은 지역이 성역이었을 것이다.

　전 세계 어디에도 용으로 화할 수 있는 묘책과 그 절차가 구현된 곳은 없다. 특히 용을 좋아한다고 정평이 나있는 중국에서도 등용문으로 이름 붙여진 관광대상은 있지만 대왕암과는 비교도 할 수 없다. 그런 곳들은 고작해야 기이한 지형적 특징에 의존할 뿐이지만 대왕암은 위대한 통일제국의 제왕이 직접 기획한 시설이다. 감은사와 이견대를 포함한 넓은 규모의 영역을 재 발굴하고 격조 높은 품위를 갖추어야한다. 유적으로서만 아니라 관광자원으로서도 무한한 가치를 지닌 대왕암개발의 아이디어를 공모해야한다.

　해변의 바로 뒤에 자리한 산에는 새로운 등산로를 만들자.

　그리고 산의 정상에 망원경을 설치하면 해변에서는 불가능한 대왕암의 구조를 볼 수 있을 것이다. 지금처럼 멀찍이서 바다 속의 암초를 바라보는 식으로는 친근감을 느낄 수가 없다.

　다음은 등산로에 대왕암처럼 여섯 단계의 과정을 설정, 모든 사람들이 용이 되는 체험을 할 수 있게 했으면 한다. 적절한 관광 상품도 개발하고 어린 학생들에게는 기념스탬프나 메달 등으로 즐거움과 함께 호연지기를 키우는 계기도 마련해주면 좋겠다. 또한 등산을 못하는 노약자들을 위해서는 해변에 미니어처 대왕암을 만들고 상설 상영관을 만들 수도 있다.

　문무왕의 치적과 대왕암의 역사 그리고 그 주변의 사철풍광을 동영상으로 제작하여 보여준다면 더욱 뜻 깊은 자리가 될 것이다. 문무왕의 기념일도 지정하고 동해로 나가는 대종천위에 등불을 띄우는 행사도 가져보는 등, 다양한 문화행사를 기대해 본다.

만파식적

그림이란 사진과 달라서 그 속에 담긴 것이라면 아주 작은 사물이라도 작가의 의도가 아닌 것이 없다. 선으로 표현되는 동양화는 두 말할 것도 없고 서양화까지도 한 대상을 묘사하기 위해 수많은 붓질이 있어야한다.

고대의 종교화라고 하면 사정은 더 하다. 모든 것에 종교적 메시지가 포함되어야 하기 때문에 어떤 것 하나도 허툰 것이 있을 수 없다.

종종 오래된 도가의 그림을 보면 동자나 신선이 소를 타고 피리를 부는 한가로운 모습을 볼 수 있다. 또한 조롱박을 단 선장(仙杖)을 짚은 모습과 화로에 약탕기를 올려놓고 단약(丹藥)을 끓이는 장면이 나오기도 한다.

그러나 이것은 단순한 풍경화가 아니다. 그림에 등장한 소나 피리, 조롱박이 매달린 선장, 화로와 약탕기 등은, 실제로 도가의 수련내용을 상징하고 있기 때문이다. 그와 같이 사찰의 대웅전 외벽에 그려져 있는 심우도와 그 그림속의 동자가 들고 있는 피리역시 의미심장한 역할을 맡고 있다.

이처럼 만파식적도 특별한 의미를 가진 피리로서 삼국사기와 삼국유사의 양대 역사서 속에 그 신비함에 대해 자세히 서술되어 있다. 이런 정황은 만파식적이 일반적으로 생각하는 것보다 훨씬 깊은 내력을 간직하고 있음을 웅변하는 것이다.

대왕암에 그 뿌리를 두고 있으면서도 대왕암이나 흑옥대보다 더 오래 더 많은 관심과 사랑을 받아온 것은 당연히 만파식적이다. 기록 또한 두 신물에 대한 것보다 압도적인 양을 남긴 것도 이를 충분히 증명하고 있다. 질병과 재난으로부터 민생을 구원하며 풍요롭고 평화로운 세상을 만들어 현실을 구제해준다는 점에서 어느 대상보다 더 살갑게 느껴진다. 시대를 막론하고 민초의 입장에서는 높은 이상이나 목표보다도 당면한 고통과 고뇌를 헤쳐 나가는 수호자가 절실하다. 그렇기 때문에 종종 신뢰를 잃은 공권력보다 직접적인 정의를 실현하는 인물을 더 추앙하고 따랐던 일이 역사 속에 등장했다. 메시아적 종교 지도자, 영웅과 호걸, 의인, 협객들이 끊임없이 사랑받는 것도 모두 이런 것에서 연유되기 때문이겠다.

통일과정의 지난한 국제상황과 정치적 불안정, 이질적 사회의 병합과 새 국가의 낯선 제도 등, 익숙한 모든 것들이 변한 가운데 민초들의 삶은 피곤하고 지쳐있었다. 그들에게는 엄격한 아버지보다 가깝고 다정다감한 모성적(母性的)구원자가 필요했다. 바로 이런 대중들의 절실한 희망에 부응하여 하늘로부터 점지된 만파식적은 열렬한 신앙적 대상으로 부각되었다. 그 구원에 대한 목마름과 그리움은 현대에도 연극이나 노래로 되살아나면서 연구자들에게는 끊임없는 상상을 불러일으키고 있다.

만파식적의 정치적 배경

　간절한 시대적 요구 속에 출현한 신물(神物) 만파식적은 얼마든지 그 탄생근본을 달리 할 수 있었다. 그럼에도 불구하고 굳이 대왕암과 연계시키려고 한 것에는 흑옥대처럼 기본적으로 정치적 상황과 무관하지 않은 까닭이다. 등장 배경에서 보여 준대로 만파식적은 철저히 대왕암의 적통적인 인과관계를 갖고 있다. 이것은 등극초기 불안한 정치적 상황을 수습하고 왕권을 강화시켜야했던 신문왕의 고뇌를 반영한 조치였을 것이다. 경쟁자들에게는 아버지 문무왕의 적자로서의 정통성을 상기시키고 백성들에게는 그 아픔을 따뜻하게 돌보겠다는 지도자로서의 천명같이 들린다.

　신문왕에 의해 일단 피리로 만들어진 만파식적은 천존고(天尊庫)에 보관되고 후세 왕들에게 승계되면서 그 역할을 수행해나간다. 백성들은 왕들로부터 베풀어지는 여러 보살핌들이 모두 신비한 만파식적의 작용으로 이해하게 되었을 수 있다. 왕의 선정이 아니라 신물 만파식적의 힘에 의한 것으로 생각하더라도 치자들에게는 전혀 서운할 것이 없었다. 결국 그 신비한 힘이 가호하는 왕들은 신성하며 왕권은 존중받게 되기 때문이었다. 왕들은 오히려 기회가 있을 때마다 만파식적에 신성을 더하는 일에 몰두했고 단단히 그 덕을 볼 수 있었다.

　정치적으로 만파식적의 덕을 많이 본 사람은 아버지 신문왕보다 그 아들 효소왕일 수 있다. 692년에 즉위한 효소왕은 천수 3년 임진(壬辰)에 아버지 신문왕이 폐지해버린 화랑제도를 부활시킨다. 선왕인 신문왕은 즉위 원년에 반란을 일으킨 김흠돌을 처형하고 그 주 세력으로 활동한 화랑들도 같이 처벌한바 있다. 또한 화랑들의 정치적 영향력을 소멸시키기 위해 통일전쟁에 중심이 되었던 화랑제도 역시 폐지해 버린 바가 있다.

6세에 등극한 어린 왕의 주변은 아버지 신문왕 못지않게 불안했다. 결국 정치적 안정을 위해 근왕정신(勤王精神)이 강한 화랑들을 친위집단으로 재구성할 필요가 있어졌다.

이듬해인 효소왕 즉위 2년, 693년 3월.

전년도에 부활한 화랑의 우두머리 국선 부례랑이 무리와 함께 금란(金蘭: 지금의 강원도 통천)으로 유람을 떠났다. 그들이 북명에 이르렀을 때 갑자기 나타난 괴한들에게 납치를 당하는 일이 발생한다. 무리 중에서 심복으로 여겨지는 안상만이 그 뒤를 추적했지만 이 또한 행방이 묘연해진다. 이때가 3월 11일 이었다. 화불단행(禍不單行)이라 했던가?

엎친 데 덮친다고 천존고에 가만히 모셔둔 만파식적과 현금(玄琴)이 동반하여 사라지는 일까지 발생한다. 부례랑 소식을 들은 효소왕이 "선왕께서 신적(神笛)을 얻어 나에게 전해주시어 지금 현금(玄琴)과 함께 내고(內庫)에 간수해 두었는데, 무슨 일로 해서 국선이 갑자기 적에게 잡혀갔단 말인가. 이일을 어찌하면 좋겠는가?" 하고 안타까워한 바로 그 순간 일이 일어났다. 왕의 말이 떨어짐과 동시에 상서로운 구름이 천존고를 덮더니 두 보배가 한꺼번에 사라져버린 것이다. 왕은 자신의 입방정 탓이라 생각은 하지 않고 창고담당 관리인 김정고(金貞高) 등

다섯 명을 잡아서 즉시 하옥시켜버린다.

일이 이렇게 되자 나라꼴이 뒤숭숭하게 되고 말았다. 결국 사람과 보물을 찾아오는데 1년간의 조세라는 거액의 현상금까지 나붙었고 사건은 범국가적 차원의 이목을 집중시키게 된다. 나라가 들썩하게 걱정이 생기자 백성들의 관심과 염원은 오직 보물과 지도자들의 무사귀환에 모여지게 되었다.

자식이 행방불명이 된 부례랑의 부모도 애가 끓었다. 5월 15일부터는 경주의 북쪽에 있는 금강령 백률사에 나아가 부처님께 자식의 생환을 기원하고 있었다. 그로부터 얼마나 시간이 흐른 어느 날.

지성으로 기도를 하고 있던 두 사람 앞에 기적이 일어난다. 기도를 올리는 향탁 바로 위에 느닷없이 만파식적과 현금이 나타난 것이다. 더욱이 놀라운 것은 불상의 바로 뒤쪽에 부례랑과 안상까지 돌아와 서 있었다. 그리고 돌아온 부례랑이 하는 말은 더욱더 신기했다.

적에게 잡혀간 부례랑은 적국 대도구라(大都仇羅)의 집에서 말치는 일을 맡았으며 대조라니(大鳥羅尼)의 들에서 말에게 풀을 뜯기고 있었다고 한다.

(혹은 도구(都仇)의 집에 종이 되어 대마(大磨)의 들에서 말을 먹였다고 했다.)

그때 갑자기 모양이 단정한 스님 한사람이 손에 거문고와 피리를 들고 와서 위로하기를 "고향 일을 생각하느냐?" 하고 물었다. 부례랑은 자기도 모르는 사이에 그 앞에 무릎을 꿇고 앉아 대답을 한다.

"임금과 부모를 그리워하는 마음을 어찌 다 말 하겠습니까"

그러자 스님은 그렇다면 자기를 따라 오라고 하면서 바닷가로 데리고 갔다.

부례랑이 바닷가에 이르자 그곳에서 자기를 찾아다니던 안상마저 만날 수 있게 되었다. 이에 스님은 신적(神笛)을 둘로 쪼개어 두 사람에게 나누어 주고 각기 한 짝씩을 타게 했다. 또한 스님자신은 현금을 타고 바다에 떠서 돌아오는데 잠깐 동안에 여기에 이르렀다는 것이다. 이 소식은 번개처럼 궁으로 전해졌고 크게 놀란 왕이 그들을 맞이하니 과연 부례랑은 현금과 신적을 가지고 대궐 안으로 들어선다. 왕명은 지엄해서 약속을 이행하는데, 부처님의 은덕으로 기적이 일어난 백률사에는 큰 시주가 바쳐졌다.

금은 그릇 다섯 개씩 두 벌, 각각 50兩重과 마납가사(摩衲袈裟) 다섯 벌, 대초(大綃) 삼천 필, 밭 1만 경(頃) 등이었다. 절의 주지는 봉성사(奉聖寺)로 옮겨 살게 하였다는 것으로 보아 승진발령이었을 것이다. 백성들에게도 은혜가 베풀어져 나라 안의 죄인이 방면되고 3년간의 조세를 면제해 주었으며 관리들에게는 3계급 특진까지 있었다. 또한 잡혀갔다 돌아온 것 밖에는 한 일이라고 없는 두 사람에게도 놀라운 포상이 따른다. 부례랑은 재상반열의 대각간(大角干), 아버지 대현아찬(大玄阿湌)은 태대각간(太大角干), 그 어머니 용보부인(龍寶夫人)은 사량부의 경정궁주(鏡井宮主)로 봉했다. 안상 또한 대통(大統)이 되었으며 하옥되었던 관리들은 모두 방면되면서 각각 관작 5급을 주었다.

6월 12일, 멀쩡하던 하늘의 동쪽에서 혜성이 출현한다. 예로부터 혜성의 등장은 갑작스러운 징조로 동, 서간을 막론하고 좋은 뜻으로 해석되지 않았다. 승승한 가운데 다시 17일이 되자 이번에는 서쪽하늘에서 혜성이 나타난다. 일관이 아뢰었다.

"이것은 현금과 신적을 벼슬에 봉하지 않아서 그러한 것입니다."

그랬다. 이 납치사건에 분명히 혁혁한 공이 있는데도 두 신물은 포상에서 제외되어 있었던 것이다. 왕이 잘못을 깨닫고 즉시 신적에게 책호(冊號)하여 이른바 만만파파식적(萬萬波波息笛)이라는 칭호를 내린다. 그러자 하늘의 혜성도 사라졌다. 이로써 백성들은 만파식적을 더욱더 존중했을 것이고 그 신비한 힘에 의해 보호받는 국선과 왕실을 신뢰하고 따랐을 것이다. 또한 왕위를 탐하는 자들도 그렇게 지지받는 왕실을 감히 넘보지 못했을 것이다.

아름답게 마무리된 일이지만 이 사건은 시사하는 것이 많다.

영명한 인물이라 할지라도 당시의 나이가 불과 열 살도 되지 않은 효소왕의 언동은 지나치게 성숙하다. 또한 국선 한 사람이 잡혀갔다 돌아온 것 밖에 없는 일에 국혼이라도 치러지는 것 같은 국가적 은사(恩賜)가 베풀어졌다. 특히 부례랑과 그 부모에 대한 예우는 지나치다 못해 도를 넘는다. 단지 무사귀환한 공만으로 유례없이 높은 평가를 받은 것이다. 삼국통일을 이루고 나라의 근간을 세워 사후에 흥무왕으로 봉해진 김유신의 생전 지위를 단번에 획득하고 있다. 왕이 너무 연소하여 그 직위의 위상이 어떤 것인지도 모른 채 그저 반가운 마음에 수제비 뜨듯이 선심을 썼던 것인가?

아라비안 나이트에 등장하는 호리병속의 지니는 궁전채로 하늘을 날아 옮겨가는 능력을 보였다. 효소왕도 파격적인 인사로 새로 등장한 신료들을 신적과 현금, 부처의 위신력까지 총동원해서 단번에 신성시할 필요가 있었을 것이다. 포상의 대상도 매우 광범위하다. 화랑의 대표인 국선과 그 부모, 백률사와 그 절의 주지, 그리고 나머지 모든 관리들과 전체 백성들에까지 혜택이 미치고 있다. 이 정도의 선심공세는 국혼이나 국가를 새롭게 창건할 때 정도에 있을 법한 일이다. 그럼에도 불구하고 그에 준하는 이런 은사가 있었다는 것은 이 사건에 특별한 의미가 있었음을 시사한다.

그것은 전적으로 어린 왕과 그 지지 세력의 권위를 확고하게 다져야 할 필요성에서 나온 조치들이었다. 만파식적의 개입은 왕실과 근왕세력으로 재등장한 화랑집단의 위상회복에 직결된 것으로 보인다. 화랑세기의 기록을 간단히 소개해본다.

신문왕의 아버지 문무왕의 병이 악화되자 문무왕비 자의왕후는 김흠돌 무리의 역모에 대한 낌새를 눈치 챈다. 왕비는 즉시 김대문의 아버지 오기공을 호성장군(護城將軍)으로 봉해 북원 임지로부터 궁으로 불러들였다. 그러나 이미 모반세력들의 모의와 뿌리는 깊어 군사를 움직일 인부(印符)의 인수조차 불가능한 상황이었다. 결국 오기공은 근왕세력과 사병들을 모아 상황을 장악하고 경외(京外)의 병력과 함께 역모의 무리들을 섬멸할 수 있었다.

당시 왕을 호위해야할 시위부 삼도(三徒)들 중에 많은 수가 적의 편으로 돌아서 있었다고 하니 얼마나 긴박한 상황이었는지 짐작할 수 있다. 결국 그 중에 죽임을 당한 자가 매우 많았고 (亂始平而 三徒以此誅戮者甚多) 자의태후(문무왕이 붕어했으므로 호칭변경)의 명으로 화랑을 폐지하기에 이른다. 또한 태후는 오기공에게 명하여 낭도들의 명단을 작성, 모두 병부(兵部)에 속하게 하고 직을 주었다. 이로써 화랑들이 병부와 관련이 깊었다는 것을 알 수 있다.

그러나 여전히 지방의 낭정(郎政)은 옛날 그대로 남아 있었다 하니 화랑의 활동은 끊어지지 않았던 것이다. 그 중에 특히 실직(悉直)이 가장 성했다는 기록이 남아있고 오래지 않아 그 풍속이 다시 서울에 점점 퍼졌다.

(실직은 군영 육정(六停)의 하나로 실직주(悉直州)에 있던 실직정(悉直停)이니 지금의 강원도 삼척이었다. 나중에 하서(河西, 지금의 강릉)로 옮기고 하서정으로 고쳐졌다. 고려건국초기에 하서정 소속 화랑출신의 장군과 군사가 매우 용맹하여 왕건이 고전한 바 있다.)

중신들이 모두 오래된 풍속을 갑자기 바꾸면 안 된다고 생각했으며 태후가 이에 득도하여 국선이 되는 것을 허락했다. 화랑의 풍속은 그리하여 크게 변했다. (참고, 대역 화랑세기, 소나무)

화랑세기에 기록된 중신들의 말을 통해 알 수 있듯이 당시사회의 정신적 중심에는 여전히 전통적 신선사상이 자리하고 있었다. 화랑과 신선도의 전통은 고려 초에 까지도 이어졌다.

이때의 왕가는 정치적으로 중대한 선택을 해야 했을 것이다. 통일전쟁이 한창이던 전국시대에 신선도와 화랑은 백성들을 하나로 묶어주었고 군사력의 중심이 되었다. 그러나 통일이후의 화랑은 왕가에 우호적이기만 한 것은 아니었다. 칼끝이 적을 향하는 것이 아니라 국내의 권력다툼에 동원되기도 했기 때문이다. 통일된 국가의 무력이라면 국가로

귀속되어야 옳지만 이 무장해제의 과정은 쉬운 일이 아니다. 이런 것은 동서고금에 등장한 수많은 신왕조들과 이조초기 이방원을 중심한 왕자의 난 등에서도 쉽게 볼 수 있다.

화랑이 비록 순수한 수도단체로 전환했다지만 선도문화가 남아있는 한 여전히 조직화 되어있어 무력화될 불씨는 상존했다. 왕실의 입장에서 불교는 고등하고 풍부한 종교문화를 제외하더라도 언제든 왕권에 위협적일 수 있는 화랑보다 매력적이었다. 평화 시대의 근왕세력은 무력을 가진 쪽보다 정신적이고 종교적인 설득력을 가진 쪽이 훨씬 더 이상적이다. 더욱이 불살생의 교리를 가진 불교라면 친근감은 더 컸을 것이다.

그러나 신문왕의 뒤를 이은 효소왕은 즉위 초에 왕권을 강화하기 위해 오히려 화랑을 부활시켜야 했다. 정치적 상황에 따라 변화가 심했던 이 시점은 장차 후대 왕들의 관심이 신선도로부터 불교로 옮겨가는 과도기 모습이었다.

부례랑 이야기에는 시선을 끄는 특이한 장면이 있다.

현금과 만파식적을 훔쳐간 것으로 밝혀진 스님, 즉 부처의 힘을 두 신물과 대등하게 배치한 것이다. 그와 함께 부례랑이 그 스님 앞에 자기도 모르게 무릎을 꿇었다는 장면이 나온다. 이런 것은 국선과 스님 그리고 국선으로 대표되는 신라 선도와 불교의 위상에 대한 자리매김까지는 아닐지라도 두 정신문화의 화합을 보여주는 것만은 분명하다. 또한 신선사상과 불교의 교체를 암시하는 극적인 전환점으로 보이기도 한다. 이도 저도 다 떠나 주체를 민초로 두고 해석을 해도 이미 백성들의 정신세계는 신선사상과 불교가 혼재되어 있음을 알 수 있다. 그런 민초들을 설득하자면 두 세계가 모두 필요했을 것이다. 그런 까닭에 이런 시기로부터 시작된 설화들 중에는 많은 신비적 영물들이나 신선들이 좋은 장소마다 절을 짓게 하고 있었다.

용이나 신선이 나타난 곳마다 탑과 절이 서고 사람을 해치는 요괴를 물리쳐 중생을 구제하는 스님들의 이야기가 모두 같은 맥락을 가지고 있다. 삼국유사에 넘쳐나는 불교의 일화들이 이것을 증명한다. 하지만 이 기록들은 일연이 스님의 신분으로 불교 쪽에 편향한 것보다는 이런 시대적 변화가 반영된 것으로 봐야 할 것이다. 또한 사회적 환경변화와의 진실한 면도 놓쳐서는 안 되겠다. 실제 종교나 정치의 변화와는 무관하게 그 수련의 깊이가 깊어 득도했던 훌륭한 인물들의 족적이기도 하니까 말이다.

신선도와 불교가 융합되고 있던 모습을 들여다보는데 참고가 될 만한 기록은 화랑도 14세 풍월주였던 호림공의 일화에 잘 드러나 있다. 24살에 풍월주가 된 호림은 용력이 많고 격검을 좋아했다하니 무골로 여겨지지만 매우 어진 사람이었다. 청렴하고 곧았으며 재물을 풀어 무리들에게 나누어 주었다. 사람들이 그를 탈의지장(脫衣地藏: 승복을 입지 않은 지장보살)이라 했다하니 그 인격을 충분히 짐작할 수 있다. 그가 낭도들에게 일러 말하기를 "선불(仙佛)은 하나의 도다. 화랑 또한 불(佛)을 알지 않으면 안 된다. 미륵선화나 보리사문 같은 분은 모두 우리의 스승이다." 했다.

그는 보리공에게 나아가 계를 받았다. 이로써 선불이 점차 서로 융화

했다. (화랑세기. 소나무)

 호림이 일찍 죽은 아내의 뒤를 이어 하종의 딸인 유모낭주(미실의 손녀)와 결혼하여 아들을 낳았는데 이름을 선종이라 했다. 선종은 나중에 불가에 입문하여 성인이 되니 그가 곧 자장율사다. 호림공이 불(佛)을 숭상함이 더 깊어졌다고 한다.

 생전의 문무왕은 도가적 이상을 구현한 안압지에 아들 신문왕의 동궁을 마련했다. 또한 지의대사와 자신의 장례를 의논하면서도 도가적 영물인 용이 되기를 원한다는 말을 한 바 있다. 왕의 이런 생각은 용을 미물이라고 생각하는 지의대사의 세계관과는 뚜렷한 차이를 보이는 것이다. 게다가 승려인 지의대사에게는 그 이유조차 자세히 설명하지 않고 얼버무려 버린다. 그런 뜻 속에는 불교나 유교보다 종래 이 나라의 전통사상이었던 신선도적 정서가 그 배경에 깔려있었음을 짐작할 수 있다.

 아직 논쟁 속에 있는 석굴암의 실체도 그 옛 모습의 시비를 떠나 불상이 동해상으로 솟아오르는 태양을 향하고 있는 것만은 기정사실이다. 그리고 황금빛으로 솟아오르는 그 태양은 영락없이 선도수련의 금단(金丹)을 닮았다.

 성명규지(性命圭旨)의 구정연심설(九鼎煉心說)에도 태양은 하늘의 금단이라고 했다.(日也者天之丹也)

 이로 미루어 볼 때 석굴암의 불상은 처음부터 수행의 결정체 즉, 금단을 바라보도록 설계된 것이다. 사시사철 주천하는 동해의 일출을 향하고 삼매에 들어있는 살아있는 불상이 석굴암의 본존이다. 이런 정황은 에밀레종의 종두에 장식된 용과 만파식적처럼 다분히 선불의 융합적 의미가 반영된 것이며 불상이 만들어진 어떤 유적에서도 보기 드문 배치라 하겠다.

만파식적의 실체를 알기 위해서는 역사 속에 남아있는 기록을 모두 추적해봐야 할 것이다.

만파식적이 처음 모습을 드러낸 것은 통일신라의 신문왕 때였고 마지막으로 그 이름이 기술된 것은 원성왕(元聖王)때였다. 원성왕은 만파식적이야기에 핵심적 인물은 아니지만 신물의 덕을 단단히 본 사람이기 때문에 당시의 일화도 연구가치가 있다. 우선 원성왕은 태종무열왕 김춘추의 적통이 아니다. 그런 그가 왕이 될 수 있었던 기회는 돌연한 정변으로부터 왔다. 자신의 선왕격인 선덕왕 김양상과 함께 국난을 진압한 경력이 그를 왕좌로 이끌게 된 것이다. 그들이 등장하여 평정한 국난은 무열왕계의 마지막 임금, 혜공왕 때 일어났다. 경덕왕(景德王)의 시원치 못한 아들 혜공왕(惠恭王)의 치세기간은 소란스럽고 위태했다. 성장기에는 여성스러웠다는 그가 주지육림에 빠져 정사를 제대로 돌보지 못한 왕으로 기록된 것은 이상한 일이다.

에밀레종에 올라있는 그의 치세내용에 다음과 같은 묘사가 있다.

"아침에는 외삼촌의 어진 가르침을 듣고, 저녁에는 충신들의 보좌를 받아 물리침이 없었다."

(是知朝於元舅之賢, 夕於忠臣之輔 無言不擇)

성군다운 면모라고 생각할 수도 있지만 삼국사기에 기록된 글과 종합을 해보면 다른 생각을 하게 된다. 정사를 제대로 돌볼 능력이 없는 왕이 외척과 몇몇 권신들에게 모든 것을 맡기고 자신은 딴청만 하고 있는 모습이다. 그런 태만한 모습을 비단 같은 수사로 아름답게 분칠을 해놓은 글인 셈이다. 이런 암군(暗君)이었기에 제위동안 몇 차례나 모반을 당한 것은 아니었을까?

성낙주는 독특한 해석을 하고 있다. 시대상을 반영하는 설화의 속성에 착안, 에밀레종설화와 혜공왕을 겹쳐 본 것이다. 모후인 만월부인이 어린 왕을 위해 수렴정정을 하면서 중국의 측천무후처럼 권력에 집착한 결과로 생각한다. 당시의 정황을 보면 납득이 가는 이야기다. 어쨌거나 그 말년에 모반을 진압한 사람들이 차례로 왕위에 오르니 선덕왕(宣德王)과 원성왕(元聖王)이다. 말기 로마제국의 황제들을 보는 것 같다.

신라 38대 임금 원성왕이 즉위하자 왕의 아버지 대각간 효양(孝讓)이 조종(祖宗)의 만파식적을 왕에게 전했다. 삼국유사에는 왕이 이것을 얻음으로서 하늘의 은혜를 두텁게 입고 그 덕이 멀리까지 빛났다고 기록되었다. 이렇게 만파식적의 정치적 역할 속에는 흔히 말하는 오컬트(occult)적인 요소도 내포되어 있었다.

오컬트(occult)란 우주의 조화가 깃든 신비한 힘을 말한다.
로마의 코스탄티누스 황제 앞에 나타났던 빛나는 불 십자가나 예수의 손과 발을 관통했던 못으로 만든 창이 승리를 가져온다고 여겨진 것들이다. 또한 2차 대전 당시 히틀러가 레오나르도 다빈치의 자화상에서 강력한 신비의 능력을 얻으려고 했던 것도 이와 다를 바 없다.

이런 힘은 대상자체의 실제적 기능 외에 믿음이 가진 정신적 작용으로서 종종 설명 불가의 기적을 낳기도 했다. 종교적 상징들로부터 개인적인 것에 이르기까지 오늘날의 현대인에게도 이런 오컬트는 많다.

시중에 알려진 달마도 역시 그런 대상 중에 하나 일 것이다. 많은 이적을 보이며 선불교를 전한 달마대사의 그림이 수맥이나 흉을 막고 복을 부른다고 여겨지고 있으니 말이다.

정원(貞元) 2년(786년) 병인(丙寅)의 10월 11일.

그 전부터 틈만 나면 쳐들어오던 왜가 나라꼴이 숭숭한 것을 눈치 챘는지 이번에는 한판 제대로 해보자고 군대를 준비하고 있었다. 이미 경덕왕 이십년(續日本紀 天平寶字 五年 正月)에도 국가 총동원령을 내려 단단히 준비를 한 이력이 있었기 때문이다. 그 규모가 전면전 수준이라 실행이 되었더라면 임진왜란을 방불할 지경이었다. 일본 왕 문경(文慶: 일본서기에 제55대왕에 文德이라는 이름이 있다. 혹 이 문경은 문덕의 태자라고 하기도 한다.)이 팔을 걷고 나선 것이다. 그런데 아랫것들이 주워온 정보가 이상했다.

"신라에는 만파식적이라는 것이 있어서 늘 국난을 구하므로 함부로 쳐들어갔다가는 본전도 못 찾는다고 합니다."

"예끼 이놈! 말도 안 되는 소리 하지마라. 그따위 어리석은 말로 군심을 어지럽히면 네놈이야 말로 살아남지 못할 것이다."

그러나 매사는 튼튼이라고 돌다리도 두들겨본 뒤에 건너야 하는 법이다. 손자(孫武)도 병(兵)이란 사생지도(死生之道)로서 살피지 않을 수 없다(不可不察也)라고 했다. 그것이 무슨 신무기라도 되는 날에는 까딱하다가 몰살을 당할 수도 있는 것이다. 시절은 변해도 사람의 마음에는 고금(古今)이 있을 리가 없다. 아무리 발전한 현대인일지라도 '개 조심, 맹견주의'라고 써진 집의 대문을 호기롭게 두드리지는 못한다. 결국 문경(文慶)이라는 일본의 왕인지 태자인지는 사자에게 금 50냥을 들려 이 만파식적을 사려고 흥정을 했다고 한다. 정말 있기나 한지 알아보려는 생각도 한 자락 깔려 있었을 것이다. 원성왕은 언감생심, 남의 나라 국보를 딸랑 금 50냥에 사려고 하는 도둑놈들을 잘 달래어 돌려보냈다.

"상대(上代)의 진평왕(眞平王)때에 그 피리가 있었다고 하지만 지금은 어디 있는지 알 수가 없다."

참고로 진평왕은 선덕여왕의 아버지로서 신라 제 26대 임금이고, 38대인 원성왕으로부터는 한참이나 상고되어야 하는 인물이다. 게다가 만파식적이 처음으로 등장하는 31대 신문왕으로부터도 5대나 더 올라간다. 원성왕이 대놓고 거짓말을 한 것을 보면 아예 보여줄 마음이 없었던 것이다.

원성왕이 그렇게 말했으면 없다는 뜻인데 그럼 그냥 쳐들어오면 될 것이다. 하지만 이들은 한해를 조용히 보낸다. 왕과 신하가 머리를 맞대고 끙끙대며 구수회담을 했던 모양이다. 그리고 자기들이 무슨 견우직녀나 되는 것처럼 그 이듬해 칠석날에 맞춰 다시 사자를 보내왔다. 원성왕이 값을 올리려고 배짱으로 나간다고 생각했는지 이번에는 금을 천 냥이나 들고 온 것이다. 그리고 그 신비로운 물건을 보기만 하고 돌려보내겠다고 했다. 아주 사겠다는 것도 아니고 관람료만 금 천 냥이면 많이 남는 장사였다.

요즘 세상에는 외국의 문물이나 명화를 전시 관람하는 기획전을 하고 있다. 그들도 아마 그런 아름다운 생각을 했을지 모른다. 하지만 별주부전의 용왕수작에도 못 미치는 이런 유치한 말에 넘어갈 원성왕이 아니었다. 작년에 왔던 도둑놈에게 준 대답은 작년에 했던 말과 꼭 같았다. 게다가 돈이라면 나도 많이 있다는 뜻으로 가지고 온 금은 그냥 돌려보내면서 오히려 은 삼천 냥을 그저 준다. 이렇게 되자 원성왕의 통 큰 행동에 상대방들의 생각은 꼬일 대로 꼬여 버렸다. 전쟁은 고도의 신경전이 펼쳐진 결과 만파식적이 소기의 역할을 다함으로서 평화롭게 끝이 났다. 낙랑공주와 호동왕자 이야기의 중심이 되는 자명고 역시 이런 역할을 맡은 것이다.

사자가 뭘 한다고 한 달이나 머뭇거렸는지는 모르지만 8월에야 돌아갔다. 그냥 빈손으로 갔다가는 어깨위에 머리자리가 빌 것 같으니까 뭔가 탐지를 많이 한 것 같았다. 왕이 조개 입을 하고 있으니 일반 백성들한테라도 이 신무기에 대해 알아보려 했을 것이다. 어쨌거나 역사에는 이 자가 돌아가자 말자 즉시 만파식적을 내황전(內黃殿)에 감추어 버렸다고 기록되었다. 이런 상황으로 볼 때, 신적(神笛)은 사자가 왔을 때만 해도 버젓이 궁궐 안에 있었던 게 분명하다. 하지만 형형색색의 아름다운 피리들 속에서 소박하게 대나무로 된 신적을 알아보기는 어려웠을 것이다.

황색이란 천하의 가운데 색(土)으로 임금을 상징하는 색깔이다. 그러므로 내황전(內黃殿)이라면 구중궁궐의 한가운데 어딘가 알 수 없는 곳에 있는 보물창고가 분명하다. 그때 그렇게 꽁꽁 감추어진 뒤에는 두 번 다시 아무 언급이 없다. 만파식적은 이렇게 죽 떠먹은 자리마냥 하늘아래 땅위에서 종적이 묘연해져 버린 것이다.

일본의 왕 문경만이 아니라 만파식적이 궁금한 사람은 고금에 많았다.

아름다운 설화만 남겨놓고 그 종적이 묘연해졌으니 이것이 어떤 것이었는지 누구나 궁금할 수밖에 없다. 모양부터 기능까지 추측은 무성하지만 여기에 독특하게 접근을 시도한 사람은 배병삼이라 생각된다.

  그는 이 만파식적에 대한 연구를 실물 그 자체보다 그것의 용도 쪽으로 시선을 돌렸다. 즉 만파식적의 사회적 역할에 초점을 둔 것이다. 남아있지도 않은 존재의 물증을 찾는 것보다 오히려 이런 접근이 신비에 싸인 만파식적을 살갑게 느끼는 길이 될 수도 있다. 사진도 유골도 없는 고대 사람의 형용을 추상하는 것 보다 남긴 업적을 연구해서 그 사람 됨을 이해하는 것이 훨씬 현명한 일이 듯이 말이다.

소리로써 천하를 다스릴 징조

  때로 우리는 대상의 실체보다 그 주변을 봄으로써 실체를 더 잘 알 수 있다. 만파식적이라는 신비하고 전설적인 존재를 규명하는데 있어서 배병삼이 선택한 방법이 바로 그런 것이다.

  배병삼의 '정치학적 독해'는 만파식적 자체가 무엇인가를 연구하는 것보다 그 역할에 초점을 맞춤으로서 다각적인 연구로의 지평을 넓혀놓았다. 삼국유사와 삼국사기의 두 역사서속에 등장하는 만파식적의 에피소드는 다분히 정치적이다. 그러므로 정치적 관점으로서의 연구에는 풍부한 자료가 있는 셈이며 그의 '정치학적 관점에서 읽어보려는 시도'는 상당히 의미 있는 접근법이라 할 수 있겠다.

배병삼의 연구는 몇 가지 점에서 독특한 안목을 보여주었다.

첫째 설화의 가치를 단순한 옛이야기에서 실화내지 역사로 끌어내리고 한 점, 둘째 만파식적의 주제를 악기가 내는 소리에 두고 그 소리의 의미를 분석하려고 한 점, 셋째 소리가 상징하는 정치적 의미와 당시의 역할을 읽어내고 그것을 현재 우리가 당면한 통일이라는 과제를 모색하는데 좋은 본보기로 제시하려 한 점이다. 하지만 배병삼의 연구내용 모두가 만족스럽다고 할 수는 없다. 정치적 역할에 치중된 접근으로 인해 연구는 소리의 상징성에만 멈추었기 때문이다. 그럼에도 불구하고 그의 시도는 참신하게 보인다.

그의 생각처럼 만파식적을 구심점으로 민족통일을 고심한 신라인들의 노력은 시대를 초월하여 통일이라는 과제를 동병상련(同病相憐)하는 우리에게 귀감이 될 수 있다. 무려 천 삼백년을 넘어 일어나고 있는 유사한 상황은 기시감을 느낄 정도로 닮은 꼴이다. 그러므로 당시의 경험은 지금 우리에게 매우 유용한 교범이 될 수 있다. 고대의 신라인들은 상호간의 차이를 오히려 창의력을 위한 다양성으로 삼아 최고의 역사를 창출하고자 했다. 배병삼은 그들의 노력과 경험을 지금 우리의 세상에 적용해보자는 제안을 하는 것이다. 갈등을 넘어 화합을 추구하는 그 열정과 헌신적인 태도 역시 다른 나라의 것이 아니라 바로 우리 선조들의 것이기 때문에 공감도가 크고 낯설지도 않다.

만파식적의 중요성은 비단 남북통일의 역할모델에서만 그치는 것이 아니다. 지금 현대에 직면한 갈등들을 해소하고 소통과 화합을 이루는데 요긴한 방법이 될 수 있다.

먼저 배병삼은 만파식적에 대한 김부식의 태도에 대해 이의를 제기한다. 김부식이 괴력난신(怪力亂神)을 논하지 않는 유교의 철저한 합리주의에 입각해 신화를 사실의 잣대로만 평가했다는 것이다. 이런 비판은 이미 김부식 생존 당시에도 등장했다. 동시대인물이면서 동국이상국집과 백운소설로 알려진 이규보가 그 대표적이었다.

이규보는 동명성왕본기를 읽으면서 처음에는 의심하고 믿지 않았다고 토로했다.

"…그러나 세 번 거듭하여 그 맛을 음미하고, 조금씩 그 근원을 파들어가니 그것은 성스러운 말씀이었으며, 신령스러운 이력이었다. 하물며 구 삼국사는 사실을 그대로 쓴 책이니 어찌 거짓을 진실처럼 전할 수 있을까? 그런데 김부식이 삼국사기를 편집하면서 이들의 상당부분을 생략해버렸다. 생각건대 그(김부식)는 삼국사기를 세상을 바로잡는 책으로 여겨, 몹시 이상한 일은 후세에 보여서는 안 된다고 여겨서 그랬는지…."

(동국이상국집: 동명왕편)

그러나 김부식의 그런 태도는 신화를 사실의 잣대로 처리 했다는 배병삼의 주장과 달리 오히려 역사적 사실을 설화의 범주로 밀어내는 결과를 초래했다. 이에 대하여는 이규보의 말을 다시 생각해보면 진상이 명료해진다. 기술(記述)의 방법상 사실이 설화처럼 보인 것 일뿐 결코 황당한 것이 아니라고 말하고 있다. 즉 이규보는 설화가 아니라 사실이라고 주장하고 있는 것이다.

"하물며 구 삼국사는 사실을 그대로 쓴 책이니 어찌 거짓을 진실처럼 전할 수 있을까"라는 그의 말을 새겨보면 김부식은 '설화적 기록 속에 깃든 사실'을 읽는 법을 몰랐다. 차라리 배병삼은 김부식이 기록된 글의 합리적 해석에만 연연했다라고 해야 옳았을 것이다. 가뜩이나 고대사 기록이 망실되어 그 공백과 단절을 메울 길이 없는 형편이다. 많은 기록들이 그로인해 삭제되었다는 지적을 보면 더욱더 허탈해진다. 융통성 없는 독선의 폐해를 다시 한 번 아프게 느끼지 않을 수 없다.

배병삼의 견해는 "기본적으로 만파식적은 피리를 소재로 한 설화다"라는 그의 말로 알 수 있듯이 만파식적을 함의가 가득한 설화로 규정하고 있다.

그에게 만파식적은 "피리는 관념(이념)의 살(肉)이다. 피리는 통일직후 신라의 이중적 과제, 즉 칼의 해체와 보습의 제작을 가시화 할 수 있는, 또는 문학적 설득력을 획득함으로서 구체적이고 역사적인 통일을 통시적이고 미학적으로 승화시킬 수 있는 상징"으로 해석된다.

그러므로 자신의 말처럼 일관이나 대나무, 삼십삼천, 소리, 칠일, 하늘과 바다, 거북머리 등등, 다양한 모티브가 있지만 그 상징이 갖는 중심적 테마를 수성(守城)과 소리로 삼아 생각을 펼쳐나간다.

수성(守城)이란 글자 그대로 수비하고 지키는 것이다. 통일로 이룩한 새로운 세상이 복되고 무한히 발전하기를 기원하는 문무왕의 뜻과도 다르지 않다. 그런 점에서 만파식적이 정치적으로 수성의 의미를 가졌다는 해석에는 공감할 수 있다. 하지만 소리에 대한 배병삼의 해석은 자신의 말대로 매우 정치학적 관점에만 머물렀다. 그 골자를 간단히 소개하면 다음과 같다.

"말이 아닌 소리로써 정치를 행하라는 권유와 그 소리를 만드는 피리의 상징성에 유의해야한다...언어는 다른 무엇보다도 모든 질서의 원천이 된다. 질서의 본질은 분절에 있는데, 언어는 그 자체소리의 분절에서 성립하고, 주어진 대상세계를 분절하는 것이 언어의 본래적 기능에 속하는 것이다. 더욱이 유교에서 정치란 곧 말과 실천 간의 긴장을 유지하는 문제로 환원 될 정도다......정치의 핵심은 언어인데, 그 언어의 성립이전의 근본적인 소리로 환원한다는 것은 퇴행으로 여겨질 수 있다. 그러나 이 소리로의 퇴행은 실은 언어의 특성인 나눔, 분리, 구획으로부터 그 바탕, 근원으로 되돌아가자는 회귀로 보아야 마땅하다."

배병삼의 생각을 요약 해보자.

정치는 사리를 제대로 따져야 하는 일이고 그러자면 그 도구인 언어는 정확하게 의미를 표현해야 한다. 따라서 언어의 숙명은 차별과 분리를 벗어날 수 없는 것이다. 그러므로 배병삼은 소리로 다스리라는 용의 말을 차별과 분리 적 한계를 초월한 언어 이전의 '소리'로 정치를 하라는 뜻으로 해석한다. 그리고 그에게 이런 의미는 언어가 진리와 지혜의 전달에 중요한 수단이 되는 유교의 입장과는 반대되는 일로 이해된다.

다시 그는 "소리의 정치적 이념은 언어의 정치학이 추구했던 분절, 괴리, 나눔이 아니라, 진정성이 동감을 획득함으로써 발생하는 상호 간의 인정과 화해, 요컨대 동감의 정치학이 된다. 이해는 말 너머에 있기 때문이다."라고 말한다. 그리고 조셉 켐벨의 다음과 같은 말을 인용했다.

"의미는 결국 언외(言外)에 있습니다. 말이라는 것에는 조건이 있고 제한이 있어요. 그래서 절정의 순간은 이 언어 바깥에 있습니다. '아!' 이 한마디 밖에는 할 수 없는 것이지요."

결국 배병삼은 의미심장한 정치적, 상징적의미로서의 소리는 차별성을 넘어 대화합을 이루어 내라는 메시지라고 결론짓는다. 또한 그와 같은 공감대가 천 삼백년 전이나 지금에도 절실하다는 조언을 한다. 이런 점이 배병삼의 남다른 성과라 할 것이다.

그러나 정치학적 독해라는 연구범위의 한계 때문이기도 하겠지만 이 논고에는 적잖은 아쉬움이 있었다.

첫째 소리에 대한 연구의 다양성이 결여되었다. 정치적 관점으로 환원과 소통이라는 의미를 읽어낸 것은 매우 성공적이다. 단지 연구가 관념적 범주에 멈춤으로서 피상적인 성과를 거두는데 그치고 말았다. 실재의 만파식적은 환원과 소통의 목표를 달성하기 위한 보다 더 구체적인 해결책이었다.

둘째 소리의 역할에 치우친 나머지 오히려 지나친 비약을 한다.

"만파식적의 피리소리는 백제와 고구려인들의 소외되고 억눌린 소리이며, 또 통일전쟁 과정에서 죽어간 삼국인들의 원성임에 분명하다....이렇게 만파식적은 신라인들의 반성적 기제였다."

(통일이후를 위한 만파식적의 정치학적 독해)

그는 피리소리가 소리로서 언어의 원형이고 심화이며 그런 소리를 추구하는 것은 '근원으로 거슬러 올라가기'라고 설명했다. 언어를 서로 다른 정치적 입장이라고 한다면 그 언어를 넘어 소리로 돌아가야만 입장 차이를 원천적으로 해소할 수 있다는 뜻이다. 또한 소리는 소리로만 그쳐서는 의미가 없으며 그 소리를 새겨들을 때 정치사회적 의미를 획득한다고 했다.

"새겨듣기가 정치, 사회적 의미를 획득하는 좀 더 근본적인 이유는 상호간에 융통 상회(相會)하는 교섭적 과정을 의미하기 때문이다."

문제는 만파식적이 그런 마음자세를 갖도록 촉구하는 정치적, 사회적 상징일 뿐인가 하는 것이다. 그렇다고 한다면 지엄한 제왕들이 등장해서 그렇게까지 부산을 떨며 시선을 끈 것 치고는 너무 단순하고 소박한 해프닝이 된다. 더구나 배병삼은 자기성찰로서의 의미에 천착한 나머지 지나치게 비약하고 만다.

"만파식적의 소리는 통일과정에서 죽어간 삼국인들의 원성이며, 그 소리가 결코 아름답지 않았을 것"이라고 까지 말하고 있는 것이다.

그러나 아무리 양보를 해서 생각해도 만파식적은 그가 말한 것처럼 '위기나, 공포, 원성'같은 어둠의 산물은 아니다. 배병삼의 의견은 그 존재의 파생적 효과나 상징성에서 유추해볼 수 있는 한 가지 교훈은 될 수 있겠다. 그리고 그 교훈은 유용한 것이다. 하지만, 그의 연구가 제대로 된 만파식적과 그 소리의 정체성을 규명하는 데는 많은 거리가 있다.

만파식적의 실체

앞서 대왕암 부분에서 연구자들의 근시안적인 접근이 바위의 마모나 놓고 시비를 하고 있었음을 알 수 있었다. 하지만 이런 현상은 만파식적에서도 여전히 일어나고 있다.

1981년 11월의 한국일보에 기고한 황수영의 글에는 "은사의 가르침을 따라 토함산 석굴암을 넣어서 신라의 동해구 유적에 대한 주목을 계속해왔음"이 언급되어있다. 즉 문무왕의 해중능인 대왕암과 흑옥대, 만파식적, 그리고 에밀레종을 필두로 한 신라의 범종과 석굴암까지 동해구에 남아 있는 유적들은 상호 독립적이면서도 한 그룹을 이루고 있는 것이다. 이 유적들을 잇고 있는 연관성을 젖혀두고 개개의 유적에 대해서만 밝히려 하는 것은 산은 못보고 나무만 보는 셈이다. 우선 여기서는 지금까지의 연구 성과들과는 다른 방향에서 만파식적을 해석해 본다.

소리로서 정의되는 만파식적의 정체는 성낙주의 에밀레종 연구에서도 언급되었듯이 같은 유전인자로 신라 범종들에게 대를 잇는다.

학계에서는 에밀레종의 종정부에 있는 단룡(單龍)이 문무왕과 관련이 있고 그 용의 배후에 있는 대나무가 만파식적이라는 해석을 내놓았다. 신라범종의 미술사적 연구를 진일보 시킨 것이다. 이런 종의 모습은 피리와 범종이 소리를 내는 악기라는 공통점을 가진 것 외에도 상호간의 연관성을 짓게 하려는 구체적의도로 보여 진다. 성낙주의 표현을 빌려보자.

"소리로 생명을 갖는다는 그 점에서 두 기물은 결코 서로를 부정하지 않으며, 오히려 상보관계 속에 먼 길을 동행하는 훌륭한 도반일수 있다. 그러므로 어떤 방식으로든 만파식적을 범종에다 결합시킬 수만 있다면, 그로인한 정치적 효과는 상상하고도 남음이 있었다."

더욱이 황수영은 이런 독특한 구조의 성립시기를 통일신라 초기, 만파식적의 등장시기와 같이 생각한바 있다.

"만파식적의 설화가 성립되던 시기에 신라종의 특수양식 또한 창안된 것으로 추정할 수 있으니, 이러한 동시대의 소산물이란 점은 새삼 주목을 끌기도 하는 것이다.....만파식적 설화와 그것의 조형적 발견으로 마침내 신라인의 창안으로 종정(鐘頂)에 특이한 양식으로 이 원통이 마련된 것이라고 추정할 수가 있을 것이다."

이런 의견은 성낙주도 지적하듯이 만파식적 설화가 시작된 신문왕대를 지칭하는 것이며, 황수영 자신의 말처럼 두 신물이 동시대의 소산물이란 점은 새삼 주목을 끄는 일이다. 실제로 에밀레종이 제작된 것은 신문왕대가 아니지만 당시에 형성된 사상적 바탕이 두 신물에 공통적으로 흐르고 있다는 것은 분명한 사실이다. 그리고 그 사상의 중심적 소재인 '소리'라는 모티브는 만파식적과 신라범종을 묶는 공통적인 유전인자로 작용했다.

또한 그 두 존재들의 융합은 앞서 등장한 부례랑의 이야기와 같이 신선사상과 불교의 충돌 없는 공존내지 전환의 시작점을 보여주는 것이다.

소리

에밀레종과 만파식적의 융합에서 드러나는 상호 동질성은 그 목적과 기능에 있어서도 서로 다를 수가 없다. 즉 에밀레종의 소리와 만파식적의 소리는 물리적 차이만 있을 뿐 같은 정체성을 공유하고 있다. 이런 까닭에 에밀레종의 소리에 대한 연구는 곧 신비에 가득한 만파식적의 소리의 정체를 알아내는 로제타석이 될 것이다.

에밀레종은 그 남다른 음향으로 제세안민의 큰 뜻을 펼치고 있다는 것은 누구나 알고 있는 상식이다. 그러나 여기서는 다시 한 번 그 신종의 기능, 성격, 조성목적을 구체적으로 되짚어 보려 한다.

신종명(神鍾銘)속에 있는 이목을 끄는 구절들을 주목해보자.

"지극한 도리는 형상의 바깥까지를 포함하므로 보아도 그 근원을 볼 수 없고, 커다란 소리는 하늘과 땅 사이에서 울리므로 들어도 그 소리를 들을 수 없다. 이러한 까닭에 가설을 세워 세 가지 진여의 깊은 뜻을 보이고, 신성한 종을 달아서 일승의 원만한 소리를 깨닫게 하였다."

(夫至道包含於形象之外 視之不能見其原 夫音震動於天地之間 聽之不能聞其響 是故 憑開假設觀三眞之奧義 懸擧神鍾 悟一乘之圓音)

"널리 들리는 맑은 메아리를 듣고 말없는 법석에 오르시고 삼명의 수승한 마음에 계합하여 일승의 참 경지에 자리하소서."

(聽音聞之淸響 登無說之法筵 契三明之勝心 居一乘之眞境)

"능히 마귀도 복종시키고 물고기와 용도 구제할 것이니, 둥그렇고 텅 빈 신령스러운 몸체가 바야흐로 성스런 자취를 드러내어 길이길이

거다란 복, 항상 거듭할지어다."

(能保魔鬼 救之魚龍 圓空神體 方顯聖蹤 永是鴻福 恒恒轉重)

　신종명에 새겨진 이 글귀들의 내용은 단순히 일상적인 발원의 미사여구만이 아니다.

　첫째문단에는 지도(至道), 즉 지극한 보편적 진리를 시청각적 개념을 통해 설명하고 있는 중이다. 모양과 크기로 생각하자면 대도(大道)는 형상의 바깥(우주의 전부)까지를 모두 아우른다. 그러므로 한낱 천지지간에 속한 것들은 그것을 볼 수가 없다. 소리로 말하자면 이 또한 너무 크다. 한정된 소리나 감지하는 존재와 수단들로는 들을 수도 없는 것이다. 이런 까닭에 사람이 이해할 수 있도록 가설을 세워 그 묘의를 설명하고 신성한 종을 달아 일승의 원만한 소리를 깨닫게 한다고 했다.

　종이 신성한 것은 그 특별한 소리의 힘에 있으며, 두 문장의 대등한 배치로 이해할 수 있듯이 법과 소리는 동격이다. 고대의 종교화는 문자를 모르는 사람들과 언어적 한계를 초월해서 누구나 그 가르침을 알게 하는데 있었다. 그와 같이 종의 소리는 우주의 보편적 진리를 소리로 체험하게 하는데 그 목적이 있음을 밝혀놓은 것이다. 이로서 종의 소리는 단순한 신호음을 넘어 종교의 내적 체험을 얻게 하는 수행의 한 도구로 승화한다. 종의 소리는 언어에 의한 관념적인 전법이 아니라 직접적이고 감각적인 체험의 세계다. 바다를 본적이 없는 사람에게 끝없이 설명하는 대신 실체를 직접 보게 하는 것과 같은 것이다.

　두 번째 문단은 체험에 대한 더 구체적인 서술로 누구나 범종소리를 들었던 경험을 회상해보면 그 뜻을 명백하게 이해할 수 있다. 해가 바뀌는 날이 되면 종로에는 보신각의 타종행사를 보려고 군중들이 운집한다. 거리는 여러 가지 소음으로 물이 끓는 듯해 서로 간의 대화가 제대로 들리지 않을 지경이다. 그러나 일단 그 웅성거림을 깨고 타종이 시작되면 주변은 일시에 물을 끼얹은 것처럼 고요해진다. 모두의 마음을 사로잡은 크고 웅장한 종소리가 단번에 수많은 잡음을 수렴해 버리는 까닭이다.

일몰의 동물원에서는 여러 동물들의 울음소리가 들린다. 한참 각자의 소리가 오케스트라의 연주처럼 어우러지는 참에 호랑이나 사자가 대갈일성 포효 하는 순간 주위는 적막강산이 된다. 수많은 이설과 궤변이 난발하는 가운데 성인의 한 가르침이 천하질서를 바로잡아 버리는 것과 다름이 없다. 이런 까닭에 성인의 가르침을 사자후(獅子吼)라고 하는 것이다.

범종의 장엄한 소리는 수많은 강줄기가 마침내 넓은 바다에 당도하는 것처럼, 각자의 입장과 생각이 모조리 떨쳐진 한 마음을 눈뜨게 한다.

말 한마디 설하지 않는 무설지법연(無說之法筵).

풀길 없던 만단(萬端)의 번뇌가 종적 없이 사라지고 오롯이 깨어난 그 마음의 개운함은 열반적정(涅槃寂靜)의 희열이다. 세상 모두를 하나도 남김없이 그 자리에 오르게 하려는 발원이 신종명에 밝혀져 있고, 그 방법이 종의 소리다. 어찌 삼승(三乘)뿐이겠는가? 온갖 수많은 거룩한 말들까지 모조리 하나로 모아 가없는 바다에 이르게 하는 일승의 음(一乘之音)이 곧 그 소리다. 범종의 위대한 법음아래 잡다한 이설궤변이 숨이 넘어간 바로 그 자리, 태고의 적막 속에 오롯이 밝은 한 자리에 오르라는 축원이었다.

세 번째 문단에서는 법음의 능(法音之能)을 밝혀 놓는다.

범종의 위대한 소리는 능히 각종 포악한 마귀들의 준동을 누르고 하찮은 미물까지도 남김없이 구제한다. 거룩한 우주의 진리 당체를 드러내어 지복을 누리게 하니 항상 거듭되어 영원 하라는 축원이었다.

둥글고 텅 빈 것은 허령청정(虛靈淸淨)한 도(道) 자체를 형용하며 성스러운 자취는 진리당체를 바로 지목한다. 이제 모두에게 그것이 드러나는 신성한 체험을 주는 소리. 엉킨 실타래 같은 복잡한 인생사를 일도양단하고 누세의 업연을 벗어나 열반에 들게 하려는 따사로운 자비의 소리가 그것이었다. 이와 같이 에밀레종의 소리는 상징적인 것이 아니라 철저히 수행의 도구로 작용한다. 졸음에 떨어진 수행자에게 가차 없이 떨어지는 장군죽비처럼, 혼몽한 의식을 떨치고 부모 몸에 수태되기 이전의 자신을 드러낸다.

영혼을 흔드는 에밀레종의 소리와 만파식적의 소리가 기능과 의미에서 동격이라는 것을 상정하고 나면 만파식적의 소리는 설화적 의미를 벗어난다.

에밀레종의 소리가 불교적 수행과 직결되는 것처럼 만파식적의 소리 역시 대등하다면 그 실질적 기능은 어떻게 작동하고 있었을까?

우선 만파식적의 형태부터 다시 생각해보자.

만파식적은 용에게서 얻어진 대나무로 만들어진 적(笛)이니, 즉 피리다.

이런 소재적인 이유로 대나무에 대한 의견들도 다양한 편이다. 배병삼은 대나무가 죽창으로 사용되었음을 들어 무기의 상징으로 풀이한다. 그러므로 무기였던 대나무가 악기로 전환되며 적대로부터 상생으로 길을 잡은 것이라 생각했다. 성낙주 또한 투구를 땅에 묻고 창칼을 녹여 쟁기로 만든 무장사설화를 들면서 궁극적으로 화합과 평화의 메시지라고 동의한다.

송효섭은 "대나무로 만든 피리가 내는 소리는 국가의 안녕을 나타내는 지표기호이면서도 도상기호다. 또한 그것은 반복된 관섭이 된다는 점에서 상징기호이기도 하다."라고 했다.

그가 말한 피리의 소리가 국가 안녕을 나타내는 지표기호라는 말은 음악의 조화로운 화음으로부터 가져온 이미지일 것이다. 조화로운 화음 율려는 우주적 질서를 상징한다는 점에서 상통점이 있다. 하지만, 소재에 대한 관점에서 본다면 해몽의 비약들이 지나쳐 보인다.

일반적인 피리의 악기 적 구조는 관통된 대나무에 일곱 개의 구멍이 뚫려있다. 몸통에 바람을 불어넣어 소리를 내고 그 소리는 일곱 개의 구멍에 의해 조율되면서 아름다운 선율이 되는 것이다. 만파식적은 다각적인 함의를 가진 존재이지만 궁극적으로 악기다. 그러므로 그 작용은 음악으로 표현될 수밖에 없다. 만파식적이 연주한 음악에 대해 생각해보는 것 또한, 이 악기를 아는 중요한 열쇠가 될 수 있다.

궁상각치우의 오음체계로 만들어진 조화로운 소리는 사람의 심혼을 흔든다.

지금은 온갖 악기와 음악체계로 갖가지 음악이 만들어져 있지만 고대의 음악은 그 형성과 목적이 달랐다. 애초에 음악의 시작은 제천행사에서 시작되었으니 그냥 흥겨워서 두드리다가 만든 것이 아니다.

"하늘이 부여한 것이 성(性)이며, 성에 따르는 것이 도(道)이고, 도를 닦는 것이 교(敎)다."(天命之謂性 率性之謂道 修道之謂敎 : 中庸)

하늘이 부여한 본성대로 살기 위해서는 도를 알아야 한다. 그 도를 얻는 길은 배움에 있으며, 이를 위해서는 예(禮)와 악(樂)이 없어서는 안 된다고 했다.

삼국사기 신라 진흥왕 12년 3월, 왕이 국내를 순수하여 지금의 청주에 이르렀다. 이때, 우륵(于勒)과 그 제자 니문(尼文)이 악을 잘한다는 말을 듣고 만나게 된다. 두 사람이 새 가곡(歌曲)을 지어 연주했다. 이 일이 있기 전 가야국의 가실왕(嘉悉王)이 12월의 율려(律呂)를 상(象: 본뜸)하여 12현금을 만들고 우륵으로 하여금 악곡을 제작케 하였다. 그 악기의 이름이 가야금이다. 13년에는 계고(階古) 법지(法知) 만덕(萬德)의 세 사람으로 하여금 우륵에게 음악을 배우게 했다는 기록이 있다.

여기서 관심을 두어야 할 것은, 12월의 율려를 본 따서 12현금을 만들었다는 대목이다. 일음일양지위도(一陰一陽之謂道). 음과 양이 번갈아 가며 들고나는 조화는 우주의 숨결이고 12개월 24절기는 우주의 생명활동이다. 이것은 아무도 거역할 수 없는 질서이며 그 자체가 천도의 표상이다. 그러므로 율려의 균형에 약간의 부조화가 있어도 자연계에는 치명적인 타격이 발생한다. 무너진 신진대사의 나비효과는 시공간적으로 파급되어 일파만파의 환난으로 이어지게 된다. 과학이 고도로 발달한 현대라 해도 우주의 율려운동 앞에서는 한낱 하루살이 처지에 불과하다.

　그러므로 고대의 훌륭한 통치자는 태평성대를 위해 치도의 율과 려를 조화롭게 운영하는데 노심초사했다. 순조로운 대자연의 흐름. 그 진리의 순항을 인간 세상에 반영하여 각종 제도와 문화를 창제하고 작은 범사에까지 섬세하게 적용시켰다. 또한 성인들로부터 수신(修身)하는 사람들 모두가 천도의 흐름을 익히고 따르기 위해 예악(禮樂)을 다듬어 갖추었다. 고대의 성인들과 치자들은 조화로운 우주의 율려가 실현된 이상적인 인간세상을 꿈꾸었다. 가야금 역시 그 목적으로 열두 달의 변화를 상(象: 모방)하여 12줄의 금을 만들었고, 천도의 흐름에 부합하는 곡을 지어 연주했다.

　대나무를 베어 만든 피리나 대금, 단소 등의 악기에서 나오는 소리를 율(律)이라 했으니 천지의 음양기운 중에 양의 소리다. 오동나무로 만든 거문고나 가야금, 현금은 음의 소리로서 여(呂)라 한다. 효소왕시대의 부례랑 사건에서 만파식적과 현금의 신비한 활약 또한, 율려의 조화를 상징하는 것이다. 이 구출작전의 성공은 그 성대한 포상과 국가적 규모의 축제로 미루어 알 수 있듯이 신라조정의 율려, 즉 질서회복이라는 차원으로 평가할 수 있다.

　이와 같이 고대의 음악적 조율이란 곧 인간의 심성을 우주적 조화와 합치시켜 가는 중요한 수양방법이었다. 오늘날의 음률은 미각을 돋우기 위해 갖가지 인공조미료와 향신료가 들어간 균형 없는 음식처럼 혼란스럽다. 지나치게 슬프거나 요염한 가락과 가사로 사람의 정서를 극단으로 몰아가는 것이다. 고대에는 지금 같은 혼탁한 시대가 아니었음에도 불구하고 수양을 위한 목적 외에 균형을 상실한 음률은 유해한 것으로 배척되었다.

"지극한 악(樂)으로 마음을 다스리면 바르고 어진 마음이 저절로 우러난다. 바르고 어진 마음이 생기면 즐거울 것이고 즐거우면 편안하고 편안하면 오랠 것이요. 오래면 하늘처럼 될 것이고 하늘이면 신(神)일 것이다. 하늘은 말하지 않아도 믿음이 있는 것이고, 신은 노하지 않아도 위엄이 있는 것이니 이것은 지극한 악(樂)으로 마음을 다스리기 때문이다."

(致樂以治心 則易直子諒之心油然生矣 易直子諒之心則樂 樂則安 安則久 久則天 天則神 天則不言而信 神則不怒而威 致樂以治心者也: 禮記 卷七)

흔히 참선을 말과 글을 넘어선 깨달음의 길이라 칭한다. 균형 잡힌 운율은 천도의 능(能)이라하니 이를 쫓는 것은 또 다른 참선의 수단이 될 수 있다.

논어에는 공자가 소악(韶樂)을 듣고 이것을 배우기 석 달 동안에 고기 맛조차 모르고 열중했다한다.

"소악이 이다지 좋은 줄은 내 일찍이 생각하지 못했다."

증점이 공자에게 말했다.

"저는 화창한 봄날에 봄옷이 다 되거든 친구 대여섯 사람과 동자 6, 7인과 더불어 기수에 가서 목욕하고, 기우하는 경치 좋은 곳에 가서 바람 쏘이며 영가(詠歌)나 부르고 돌아오겠습니다."

이에 공자가 크게 찬탄한다.

"내 뜻도 너와 같다."

도가 아니면 쳐다보지도 않는 공자가 어쩐 일로 풍류를 칭찬 했을까? 이들의 대화 속에서 음률이란 단연코 수양의 방편으로 정의되어 있다. 오늘날처럼 정서를 교란하는 소리와는 다른 것이었기 때문이다.

"글로는 말을 다할 수 없고 말로는 그 뜻을 다할 수 없으니, 그렇다면 성인의 뜻을 볼 수 없을 것인가? .....북치고 춤추며 신을 다할 수 있을 것이다."

(書不盡言 言不盡意 然則聖人之意 不可見乎 ....鼓之舞之 以盡神: 繫辭傳)

과자를 손에 든 아이의 기쁨이 온 몸을 흔드는 춤으로 드러나듯이 도에 합치된 환희가 건조하고 맹숭맹숭한 모래 같을 수 없다. 감정만 혼란스러운 현대의 음악과는 완전히 다른 것이다.

조화로운 음률은 사람의 정서를 안정시킬 뿐만 아니라 질병의 치유에도 활용된다. 특정하게 처방된 음악이 약물 없이도 병을 치유한 사례는 많다. 균형 잡힌 음악을 접하면서 환자의 정서가 안정되면 신체의 신진대사에도 이상적인 변화가 일어난다. 심리적 안정이 환자의 면역력을 증강시키고 자연치유력을 활성화 하는 것이다. 신체의 생리현상에 변화를 주는 마음의 힘에 대해 알 수 있는 극단적인 실험이 있었다.

"미국의 한 의학연구소 에서는 사람의 정신작용, 즉 상상과 신체와의 관계를 연구하기 위해 사형선고를 받은 죄수들을 상대로 실험을 행했다. 연구팀은 사형수들에게 사람의 몸에서 피가 어느 정도 나오면 죽는가하는 실험을 하고, 실험에 응하는 사람들의 가족에게는 백만 달러를 주겠다고 했다. 그리고 실험의 방법을 미리 들려주었다.

즉, 먼저 몸의 네 군데 동맥을 절단하고 피를 양동이에 받을 것이다. 몸 안에 남아있는 피의 양을 검사하면서 피가 얼마나 빠져나가면 의식을 잃는지, 또 피가 얼마나 빠져나가면 심장이 멈추는지를 조사할 것이라고 했다. 그러나 마취를 하기 때문에 전혀 아픔을 느끼지 못할 것이라고도 알려주었다.

세 명의 지원자가 나왔다.

그들을 수술대에 눕혀 팔과 다리를 묶고 양동이와 칼을 가져와 수술에 쓸 도구라고 직접 눈으로 확인을 시켰다. 그리고 눈을 가린 상태에서 연구팀은 연극을 벌였다. 왼쪽 손의 동맥을 자른다고 말하면서 칼등을 갖다 대고 동맥을 자르는 척한 것이다. 그러나 사형수들은 이미 정신이 반은 나가서 칼날을 대는지 칼등을 대는지 알지 못했다. 물이 떨어지는 소리로 피가 떨어지는 소리처럼 위장하여 효과음까지 내면서 의사가 소리를 지른다.

'간호사 피가 아직 덜 나오니까 심장을 더 세게 눌러보시오.'

이 실험으로 인해 세 사람 모두가 죽었다." (한자경: 명상의 철학적 기초)

사람의 정신력, 상상과 믿음이 얼마나 큰 힘을 갖고 있는지 알 수 있는 극단적인 실험이었다. 이외에도 경이로운 마음의 힘을 목격할 기회는 많으며 주변에서 흔히 볼 수 있는 일상적인 예들도 있다. 여성들의 경우, 수태를 하지 않았음에도 불구하고 자신이 임신했다는 생각만으로 배가 불러온다. 반대로 불임이라는 객관적 증거를 보여주면 급격히 가라앉는 놀라운 현상이 일어난다. 이런 강력한 마음의 작용을 볼 때 개개인과 함께 사회전체의 정서는 필히 안정되어야만 한다. 조화로운 음률은 정신작용을 순화하고 치유해서 이런 중요한 과제를 수행하는데 일익을 담당했다.

　소리는 조율되지 않은 파동만으로도 큰 힘을 갖고 있다. 여러 주파수의 파동들이 주변사물에 물리적 영향을 끼친다는 것은 널리 알려진 사실이다. 쉬운 예로 각종 소음은 신체에 민감하게 작용하여 질병을 유발시키고 동식물에 까지도 심각한 영향을 주고 있다. 고도의 높은 사이클의 음은 물체를 파열시키기도 하고, 견고한 암석을 조각하기도 한다. 초음파가 요로의 결석을 깨고 수술 없이 체외로 배출시키는 것도 파동의 힘이다.

　물리학에서는 빛도 입자와 함께 파동의 성질을 동반하고 있다고 한다. 결국 모든 존재와 현상은 진동하면서 움직이고 있어 달리 보면 그 모두가 한 편의 장대한 교향곡이라 할 수 있겠다. 조화로운 대우주의 경영을 율려라 함에, 성인들은 사람 사는 세상도 소리로 조화를 이루고자 한 것이다. 만파식적의 소리가 태평한 세상을 만들었다는 것은 단순히 설화적 의미만이 아니라 이런 구체적 기능에서 온 일이다.

　에밀레종소리는 중생으로 하여금 불교의 지극한 깨달음에 들게 하는 법음이었으며, 가야금의 12줄 또한 천도의 12개월을 상(象: 본뜸)한 것으로 중생을 율려에 합일하게 하는 소리였다. 대왕암은 중천건의 괘상을 빌려 용의 승천과정을 본뜬 것이고 흑옥대는 그 대왕암의 내밀한 구조를 다시 본뜬 것이다. 그렇다면 만파식적은 음률로 율려를 담아낸 것이 진부인가?

설화는 굳이 만파식적을 대왕암과 연계시켰다. 이런 연속성은 권위의 승계 외에 대왕암의 구조나 기능과도 무관하지 않을 수 있다. 앞에서 대왕암을 연구하며 설명한 바처럼 용은 천도의 양기를 상징한다. 주역에서는 겨울이 가고 봄이 온 것을 진(震)괘로 표현하고 있다. 진은 음으로만 이루어진 곤(坤)괘의 아래 처음으로 양이 회복된 모습이다. 그 돌아온 양의 역동적 에너지로 인해 봄은 다양한 기상변화가 일어나고 대자연은 비로소 긴 잠에서 깨어난다.

봄의 그런 기상변화는 곧 용의 조화와 닮아 진괘를 용이라 하며 중천건은 여섯 개의 진이 그릇 쌓듯이 포개어져 육룡이 되었다. 그러므로 대왕암의 구조는 용, 즉 양기의 발현과 성장을 담아낸 것이다.

대왕암이 용과 양기의 발현, 우주의 순환을 나타낸다면 이에서 발원된 만파식적 역시 흑옥대와 함께 중천건괘를 그 정체성으로 하고 있다.

여기서 우리는 두어 가지 의문을 갖게 된다.

흑옥대와 다른 구조의 만파식적은 어떤 방법으로 대왕암을 이었을까?

또한, 대왕암과 두 신물들이 주역의 수괘(首卦)인 중천건괘를 본뜬 궁극적 목표는 무엇이었을까?

64괘로 이루어진 주역은 그 근원이 태극이지만 하나로 뭉쳐 표현하자면 중천건괘라 할 수 있다. 에너지 불변한 우주의 변화는 모두 한 에너지의 약동이므로 그것은 곧 양기의 총체인 중천건괘인 것이다. 신물들은 이 중천건괘를 본뜸으로서 우주를 상징하고 그 작용을 담아 오컬트적 신비의 힘으로 나라를 지키려 했다. 목적이 그 뿐이라 해도 의미가 있는 일이다. 그러나 여기에는 더 중요한 이유가 있었다. 이것을 규명하는 데는 양기의 발현과 용이라는 개념을 가진 다른 무언가에 시선을 돌려야 한다.

제 16세 화랑도의 풍월주 보종공(寶宗公)

제 16세 화랑도의 풍월주는 보종공(寶宗公)이다. 이 사람의 출생과 행적이 묘하다. 미실이 낮잠을 자다가 꿈에 백양(白羊)이 가슴에 들어오는 것을 보고 때를 놓치지 않고 진평왕을 붙잡아 수태를 하려 했다. 그러나 왕은 아직 나이가 어려 뜻을 이루지 못하고 대신 금하(衿荷) 설원랑(薛原郞)을 맞아 수태를 하니 그가 곧 보종이었다.

그의 성품은 청아하고 문장을 좋아했으며 정이 많았다. 사람들이 병들고 고통 받는 것을 보면 슬프고 불쌍하게 여김이 마치 자기가 아픈 것 같았다. 아무리 미물이라도 살생하는 법이 없었고 선악, 이해를 나누지 않았다. 게다가 술과 여자를 좋아하지 않으니 어머니 미실의 걱정이 많았다.

늘 작은 청려(靑驢)에 걸터앉아 피리를 불며 시가지를 지나가면 사람들이 진선공자(眞仙公子)라고 했다. 얼굴은 관옥 같았고 손은 마치 깨끗한 새싹 같았다. 보종공은 그림에도 재주가 있어 인물과 산수의 절묘함은 신의 경지였다고 했다. 늘 콩죽을 먹고 고기 먹는 것을 좋아하지 않았으며, 아침에 일어나면 정원의 여러 종류 고목을 보고 물고기와

학을 기르며 그 사이를 거닐었다. 몸을 낮추고 항상 겸손하니 역대 상선(上仙)들의 모임에서는 번번이 아랫자리에 앉아서 오직 "예, 예" 하고 대답만 할 뿐이었다.

자신보다 나이 어린 김유신에게는 마치 엄한 아버지를 대하듯 두려워했고 자신의 부제인 염장공을 대할 때도 오히려 형과 같이 섬겼다. 이런 그를 걱정하여 미실이 김유신에게 당부를 했다.

"나의 아들은 약하니 도와주기를 바란다."

"신이 실로 어리석습니다. 형은 비록 약하나, 그 도는 큽니다. 걱정하지 마십시오."

그러나 우주의 진기를 깊이 살펴서 어조(魚鳥)와 화목(花木)이 끊임없이 생기는 이치에 정통하지 않은 것이 없었다.

김유신이 병이 나자 문득 보종공이 나서서 몸소 치료했다.

"우리 공은 국가의 보배이니 나의 의술을 숨길 수 없습니다."

이로서 그가 편작의 의술을 갖추었음을 모두가 알게 되었다. 유신공이 칠성회를 열어 국사를 의논하면서 보종공에게 자문을 구하면 그는 늘 겸손했다.

"나는 물고기와 새의 벗으로 국사를 어찌 알겠습니까, 오직 여러 공을 따를 뿐입니다."

그러나 유신공은 보종공의 한마디를 중하게 여겨 묻지 않은 적이 없었다.

또한 낭도들에게 일러 말했다.

"너희가 선(仙)을 배오고자 하면 마땅히 보종공을 따라야 하고 나라를 지켜 공을 세우려면 나를 따라야 할 것이다"

화랑세기는 찬(贊)하여 말한다. 어조(魚鳥)의 벗으로 천리를 달관하니 말없이도 교화하고 도모하지 않아도 아름답다. 적송(赤松: 赤松子)의 아들은 오직 공뿐이다. (화랑세기: 소나무)

도가서적 황정경(黃庭經)의 은경장(隱景章) 끝 문장에 "인간분분취여녀(人間紛紛臭如袽)"라는 구절이 있다. 사람 사는 세상의 꼴이 마치 누더기 걸레같이 더럽다는 뜻이겠다. (疾人間世不可居袽幣惡之帛)

보종은 세상사에 물들지 않고 구름에 달 지나가듯이 살아가는 인물이었다. 그가 더 돋보이는 것은 그런 세상을 떠나지 않고 끌어안고 살았다는 것이다.

호림이나 보종의 행적만을 보더라도 화랑들은 심신수련을 위해 학문과 무술 외에도 선도수행을 하고 있었음이 뚜렷하게 드러난다. 단군조선으로부터 전수된 한국선도의 맥은 삼국이 병립되어 있었던 시대에는 고구려의 조의선인, 백제의 문무도, 신라의 풍류도나 화랑도로 계승되어오고 있었다. 이것이 삼국통일이후 신라의 화랑으로 취합되었고 다시 고려 초까지 국선, 또는 국자랑 제도를 통해 이어져 왔다. 문제는 고려조였다. 유불선이 장려되던 상황에 일대 변화가 일어난 것이다.

고려 인종 13년에 있었던 묘청의 난은 선도의 수난시대를 열게 된다. 이는 선도 및 불교를 지향하는 묘청을 진압한 김부식이 신선도를 탄압했기 때문이다. 이때부터 신선도는 쇠퇴의 길로 들어섰는데 성리학이 주를 이루던 조선조에는 더욱더 탄압을 받아 힘을 잃게 되었다.

그러나 최근에 다시 여러 수행단체들의 등장을 보면 한국의 신선도는 이 민족이 존재하는 한 그 원형적 정신문화로 작용하는 것이 분명하다. 비록 회복초기의 어수선함은 있지만 도태와 정리를 거쳐 인류의 정신문화 발전에 지도자적 역할을 하게 될 것으로 믿는다.

화랑에 대해 제일 오해가 많은 것은 화랑들이 명산과 아름다운 풍광을 찾아 가무(歌舞)를 즐겼다는 대목일 것이다. 언제나 과거의 역사를 평가할 때는 현재의 관념을 기준하지 않도록 조심해야 한다. 같은 글자라도 그 사용목적이 다를 수 있고 시대의 정서 또한 다르기 때문에 지금의 가치관을 그대로 적용한다면 심한 곡해나 범하기 십상이다.

실제로 이 가무만큼 곡해의 대상이 된 말도 있을까싶다. 제대로 하자면 영가무도(詠歌舞蹈)라고 불려야 하며 지금 사람들의 그저 즐기기 위한 노래나 춤과는 사뭇 다르다. 증점과 공자의 예에서도 보았듯이 원래의 가무는 유흥의 대상이 아니었다. 삼일신고(三一神誥)에 말한 성기원도(聲氣願禱)를 해석하면 오음오기(五音五氣)로 수행한다는 뜻이 있다. 오음은 궁상각치우(宮商角徵羽)로 그 발성법에 따라 장부의 오행조화를 추동시켜 심신의 균형을 바로 잡아주게 된다.

같은 오행체계로 성립된 한의학이 환자의 실조된 오행조화를 회복함으로서 건강을 되찾아주는 것과 다르지 않다. 즉 소리의 오행작용이 신체의 오행체계를 바로잡아 강건한 몸을 만들고 고도의 정신적 경지로 이끌어 주는 것이다. 민족의 경전인 천부경(天符經) 자체가 오기(五氣)오음(五音)의 조화로 기혈을 바로잡는 조성신단정핵지법(造成神丹精核之法)이라 일컬어진다.

"소리가 지라에서 나와 입술을 다물고 통하는 소리를 '궁'이라 하고, 허파에서 나와 입을 벌리고 토하는 소리를 '상'이라 한다. 간에서 나와 잇몸을 벌려 입술을 솟아오르게 하는 소리는 '각'이라 하고 , 염통에서 나와 이를 붙이고 입술을 열어 내는 소리를 '치'라 이르고 콩팥에서 나와 잇몸을 약간 벌리고 입술을 모으며 내는 소리를 '우'라 한다."(樂書)

인체의 장부와 소리가 밀접한 관계에 있음을 알 수 있다.

요가에서는 각 단전에 대응하는 에너지의 증폭지점을 차크라라고 부른다. 차크라 수련에 사용되는 만트라(Mantra)역시 영가와 마찬가지로 각 해당 차크라를 자극하여 에너지 즉 기의 흐름을 유도한다. '영'이 익어지면 '가'로 넘어간다. '가'를 하다가 자연적인 춤사위가 나오면 '무도(手舞 足蹈)'로 넘어가며 이것이 순환하면서 이어진다. 영가무도가 절정에 오르면 수행자는 우주본연과 혼연일체를 이루게 되는 것이다.

가무는 이런 수행이었다. 화랑들은 수려한 산천을 찾아 노는 것이 아니라 수행을 하고 있었고, 신선도와 함께 같은 맥락의 수행체계인 가무를 익혔다.

선도수행에 대한 자세한 것은 3부에서 다루게 될 것이다. 단지 여기서는 만파식적과 관련하여 선도의 기본내용만 간단하게 설명한다. 어떤 식의 수행이라고 하더라도 선도에서는 연정화기(鍊精化氣)의 첫 번째 과정을 거친다. 그리고 다음으로 연기화신(鍊氣化神), 연신환허(鍊神還虛), 연허합도(鍊虛合道)로 진행된다는 점은 동일하다.

초기의 연정화기 단계에서 하단전에 모인 양기는 등 쪽의 독맥(督脈)을 따라 상승하고 백회에서 음화(陰化)하여 신체앞쪽의 임맥(任脈)을 따라 돌아온다. 이 과정을 소주천(小周天)이라 하고, 소주천을 거쳐 발전한 기가 전신의 경락을 막힘없이 흐르는 것을 대주천(大周天)이라 한다. 이때 수행자는 자신의 몸을 주류(周流)하는 기의 흐름을 관하면서 몸에서 일어나는 변화들을 체험할 수 있다. 회음(會陰)에서 기가 상승할 때 수행자는 특별한 소리를 듣는다. 흔히 화가 난 뱀이 내는 소리와 같기도 하고, 먼 들판에서 들려오는 벌레소리처럼 들리기도 하는 기의 진동음이다.

요가에는 각 차크라들의 고유한 소리가 연구되어있다. 일례로 도가(道家)의 회음혈(會陰穴)에 해당하는 '물라다라 차크라'는 네 개의 연꽃잎처럼 생겼으며, 미세한 진동음은 귀뚜라미 울음같이 들린다. 이렇게 일곱의 차크라들은 모두가 고유한 소리를 갖고 기의 순환에 따라 진동음을 내고 있다. 그러므로 용의 승천에 비유되는 기가 일어나 주천(周天)이 시작되면 이 모든 소리들의 일대 향연이 벌어지게 되는 것이다. 결국, 용의 승천을 정체성으로 하는 대왕암은 온통 소리 없는 소리로 가득하다는 것을 알 수 있다. 실제 대왕암은 만세에 이어지는 해조음(海潮音)으로 이 소리를 상(象)하고 있다.

수행이 진척될수록 수행자는 기가 순환하는 자신의 내면에 더욱 집중하게 되고 진식단계의 호흡과 아울러 악보 없는 천상의 음악소리에 휩싸인다. 이런 체험은 초보자라 할지라도 얼마 되지 않은 기간에 접할 수 있는 신성한 세계다.

수행이 여기에 이르고 한참 주천이 진행되고 있을 즈음에 수행자가 느끼는 자신이란 어떤 것인가? 좌정하고 앉은 수행자의 내면은 안정된 심호흡과 온몸을 주유하는 기, 그리고 악보 없는 천상의 소리로 충만되어 있다.

몸을 잊어버리고 정신은 내면에 집중되며 소아적 자신에서 벗어나 우주와 혼연일체가 되는 경험. 이것은 무엇과 닮았는가?

이제 만파식적을 돌아보고 그 신물이 무엇을 상(象: 본 뜸)하고 있는가 생각해볼 때가 되었다.

첫째 설화에는 섬 위의 대나무가 두 쪽으로 나뉘어져 있다가 낮에는 떨어지고 밤에는 합쳐진다고 했다. 이것은 다름 아닌 사람의 몸과 마음을 비유한 것이다. 즉, 낮에는 활동을 하기 위해 둘로 나뉘어져 작용하지만 밤이 되어 잠을 잘 때는 이 둘은 다시 하나가 된다. 선도수행에서는 심신일여(心身一如)로서 몸과 마음이 하나가 되는 고도의 집중상태를 상징한다.

"태극은 원신이고 양의는 몸과 마음이다. 단으로 설명하자면 태극은 단의 어미이며, 양의는 참된 납과 참된 수은이다."

(太極者 元神也 兩儀者 身心也 以丹言之 太極者 丹之母也 兩儀者 眞鉛 眞汞也.) 中和集: 趙定庵 問答

용이 비유한 것처럼 손뼉을 마주쳐서 소리가 난다는 것은 심신이 합일됨을 말한다. 선도수행에서는 이때야 말로 각성된 군다리니, 즉 기(氣)가 움직이기 시작하면서 차크라들의 소리가 나기 시작하는 것이다. 신문왕의 세상을 다스릴 소리는 사물이 내는 물리적인 소리가 아니다. 손뼉이 마주쳐서 나는 소리와 대나무가 합쳐진 피리의 소리는 수행자가 수행을 할 때 나는 차크라 소리가 그 실체다.

만약 대나무가 반드시 밤에만 합쳐지는 것이라면 한 낮인 오시(午時)에는 대나무를 채취할 수 없어야 했다. 그러나 그 말은 불가의 참선이나 선도수행체계에서는 전혀 무리가 없다. 선도에서는 신체를 주천하는 기가 만나지는 두 극점을 천도의 운행에 비유했다. 양기가 최고의 극점에 도달한 정수리를 하루 중 태양의 길이가 가장 긴 정오(正午)에 비유하고 음의 최극점인 회음을 한밤중인 자정(子正)에 비유한다. 이 두 시각에는 주천하던 기가 여러 갈래의 실이 한 매듭에서 만나는 것처럼 조우하게 된다. 때문에, 대나무 두 쪽이 하나가 되어 채취 하는데 전혀 무리가 없다. 오히려 이로서 대나무가 무엇을 상징하고 있는 것인지 분명해졌다고 할 것이다.

상단전 백회(百會)의 오(午)는, 수행의 최고경지를 나타내는 양신(陽神)의 출입처다. 붓다 역시 자신의 가장 중요한 수행의 결실이 머리 위 상투 속에 숨겨져 있다고 한바 있다. 그러므로 오(午)에서 대나무를 채취했다는 말은 곧, 수행의 정수를 얻었음을 말하는 것이다.

성냥과 성냥골이 만나 불이 일어나듯이 두 쪽으로 있던 대나무가 홀연히 하나로 합쳐지는 바로 그때, 진여(眞如)는 섬광처럼 드러난다. 또한 그렇게 등장한 것이 만파식적이며 그렇기 때문에 만파식적은 명상의 꽃, 바로 그 자체다. 무상정진(無上正眞)의 묘함을 금단이라 하고 유가에서는 이것을 태극이라 한다. 태극은 원신(元神)이고 양의는 몸과 마음일 때 만파식적은 금단이요, 태극이다.

둘째 피리의 대나무 마디는 신체의 척추를 상한 것이며, 일곱 개의 구멍은 일곱의 경혈과 단전이고, 그 속으로 들어가는 숨은 호흡이다.

인도 샴의 고대불상에는 일곱 개의 머리가 달린 뱀(용)의 왕 무찰린다가 붓다의 등 뒤에서 호위하고 있는 모습이 있다. 그 중 가장 중심이 되는 머리는 부처의 정수리를 덮었고 코브라 뱀의 펼친 몸이 붓다를 에워싼 형상이다. 뱀의 왕이 먹구름과 폭우로부터 붓다를 지키기 위한 것이었다지만 현대인의 선입견으로는 언 듯 이해하기 어렵다.

뱀은 성경에서 사악한 동물로 표현되었고 그 특별한 모습으로 인해 사람들에게 친숙한 동물이 아니기 때문이다. 그러나 고대의 거의 모든 문화권에서는 허물을 벗고 거듭나는데서 환생의 의미와 함께 지혜와 신성을 상징하는 동물로 여겨져 왔다. 18세기경 인도의 라자스탄 지방에서 그려진 명상에 관한 그림에는 머리가 여럿달린 뱀이 나온다. 같은 시대에 캉그라화파의 그림속의 비쉬누는 머리가 수도 없이 많은 뱀에 기대어있다.

또한 같은 시대, 파하리 화파가 표현한 시바 역시 수도 없이 많은 머리를 가진 뱀 위에 앉아 쉬고 있는 모습이다. 이런 맥락에서 보자면 뱀의 몸통 위에 앉은 붓다의 불상도 낯설지 않게 된다. 이런 표현은 기(氣), 즉 군다리니가 상승할 때의 소리와 뱀이 화가 났을 때 내는 소리가 유사하고 상승하는 기의 체감이 마치 뱀이 오르는 것과 닮은 것에서 유래되었다. 고대의 뱀은 현대인들이 생각하는 선입견과는 달리 신성의 상징이었던 것이다. 지금은 한낱 서커스의 구경거리로 전락한지 오래지만 둥지 속에 든 코브라가 피리소리를 듣고 머리를 내는 것도 단순한 유흥은 아니다.

이런 것을 증명할 자료는 수도 없이 많다.

역시 인도의 라자스탄 지방에서 발견된 일곱의 명상도(冥想圖)중 하나에는 아예 머리가 수도 없이 많은 뱀과 함께 일곱 개의 차크라 그림이 같이 그려져 있다. 자이나교의 명상도(冥想圖)는 시간과 실제의 우주적 흐름으로서의 우주가 일곱 구획으로 굽이치는 순환의 영원성을 뱀의 몸통으로 표현하고 있다. 이집트의 신왕(神王) 파라오의 왕관에는 그들이 신성하게 여기는 코브라가 정수리로부터 이마를 향해 내려온다. 이것은 다름 아닌 소주천을 상징한 것으로서 기가 독맥을 따라 올라가 임맥으로 내려오기 시작하는 모습을 묘사한 것이다. 심지어 이집트의 벽화 속에는 파라오의 등 뒤로 부터 머리 위를 지나 신체의 앞으로 넘어오는 긴 뱀이 그려져 있다. 그들의 파라오는 수행을 하여 신성의 경지에 든 존재라는 것을 말한다. 이런 그림은 이집트가 지중해를 공유한다 해서 서구적 관점으로 해석해서는 이해할 수 없는 것이다. 모두가 기의 순환을 뜻한 것으로 피리의 일곱 구멍과 그 속을 지나는 바람 또한 이것을 상징하고 있다.

　셋째 피리가 내는 소리는 기의 진동음이요, 연주에 몰입한 정신은 수행자의 집중된 의식과 삼매 그 자체다. 피리의 소리는 영가무도처럼 우주의 순리를 조화로운 화음에 담아 수행자의 심신을 진리의 세계로 인도했다. 이와 같이 만파식적은 선도수행을 상(象: 본뜸)함으로서 진정한 신물이 될 수 있었던 것이다.

　대왕암과 흑옥대가 우주를 상징한다면 가야금과 만파식적은 우주의 작용을 보여준다. 대왕암이 중천건괘를 채용함으로서 용의 승천을 실현했고 흑옥대는 다시 그것을 상(象: 본뜸)했다. 이에 비해 12개월의 율려를 본뜬 12줄 가야금과 만파식적은 용의 승천을 위한 실제적 수련 내용을 담고 있다. 이들은 이렇게 체용(體用)의 관계를 이루면서 동질성을 갖고 있는 것이다. 이로서 통일신라 초기의 세 신물은 단순히 오컬트적이고 상징적이기만 한 존재가 아니며, 구체적인 목적과 기능을 가졌다는 것이 명백해졌다.

또한 통일신라 초기의 지도자들이 이상적인 국가건립과 사회통합의 실천적 방법으로 선도의 명상수행을 선택했음도 알 수 있다. 율려의 조화를 통해 불이심(不二心)의 우주적 근본자리를 체험하고 그 바탕에서 상호공감하며 서로의 벽을 무너뜨리는 길을 제시한 것이다.

사람들은 커다란 공감과 공통의 체험을 통해 강력한 연대감으로 결속된다. 이것은 오늘날 직장이나 집단의 연수회에서도 볼 수 있듯이 단합을 이루는 데는 필수불가결의 요소라 하겠다. 근원적 자리로 환원할 때 대통합을 이룰 수 있다는 가장 보편타당한 실천적 방법을 선택한 선조들의 지혜는 놀랍고 존경스러운 것이다.

최근 서양의 한 초등학교 교실에서 벌을 받는 어린이의 모습이 인터넷에 소개되어 화제가 되었다. 그것은 체벌이 아니라 명상을 하는 모습으로서, 문제해결을 외부에서 찾지 않고 근원적인 내면의 안정에서 찾는 교육의 혁신이었다. 현재 서구에서는 학교만이 아니라, 직장과 각종 단체들에서도 적극적으로 명상을 하고 있다고 한다. 여러 의학적 연구 결과와 많은 사례들이 심신의 안정과 건강에 명상이 유익하다는 것을 말해주고 있기 때문이다. 이런 현상은 우리의 선조들이 선택했던 길이 시공적(時空的)한계를 넘어 활용될 수 있음을 증명하는 것이다.

삼대(三大) 신물들의 정체가 선도수행이었고 오늘날에도 그 효용성이 절실한 상황에서 우리는 그 올바른 수행법에 대해 연구할 필요가 있다. 3부에서는 수행법을 다루기로 하고 간략하게 2부의 결론을 정리해 본다.

신문왕의 즉위초기는 그 어느 시대보다 혼란스러웠다. 적국으로 지내던 삼국이 한 국가가 되면서 한 번도 경험해보지 못한 통일국가의 기초를 세워야했다. 각종제도를 정리하고 새로운 국가를 세우는 것도 벅찼지만 무엇보다 민심을 돌보는 것은 가장 중요한 일이었다. 서로 다른 마음을 융합시킬 용광로이며 한 국가의 정신적 구심점을 창출하는 것은 시대적 과제였다. 이런 중차대한 시기에 김흠돌의 모반까지 일어났다.

결국 신문왕은 나라의 근간이자 삼국통일의 주축이었던 화랑제도를 폐지하기에 이른다. 하지만 국가적 전통은 폐할 수 없다는 간언을 받아들였고 득도하여 국선이 되는 길만은 열어놓게 되었다. 화랑세기는 이때부터 화랑이 크게 바뀌었다고 기록하고 있다. 이제 화랑은 말 그대로 군사적 활동은 중지하고 심신수련을 위주로 하는 수련단체가 되었다. 그러나 사실상 평소에는 스스로를 수양하고 국난에는 나라를 구한다는 신선도적 입장에서 본다면 원래의 본분으로 돌아간 것에 불과한 일이었다.

신문왕은 이런 시대상황을 수습하여 백성들을 단합시키고 화랑들에게 내보여줄 수행에 대한 역할 모델로서의 신물을 구상한 것이라 하겠다. 그리고 누구도 부정 못할 위대한 군주 문무왕의 대왕암으로부터 그 정통성을 이어받은 만파식적을 탄생시켰다.

이제 그간의 내력을 살펴볼 때, 만파식적은 과거의 기록 속에만 존재했던 신물이라고 할 수 없다. 순환하는 역사 속에서 혼란과 그 혼란을 종식시키려는 상황적 요구는 상존한다. 문제해결에 적절한 처방이라는 점에서 그것은 현대에도 지속적인 생명을 갖고 살아있다. 만파식적이라는 신령스러운 신물 피리를 오늘에도 되살릴 수 있다면, 역사에 기록되었던 위대한 황금시대의 영광 또한 되살아나게 될 것이다. 지금의 우리와, 우리사회, 그리고 세계가 가진 문제에서, 만파식적으로 대변되는 명상수행이 기여할 수 있는 일은 결코 가벼운 것이 아니다.

첫째는 수행이 개인에게 미치는 영향이다. 체험적 수행을 통해 이루어지는 내면적 변화는 자기성찰과 그로인한 주체적 자아의 확립, 그리고 확립된 자아를 실현하는 정신적 혁신의 세계다.

만파식적이 수행자체를 상(象: 본뜸) 한 것으로서 알 수 있듯이 그것은 수행하는 수행자의 내면에 늘 현재 진행중인 일이다. 즉 만파식적은 수행하는 사람 바로 그 자체에 다름 아니며, 사람이 곧 만파식적이다. 피리의 연주처럼 진식(眞息)과 함께 펼쳐지는 우아한 성음(聖音), 조화로운 율려의 세계가 수행자내면에 드러난다. 이를 통해 수행자는 편협한 소아적입장을 떠나 우주적 존재로서의 자신을 자각하는 것이다. 이처럼 화랑들은 선도의 달관된 정신자세를 갖추고 유한한 생명을 보람있게 사는데 인생의 의미를 두었다.

이것은 복잡하고 혼란스러운 현대문명 속에서 자칫 정체성을 상실하고 방황하는 현대인들이 절실하게 찾고 있는 해결책이기도 하다.

두 번째로는 정치 사회적인 면의 역할.

지난한 시대적 과제를 해결하고 화해와 융합을 통해 민족통일을 이룩한 통일신라의 경험은 오늘날에도 여전히 유용하다. 교차점마저 없는 현대인의 갈등과 불안, 대립과 충돌의 국면에 좋은 본보기가 될 수 있기 때문이다.

현재 우리의 정치사회적 상황은 지난 어느 시대보다도 불확실성이 높아져있다. 역사가 주는 과제를 제대로 파악하고 방향을 제시하는 리더십도 없고 백년대계의 항구적 구상도 없다. 산업화단계를 거치면서 빚어진 기회의 편재와 박탈감, 소득불균형, 그로인한 계층 간의 대립과, 상대적 빈곤 등은 불신과 갈등만 확대시켜 왔다. 부패는 사회전반에 창궐하고 무능한 정치인들은 집권만을 목표로 국론을 더욱더 분열시키며 갈등을 조장하고 있을 뿐이다. 이런 간특한 장난은 그들의 말처럼 특정 정권이 들어서고 누구를 성토한다 해서 정치사회가 달라졌는가를 돌아보면 분명해진다.

상당수 부도덕한 기업들과 경직되고 비효율적인 공무원조직 역시 미진한 사회발전에 결정적인 책임이 있다. 정서적으로 미숙한 채 기득권만 획득한 계층들의 부도덕하고 배울 점 없는 작태는 우리사회의 도덕성을 저하시키고 절망감을 안겨주었다. 꿈을 잃은 젊은 층과 사회 구성원들의 좌절감은 뼈 속 깊이 파고들면서 사회의 불신은 극에 달하고 있다. 이제 신뢰감을 우롱당하는 국민들은 철저한 감시의 눈을 뜨고 사태를 직시해야만 한다. 바른 지도자라면 산발한 머리카락처럼 갈가리 흩어진 사회구성원들의 마음을 하나로 모으는데 신명을 바쳐야 한다.

위선과 선동을 버리고 도덕심과 진실성으로 진정한 덕(德)을 갖추고 모순이 가득한 이 사회를 위해 제일 먼저 십자가에 올라야 할 것이다. 낮은 곳과 소외된 곳, 고통스럽고 힘든 곳에서 간특한 미소가 아니라 땀의 진실로 불신을 녹여나가야 한다.

성인이 등장하지 않는 한 이루어지기 어려운 이런 변화는 그럼에도 불구하고 지금의 우리에게는 절실히 필요하다. 법가(法家)들은 명군(明君)이 나기는 기적에 가까우니 밝은 법을 확립하자고 주장했다. 그러나 법은 믿되 법조인을 믿지 못할 지경이 된 우리들은 스스로 깨어나는 수밖에는 길이 없어 보인다. 그 각성의 방향조차 상업주의에 경도된 사이비 인성교육에 유린당하는 현실에서 우리가 의지할 것은 스스로의 내면속에 살아있는 자성뿐이다.

각자의 내면속에 건재한 자성을 통해 우주적 보편성을 확립하고 그 자리로부터 상호 신뢰의 불을 당겨나가야 하는 것이다. 진정한 도덕성의 확립은 이론이 아닌 체험 속에 있으며 밝게 드러난 자성을 통해서만 구축될 수 있다. 통일 신라인들이 만파식적의 명상문화를 통해 이루어낸 사회적 일체감과 갈등을 넘어 이룩한 사회적 안정이 오늘의 우리에게도 절실하다.

만파식적으로 대표되는 통일신라의 노력과 교훈은 혼란을 종식하고 새로운 도약의 발판을 마련하는데 좋은 귀감이 될 수 있다. 나아가 우리의 이런 경험은 국제간의 문제에도 해결점을 제시할 수 있을 것이다. 이제 현대의 명상문화도 간극 없이 서로를 보듬는 화해의 장을 열고 구심점을 상실한 이 시대에 새로운 활력이 되어야 한다.

어느 날, 보화가 선방 앞에서 생채를 먹고 있었다.

임제(臨濟)가 이를 보고 말했다.

"영락없이 당나귀하고 같구나."

보화는 바로 당나귀 울음소리를 냈다.

임제가 말했다.

"이 도둑놈아."

보화가 말하기를

"도둑아, 도둑아."

하고 바로 나갔다.

(一日 普化在僧堂前 喫生菜 師見云 大似一頭驢 普化便作驢鳴 師云 這賊 普化云 賊賊 便出去)

제3부
명상과 선도의 길

수행과정에서 얻어진 심적 성취는 자신의 문제해결로부터 집단간의 화해와 소통의 기반이 될 수 있다.

한낮의 중천에 밝은 해가 걸리면 밤새 헤아려놓았던 수많은 별자리는 간 곳이 없다. 내외명철(內外明徹)하게 드러난 진실 앞에서 번뇌와 갈등은 한낱 화로 속의 눈송이일 뿐이다.

비로소 수행자에게 현실과 이상의 이원적 갈등이 해소되고 고되기만 하던 일상은 자아실현의 장으로 화하게 된다.

만파식적과 명상문화

2부에서는 만파식적의 연구를 통해 선도적명상문화의 전통을 느낄 수 있었다. 3부에서는 이미 유용성이 충분히 입증된 명상문화와 그 수행법을 정리해보며 실제수행에 참고할 수 있는 내용을 다루려고 한다. 시중에는 중국도가의 수행법이나 일본식단전호흡법, 불교의 남방식 위빠사나 명상, 북방의 간화선, 요가 등, 각종 명상수행법들이 넘쳐나고 있다. 그러나 근본적으로 사람의 심신은 모두가 동일하므로 그 수행 또한 다를 리 없고 어떤 체계든 결국은 용어 같은 외형의 차이만 있을 뿐이다.

명상에 관심을 가진 사람들은 우리의 전통적인 고래(古來)의 수행문화를 그리워한다. 전통성을 표방하는 수행법들도 모두 중국식표현에 의존하는 상황에서 최치원의 말처럼 유불도를 포함한 우리선도의 원형은 잃어버린 고향 같은 느낌을 준다.

김장에 대한 기록이 외국에만 남아있는 수가 있더라도 그 문화는 우리 것이 분명하다. 그와 같이 비록 설명방법에서 중국식 도가의 표현이 혼용되더라도 한국의 선도문화는 엄연하고 전통은 우리 것이다. 중국인들이 왕검성을 일러 선인단군(仙人檀君)의 나라 고조선의 수도라고 한 말에서도 알 수 있듯이 선(仙)은 우리가 효시였다. 중국에서 선은 한대(漢代)이전에는 선(僊)이라고 표기되었고 그나마 선도적 의미로 사용된 것도 아니었다. 전국시대 이후에 이르러, 장자와 열자등의 도가서로부터 제대로 된 선도적 개념이 나타나기 시작했을 뿐이다. 이런 선도와 명상수행의 역사성에서도 만파식적의 존재가 갖는 의미는 매우 소중하다. 중국의 동북공정으로 고대사가 수난을 겪고 있는 가운데 문헌상에 뚜렷한 자취를 남기고 있기 때문이다. 이 고대의 의미심장한 신물피리는 세계의 명상문화 속에 한국의 선도가 명백하고도 독립적인 위상을 가졌음을 증명하고 있다.

이제 이 만파식적에 드러난 우리 고유의 수행법이 오늘날의 명상문화에 그리고 현대인들의 생활에 어떻게 기여할 수 있을 지 생각해보자.

1부에서 논한 것처럼 현대인들이 처한 개인적이면서도 사회적, 국가적인 숙제, 즉 갈등과 대립, 소통과 화합의 과제들은 그 근본적 근원인 마음에서부터 해결하지 않으면 결코 해소되기 어렵다. 그리고 그 마음은 외형적 차이들을 초월해야 하고 철저히 직접적 체험에 입각하는 것이라야 한다. 만약 조금이라도 분파적 입장이 가미된다면 진정한 마음의 소통은 기대할 수 없으며 즉각 대립의 빌미가 될 뿐이다.

이런 근원적인 마음을 찾는 길은 갈등이 잠재된 타협보다는 오히려 각자의 궁극적 이상과 목표에 제대로 집중함으로서 달성된다. 자칫 분열을 조장하는 것 같이 들리는 이 말은 반대로 더 강력한 화합을 가리킨다. 사실상 모든 소신과 가치들이 궁극적으로 추구하고 있는 이상과 덕목은 한 길이기 때문이다. 복잡한 갈등은 목표를 향해가는 방법과 명분의 차이일 뿐이며 목표자체는 다를 수 없다. 그러므로 각자의 진정한 목표는 모두의 동일한 목적지가 된다. 오월동주(吳越同舟)라는 말도 있다. 불공대천의 원수라 하더라도 가라앉는 배에서 다른 생각을 할 수는 없는 것이다.

무엇을 추구하는지 그 목표가 선명하다면 빙편의 대립은 빛을 잃는다. 그러나 그로 인해 개인이나, 국가나, 종교단체들이 자신들의 소신과 가치를 배신하는 일은 일어나지 않는다. 단지 선입견을 내려놓고 이상과 목표에 도달할 수 있는 효과적이면서 중립적인 수행방법을 선택하여 진지하게 접근하자는 제안을 할 뿐이다. 이것은 마치 여러 등산로가 한 산봉우리를 향해 있는 것과 같고 가장 효과적인 등산로를 택해 정상에 오르자는 말과 동일하다. 일이 제대로 된다면 정상에 오른 후에 서로 다른 풍경을 만나게 되는 일은 결코 없을 것이다.

여러 조건들을 고려하면서 각자의 종교적, 개인적 덕목을 이룰 수 있는 길이 있다면 굳이 이를 마다할 이유는 없다. 우주의 물리적 법칙을 모두 아우를 통일장이론도 몇 가지 후보들을 놓고 연구를 거듭하고 있다. 마음의 근원적 구심점을 찾는 길도 끊임없이 모색되어야 한다.

이미 서구에서는 불교의 명상에서 종교적 색깔을 탈색시킨 수행법을 개발하여 활용하고 있다. MBSR(Mindfulness-based Stress Reduction) 같은 것이 그런 것이다. 여기에는 자신의 종교를 개종할 생각은 꿈에도 하지 않는 많은 종파의 신자들이 참여하고 있다. 또한 수행으로 얻어진 정신적 안정은 모두 자기 종교의 교조의 은혜로 돌리고 있었다. 그것은 수련의 성과가 각자의 종교적 신념에 위배되지도 않았고 교리의 차이를 넘어 교조들의 참뜻에 부합되었기 때문이다. 불교계도 이런 현상으로 인해 특별히 자부심을 갖는다든지 불만을 토로하는 일 따위는 전혀 일어나지 않았다.

만파식적으로 대표되는 우리의 명상수행법이야말로 이런 시대적 요구에 가장 적합한 모델이 될 수 있다. 그러나 그로인해 개인이나, 국가나, 종교단체들이 자신들의 소신과 가치를 배신하는 일은 일어나지 않을 것이다.

시공간적으로 가까워진 세계에서는 어떤 미미한 국지적 사건조차도 전체에 영향을 끼치게 된다. 각종 전염병과 전쟁, 기후변화를 비롯한 환경문제가 그렇고, 국가 간의 정치경제적 대립, 민간부문에서의 어리석은 탐욕과 그로인한 불평등 또한 그렇다.

정복과 식민이 부의 기반이 되었던 근세와는 달리, 강자와 약자 간에 상호의존이 불가피한 현대에는 주변과 동떨어진 독단적 번영은 불가능하다. 타자의 고통은 오래지 않아 자신의 안정을 위태롭게 하기 마련이다. 이런 자각이 바탕이 되고 발달한 기술이 뒤를 받친다면 지금까지 살아온 역사와는 다른 보다나은 세상을 만들 가능성이 충분하다. 단지 이를 위해서는 지속적인 인식전환의 교육도 있어야하며, 끊임없는 대화와 교류가 필요하다. 그리고 무엇보다 그 모든 노력의 저변에는 진정으로 '간극 없는 공감'이 전제되어야 한다. 이에는 명상이라는 실질적인 체험이 중요한 역할을 할 수 있다. 하지만 좋은 해결책이 있다 해도 평화와 안정을 기대하는 일반의 염원과 달리, 정작 꿈이 이루어지는 시기를 기약하기는 쉽지 않다.

명상이 이상적인 성과를 거두기 위해서는 지구촌 인류 개개인들의 개별적인 수련이 전제되어야 하기 때문이다. 명상수행을 집단으로 시도한다 해도 그 무대는 개인의 내면이고 독립적인 정신세계다. 그러므로 이 목표는 어떤 경우에도 강제할 수 없는 개인들의 자발적인 참여가 있어야 한다.

　많은 정치, 문화적 차이와 수많은 개성 넘치는 사람들, 그리고 지금까지의 역사를 본다면 이런 희망은 한낱 여름밤의 꿈같은 생각이 될 수 있다. 그러나 선입견을 버리고 적극적으로 생각해보면 전혀 불가능한 일도 아니다. 인류는 외형적 차이를 넘어 소통과 공감이 가능한 공통의 코드를 내장하고 있는 까닭이다. 즉 누구에게나 인생이 주는 고통은 같고, 그렇기 때문에 이것에서 벗어나기를 희망하는 동병상련의 공감대가 형성되어 있다.

　생존하면서 사랑하고 그것을 지키기 위해 대립하는 것은 피할 수 없는 인간들의 삶이다. 폭력성과 사랑이라는 마음의 극단적 양면성이 하나의 뿌리에서 나온 다는 것은 놀라운 일이다. 하지만 같은 뿌리를 갖고 있다는 것에서 해결의 길도 열려있다.

　개인은 생존을 위해 선택적으로 무리를 이룬다. 그러므로 집단의 문제는 개인으로부터 형성되며, 개인에게 일어나는 사소한 변화조차 집단의 변화에 동인이 된다. 명상이 개인들의 문제를 해결하는데 도움을 줄 수 있다면 그 성과는 지극히 개인적인 문제로부터 인류 공동의 목표에까지 나아갈 수 있다. 나무의 나이테처럼 수많은 동심원의 구심점이 되어 모든 변화의 중심이 될 것이기 때문이다. 한 소박한 선택이 고뇌하는 개인의 세계관을 변화시키고, 집단과 사회가 서로간의 차별을 넘어 대화합의 길을 열게 할 것이다. 통일신라시대 만파식적의 역할과 정체 또한 여기에 있었다.

　주목해야 할 것은 이상에 불과할 것 같은 이런 일이 새로운 혁명적 사건도 아니고 실재는 일상적으로 일어나고 있다는 것이다. 우선 전통적으로 종교수행을 하려는 구도자들은 항상 명상을 해오고 있었다. 전 세계의 각종 종교들에는 형식의 차이만 있을 뿐, 기도와 명상이 있고 수행자와 신도들이 이에 대한 체험을 갖고 있다. 최근에는 이런 본격적인 종교수행이 아니더라도 많은 동서양의 일반들이 자신들의 정서적 안정을 위해 명상수행을 선택했다. 결국 어떤 동기에서든 명상을 경험한 사람들은 수를 헤아릴 수 없이 많은 것이다. 게다가 수행문화에 대한 이해가 없는 사람조차 자발적 참여가 아니라 하더라도 명상체험을 하게 되는 기회를 가진다.

그것은 누구나 납득할 수 있는 객관적 사실에 바탕을 둔 과학, 그 중에서도 심리학에서 이루어진 변화덕분이다.

마음의 병이 깊어져 정신적 질병으로까지 확대된 사람에게 가장 가까운 것은 심리학적 치료다. 환자들은 그 심리학적 치료과정에서도 명상을 만나는 기회를 얻게 되었다. 이런 변화는 의료기술의 발달로 의학의 개념이 확장되고 현대의학의 정의가 달라지면서 일어났다. 세계보건기구(WHO)는 그 헌장에서 "건강은 단순히 질병이 없는 상태만이 아니라 신체적, 정신적, 사회적인 삶의 전반에서 완전한 상태"라고 규정하고 있다.

이렇게 현대의 의학은 신체의 병적상태에 대한 치료라는 소극적 개념으로부터 인간존재의 모든 영역을 그 대상으로 보기 시작했다. 심리학계에서도 정신적 안정이라는 보다 넓은 목표를 설정했고, 이런 확장은 같은 목표로 활동해온 전통적인 다른 영역들과 조우하는 길을 열었다.

이제 심리학계의 진보적 연구자들은 의학적 목표를 달성하기 위해 다른 영역의 유용한 기법들을 응용할 수 있게 된 것이다.

 그러나 심리학에서 명상을 활용하기에는 아직 넘어야 할 산이 많은 것 같다. 사람의 정신세계란 광대무변한 활성의 세계다. 정신분석을 바탕 한 행동주의심리학의 기계론이나, 자연주의적 개념만을 도구로 해서 달려들기에는 아무래도 버겁다. 이러한 시도는 태평양에 조각배를 띠운 것처럼 벅찬 도전에 속할 것이다.

 원래 영성적 문제란 종교의 영역이었고 현재 심리학의 방법만으로 해명하기에는 턱없이 엄청난 세계다. 예를 들자면 '자유연상'이라는 것은 시작부터가 이미 한계를 가진 것이었다. 연상되는 것들과, 그 생각에 의지하여 드러나는 무의식들은 모두가 물방울이거나 파도에 지나지 않는다. 그것들을 존재하게 하는 바다를 아는 것이 아니다.

 최근 경제활동의 범위가 넓어지면서 경영학의 통계는 무능해 보일만치 그 한계를 보인다. 원래 통계라는 것은 사소하여 의미가 없다고 여겨지는 것들을 무시하면서 설정되는 개념이다. 그러나 요즘의 각종 예측 불가한 불상사들은 그 사소하여 무시되었던 영역에서 발생하기 시작했다. 이런 아니 땐 굴뚝에서 피어난 연기 같은 현상을 블랙 스완(Black Swan)이라 한다. 하지만, 최근에는 블랙 스완이 나타나지 않는 것이 더 이상하다 할 만치 변수가 흔하다. 결국 무엇인가를 안다는 것에 대해 회의가 일어나게 된다. 이런 사태가 빈번하자 이번에는, "일어날 가능성이 있는 일은 언젠가는 일어나고 만다."면서 머피의 법칙이라는 것까지 들먹인다.

자유연상 또한 마찬가지다. 통계적인 접근과 귀납적 판단을 주장하지만 관측자의 주관을 배제할 수 없는 맹점을 갖고 있다. 포착되지 않는 영역은 늘 존재하며, 마음이라는 바다를 보지 못하고 파도나 물거품을 대상으로 삼는 한계를 벗어나지 못한다. 결국 '존 웰 우드'는 서양심리학의 한계를 지적하고 명상으로 대변되는 동양심리학과의 만남의 필요성을 역설하게 된다. 그가 적시한 명상의 특징은 다음과 같다.

첫째, 체험을 바탕 한다.

둘째, 인간을 전체적 관점에서 본다.(인간을 전인적 차원으로 규정한다.)

셋째, '깨어있는 마음의 상태'에 비추어 인간경험을 이해하는데 관심을 둔다.

말로만 다 한다면 무엇이든 안 될 것이 없다. 하지만 정신의 이런 영역까지 심리학자가 접근하자면 명상수행의 경험이 각종파의 교조와 같은 경지에 이르러야 할 것이다. 그나마 세 번째 특징을 이해하기 위해서는 실제 명상에서 그다지 도움도 되지 못하는 종교적 이론이라도 정통해야 한다.

이러한 어려움이 있음에도 불구하고 '존 웰 우드'의 의견처럼, 치유의 효과를 위해 명상을 활용한다는 것은 매우 긍정적인 일이다. 명상 또한 수행이 아무리 근본적인 해결책이라 하더라도, 인간의 정신을 다루는 한 심리학과 대척점에 서지는 못한다. 정신분열이나 여타 다른 정신적 질환이 깊어 명상수행을 하기 어려운 사람에게는 심리학적 치료보다 효과적인 것은 없을 것이다. 사람의 정신을 다루는 이 두 분야는 서로 상호보완적 관계에 놓여있다.

　이와 같이 정신적 치유를 위한 임상의 현장에서 만나지는 명상도 자발적 수행의 기회가 된다. 수행과정에서 얻어진 심적 성취는 자신의 문제해결로부터 집단 간의 화해와 소통의 기반을 형성할 수 있다.

　이런 작은 불씨들이 도처에서 돋아난다면 세계적 변화라는 대명제도 버거운 목표만은 아니다. 또한 명상의 체험이 사회전반에 보편화되기 위해서는 병원이나 수행 장소의 특정한 울타리를 벗어나 생활화 되어야 한다. 이를 위해서 심리학분야만이 아니라, 교육계 역시 전인적 인성교육의 방법으로 명상을 활용하기를 희망한다. 나아가 전 연령층에 걸친 평생교육에도 적용되어, 언제 어느 곳을 막론하고 명상을 접할 수 있는 여건이 형성된다면 세상은 분명 달라질 것이다.

　현재의 심리학이 명상을 활용하는 데는 방법적 한계가 여전히 남을 것이다. 하지만, 심리학에 기대되는 역할도 있다. 과학의 객관적 입장에서 밝혀지는 성과는 교착상태를 극복하기 힘든 종파간의 벽을 넘는 단서가 될 수 있을 것이다. 이는 더없이 중요하고 바람직한 일이 아닐 수 없다. 심리학의 긍정적 변화는 전인치유에 대한 관심을 유발했고, 선두에 선 학자들 사이에서 인간의 영성에 대한 연구가 활발하게 진행되고 있다. 종교와 건강관련 연구로 이름이 난 랄슨(D. B. Larson)이 종교가 치료에 미치는 영향에 대해 정신의학 저널에 게재한 글이다.

　"종교는 매우 혜택이 커서 정신의학 연구자료 중 80% 이상의 사례에서 유익한 것으로 보고되었다." (박상권 '치유문화 비전')

　그는 양자역학의 개념을 심리학에 도입했다. 마음은 육체의 구석

구석과 연결되어 있으므로 마음을 이용하면 육체적인 질병을 치료할 수 있다는 발상을 한 것이다. 물리학에서 밝혀진 사물의 근원적 현상은 파동과 입자의 양면성을 띠고 있고 이것은 사람도 예외가 아니다. 그러므로 일원적 존재인 사람은 마음과 육체를 통해 받은 각각의 정보를 상호간에 소통시킬 수 있다.

랄슨의 생각은 많은 다른 방향에서 지지기반을 얻을 수 있다. 종교의 예를 들자면 불교에서는 심신일여(心身一如)하여, 정신적 안정만으로 질병과 신체의 부조화를 치유할 수 있다고 가르쳐왔다. 예수를 찾아와 부하의 병을 낫게 해달라고 간청한 백부장은 다음과 같은 인상 깊은 말을 듣게 된다.

"너의 믿음대로 될 것이다"

양자역학적 의학에 대한 아이디어는 랄슨의 독창적인 것 보다는 성인들의 행적에서 착안한 것으로 보는 것이 발생순서상 옳아 보인다.

"영성에 대한 관심은 특히 인간 발달론과 교육, 상담과 심리치료, 건강관리분야에서 증대되고 있다. 이를 두고 미국인들은 이제 정신뿐만 아니라 영혼에 대해 해결책을 찾고 있다고 말한다. 인격이 정상적으로 기능하기 위해서는 종교생활에 관여할 필요가 있다는 자각이 확산되고 있는 것이다."

(박상권: 치유문화 비전)

이 말을 증명하는 일은 2016년 5월에도 볼 수 있었다. 앞서 소개한 대로 내셔날 지오그래픽에서는 'Story Of God'라는 6부작의 특집을 구성한 바 있다. 영화배우 모건 프리먼이 해설자가 된 이 프로그램은 전 세계의 정신문화 현장을 돌면서 이 문제를 폭넓게 다루었다. 프로그램은 다양한 각도에서 인생의 문제를 다룸으로서, 서구가 서세동점(西勢東漸)하던 시절의 독선적 안목을 벗어나려 한다는 것을 알 수 있었다. 과학이 고도로 발달한 현대에 이루어진 이런 자각은 고대 통일신라의 선택을 되돌아보게 한다.

심리학은 영성과 명상의 세계에 발을 들여놓는 중이다. 편견 없는 자세로 연구하고 관련분야의 성과들을 활용하면서, 명상이 인류공영의 해법이 되는데 일조하게 될 것을 기대한다.

명상

이제 우리는 십리나 함께 걸어온 동료의 얼굴을 새삼 다시 살펴보아야 할 차례다. 즉 명상이라는 용어를 지속적으로 사용해왔지만 지금부터는 그 의미를 재정의해야 할 때다. 사용빈도는 많은데 비해 광어와 도다리처럼 애매한 말을 꼽는다면 명상도 뒷줄에 서지는 않는다. 명상은 일상적 의식 활동을 초월한 모든 정신세계를 대표하는 언어가 되어 있다. 그 의미공간은 지나치게 광범위하다.

명상이 현대인에게도 소중해지고 그 경험을 원하는 사람들이 늘어나기 시작하면서 시중에는 많은 수행단체들이 등장했다. 자연히 수행의 방법이나 단체의 운영형식도 갖가지이며, 이로 인해 초심자들은 자칫 흥미를 잃을 때까지 헤매기도 한다. 게다가 상당수는 단순히 흥미만

잃고 그치는 것이 아니었다. 여러 가지 부작용은 물심양면에 걸쳐 심각한 피해를 입히기도 했다. 천차만별의 피해는 기대에 대한 실망으로부터 사회적 물의를 일으키는 일까지 그 종류도 다양하다. 계속해서 이런 일들이 재발된다면 중요한 문화 콘텐츠인 명상분야가 부정적인 인상을 씻기 어려울 것이다.

먼저 현재의 심리학이 이해하는 명상을 보자.

'로젠 헬렌 J'는 프로이트의 자유연상을 명상, 그 중에서도 남방식 위빠사나와 비교한 바 있다.

"프로이트는 불교라는 종교에 대해 비판적이고 명상의 과정에 대해 전혀 문외한이었다. 그러나 심층 심리학의 지지자들은 명상과 자유연상을 하는 과정사이에 흥미 있는 유사성을 발견하였다."

(마음 챙김, 명상 그리고 자유연상: 로젠 헬렌)

이 논문에는 루빈, 엡스타인, 마지드 등, 같은 주장을 하는 사람들의 이름이 열거되었으며, 그런 뜻을 가진 사람들이 더 많이 있음도 시사되었다.

그러나 로젠 헬렌 스스로도 말하듯이 이 두 가지는 유사할지 모르지만 같은 것은 아니다.

"미국에서 '마음 챙김'은 마음을 편안하게 하고, 집중도를 높이며 복잡한 삶으로부터 도피하는 시간을 갖게 하는 방법"으로 간주된다는 것이다.

즉, 현재 미국에서 생각하는 동양적 선(禪), 그중에도 남방식 위빠사나는 원래 모습과는 다르게 인식되고 있음을 알 수 있다. 로젠 헬렌은 마음 챙김 명상과 심리치료를 통합, 설득력 있는 사례를 만들었다는 크리스 가머의 말도 인용했다.

"마음 챙김 명상은 편안함을 위한 수행이 아니다. 가끔 지켜보고 있는 대상이 혼란스러우면 수행의 효과도 거꾸로 나타날 수 있다"

그러나 이런 현상은 수행과정에서 관찰대상을 놓고 마음을 챙긴 것이 아니라 거꾸로 마음을 빼앗겼을 때 생기는 혼란이다. 더구나 이것은 동양적 명상 전체의 문제는 아니고, 이 책에서 말하는 명상은 더욱더 아니다. 흔히 물고기를 보면 물을 잊으라고 가르쳐도 물고기는커녕 수면에 일어나는 물결에만 눈이 가있다. 이런 말 한마디도 작은 차이에서 수만리를 돌아가도록 만든다. 정작 물고기를 본 수행자는 잊으려고 하지 않아도 물을 볼 수 없다. 한낮의 중천에 밝은 해가 걸리면 밤새 헤아려 놓았던 수많은 별자리는 간곳이 없는 법이다.

크리스 가머는 명상을 하는 치료전문가가 임상에 마음 챙김의 명상을 도입하는 세 가지 단계를 서술했다. 그 중 세 번째 단계에서 "치료사는 환자에게 '특별한 기술'들을 가르친다. 불교사상에서 명료하게 밝히지 않은 내용들을 비롯하여, 어떻게 '챙기는 마음'을 가지고 식사를 하고 숨을 쉬는지 등의 특수한 기술들을 가르친다."고 되어있다.

자상한 안내같이 보이지만 정말 이렇게 한다면, 명상은 단번에 독특한 기술에 의해 이루어지는 세계로 전락되고 말 것이다. 일단 명상이 독특한 기술로 이해되는 한, 상품으로 되기는 손 뒤집기보다 쉬운 일이다. 실제로 오늘의 우리 사회나 서구에서도 마찬가지로 상업주의에 의해 윤색된 명상법이 만연해있다.

수행초기의 익숙하지 못한 상황에서 수행자들은 풀 하나 없는 사막에 놓인 것 같은 기분을 느낄 수 있다. 하지만 사막여행자들은 바로 그런 불편한 자유를 얻기 위해 즐겨 고생길을 자초한다. 자유를 처음 경험한 사람도 곧 막막함이 그대로 축복임을 깨닫게 되고, 스스로 자신을 책임지면서 진정한 자유인이 된다. 복잡한 도시의 인과관계 속에서 의지와 상관없이 살아온 사람들이 만난 것은 서투른 실수 속에 깨어있는 자신이다. 흔히 시시콜콜 길안내를 함으로써 체험의 생동감을 죽여 버리는 것은 노파선(老婆禪)이다. 이것을 가장 경계하는 것이 명상이라는 것을 그들은 알지 못했다. 바람처럼 물처럼 자유로운 명상의 길을 한낱 복잡한 절차나 요식 속에 가두고, 수행자들은 밥과 물을 떠먹는 것도 배우고 있는 것이다.

한참 참선에 재미를 들이고 있는 젊은이가 물어왔다.
"일상생활 속에서도 참선을 하는 방법이 있습니까?"
"있지."
"가르쳐주십시오."
"그러세, 자네의 화두는 무엇인가?"
"조주의 무(無)자입니다."
"……"
"….?…."
짐치고는 센 놈이었다.
"할 수 없군….조주는 왜 무(無)라고 대답했나?"
뭐라고 대답을 하려는 입에 찻잔을 내밀었지만, 기어이 한마디 한다.

"그것은 저의 화두입니다."

눈도 멀고 코도 막힌 놈이었다. 돋보기로 종이를 태울 때는 오직 초점에만 열중해야 한다. 이소(移巢)를 하는 새끼 새에게 어미는 거리를 두고 기다린다. 먹이를 얻어먹기 위해 허공으로 나서면서 새끼는 스스로 날개 짓을 배우게 된다.

로젠 헬렌의 결론부분이다.

"오늘날 다양한 형태의 심리치료가 가능해서 우리 내면의 악마를 극복하고 생산적이고 행복한 삶을 영위할 수 있도록 도움을 주는데 어느 정도 성공했다. ....하지만 마음 챙김 명상은 임상치료에 쉽게 통일되기는 어렵다. 주된 어려움은 직접적인 수행경험이 없는 치료사들이 환자에게 그것을 성공적으로 가르칠 수 없다는 것이다.... 효과적인 지도의 열쇠는 지도자 자신들의 수련경험이며, 경험 많은 수련자들조차도 명상수행을 덜하게 되면 현재순간을 인식하는 능력이 감퇴된다."

명상지도의 열쇠는 지도자 자신들의 수행경험이라는 것은 매우 합당한 지적이다. 그러나 그 '경험 많은 지도자'라도 명상수행을 덜하게 되면 인식능력이 감퇴한다고 하는 말에는 동의할 수 없다. 제대로 된 명상이라면 수행자는 수행을 통해 얻어진 내적성취로부터 물러나는 일은 결코 일어나지 않는다. 아무리 행복한 꿈이라도 한번 깨고 나면 두 번 다시 그 꿈으로 돌아갈 수 없는 것과 같다. 최소한 지도자란, 도저(到底)한 경지에서 불퇴전(不退轉)의 자리를 찾은 사람을 말하는 것이다. 깨달음이라는 말의 함의는 몽환같은 삶속에서 홀연히 깨어나 흔들림 없는 진아(眞我)를 찾게 되는 것을 말한다. 근육운동을 하듯이 하다가

쉬면 도로 원래 모습으로 돌아가는, 그런 것은 애초에 명상이 아니다.

올바른 명상의 차원에서는 그런 사람을 지도자라고 칭할 수 없다.

제이 콥슨(Reonard Jacobson)은 "마음은 의식의 한 상태로서 모든 과거 경험과 더불어 모든 관념과 개념, 견해와 믿음, 태도와 판단들로 이루어져 있다"라고 마음을 정의했다. 그리고 분리의 세계, 환영의 세계로서 바로 지금 여기에 있지 않고, 과거나 미래의 세계에 머물러 진실한 삶의 세계를 경험할 수 없는 것이라고 말한다.

연구나 토론을 하자면 사용되는 말과 글의 개념이 통일되어야 원만한 진행이 가능하다. 같은 용어를 놓고도 중구난방 저 할 말만 한다면 의견을 교환 하는 것이 아니라 독백을 하는 것이다.

마음에 대한 것도 마찬가지다.

제이 콥슨의 주장은 동양의 전통적 사상과는 반대로 들린다. 그의 말대로라면 의식은 마음보다 더 큰 범위의 현상이 된다. 그는 뚜렷하게 인식될 만큼 정돈이 된 의식을 마음이라고 정의한 것이지만, 동양의 전통적인 생각은 마음이 존재하기 때문에 의식이 있는 것이다. 즉 정돈이 되지 않은 미세한 의식작용조차 모두 마음에 의지하여 일어나는 것으로 생각한다.

물이 있은 연후에 물방울도 있고 파도도 있는 것이다. 하지만 제이 콥슨은 물을 의식이라 생각했고, 동양은 물을 마음이라 여기는 차이가 있다. 서양 심리학자들이 마음 챙김을 들먹이며 우리가 아는 그것이라고 여기는 이상 토론의 대상은 같은 것이다. 그렇다면 그들은 명상을 제대로 아는 것이 아니다.

박상권은 '칼 구스타프 융(Carl Gustav Jung)'의 예를 들었다.

"칼 융은 일찍이 명상을 이해하려고 시도하였고, 집단 무의식이라는 개념을 해석하기도 했다. 하지만 융의 관점은 명상수행자의 입장에서 보면 여전히 의식과 무의식의 마음이 분리되어 있다고 보는 이원적 모델이며, 명상의 경험을 정확하게 설명하지 못하고 있다. 융에 따르면 동양적 일심(一心)은 불명료한 무의식에 지나지 않으며, 선정에서의 합일도 무의식에 동화된 병리현상, 몽롱한 꿈과 같은 상태일 뿐이다. 융에게 있어 자아와 세계, 주와 객, 에고의 의식과 의식대상의 이원성은 끝까지 남겨지는 절대적인 것이다."

이런 융의 말대로라면 모든 성인들이 이룩한 정신세계는 한낱 정신병적 병리현상에 지나지 않는다. 또한 명상수행을 통해 지극한 정신세계에 이르려고 하는 행위는 스스로 정신병을 자초하는 행위가 된다. 따라서 수많은 종교인들은 정신병자들의 집단이다.

현대 물리학의 성과는 우주의 모든 것이 귀결되는 근원적 진실을 향해 진일보 하고 있다. 양자역학의 이론만 하더라도 학문적 경계를 넘어 제 현상들을 설명하는데 좋은 도구가 되고 있는 중이다. 융은 아인슈타인이나 하이젠 베르그와 동시대 인물이었다. 상대성이론과 불확정성의 원리를 충분히 심리학에 적용할 수도 있었을 것이다. 그럼에도 불구하고 이런 생각에 머물렀다는 것에는 안타까움을 느끼지 않을 수 없다. 박상권은 융의 생각으로 대변되는 심리학의 입장과 명상의 세계를 비교해 설명한다.

"융과 달리 동양적 사고는 일심을 추구하며 궁극적인 무분별적 하나를 인간이 수행을 통해 도달할 수 있는 마음의 경지로 간주한다. 인간이 근본적으로 신이나 우주 등 일체 존재로부터 분리되어 있지 않다는 것, 우주 만물이 그 근원에 있어 하나이고 일체라는 것, 그리고 그 합일의 지점이 단지 신이나 물질에 있는 것이 아니라 '비어있는 공성'으로서 마음에서 자각될 수 있다는 것, 이것이 동양적 명상의 기본신념인 것이다."

참으로 명정한 말이 아닌가? 우주를 이루고 있는 근본은 그로 인해 드러난 만물 모두에게 상응(相應)한다. 그러므로 사람이 가진 마음으로 충분히 체험할 수 있다. 어떻게 이것을 경험해볼 생각은 않고 머리로 그리려고만 하는가?

이어 그는 다음과 같이 말한다.

"그 합일에 이르기 위해서는 에고의 의식적 분별을 넘어서서 무분별 상태에서도 깨어 있어야 한다. 즉 마음을 비우면서도 마음이 몽롱해지지 않고 성성하게 깨어있어, 스스로 우주적 일심으로 깨어나야 하는 것이다. 이것이 동양적 명상수행의 길이다."

여기에 이르지 않고서는 무슨 짓을 해도 모든 심리현상을 뿌리째 자를 수가 없다. 번뇌 망상 자체와 싸우기 보다는 그것이 나오기 이전 자리로 가야 하지만, 그 길을 찾지 못하는데 심리학의 문제가 있는 것이다. 마음 안에서 마음을 보려고 하는 것이 팔식(八識: 아뢰야식)을 지각하지 못하는 원인이다. 이런 관점에서 벗어나지 못하는 한 심리학은 명상의 본질을 아는 것이 아니다. 오조 홍인의 제자였던 신수가 생각한 것처럼 거울의 표면이나 닦는다고 먼지가 사라질 리가 없다.

혜능이 거울에는 원래 먼지가 없다했다고 누가 자꾸 거울을 들고 다니는 것인가? 듣기만 하면 쫓아가서 돌을 던져버릴 생각이다. 그래야 비로소 질긴 병이 나을 것이다.

암두(巖頭)가 그의 친구인 설봉(雪峰), 흠산(欽山)등과 함께 담소를 하고 있었다. 그때 갑자기 설봉이 맑은 물이 담겨있는 그릇을 가리켰다. 흠산이 말했다.

"물이 맑으면 달이 나타나지"

이에 설봉은 그와 다른 말을 한다.

"물이 맑으면 달이 사라지네."

그 꼴을 보자 암두는 아무 말 없이 일어나 그릇을 차버리고 가버렸다.

그야말로 수쇄불착(水灑不着)이요, 풍취불입(風吹不入)이다. 이 통쾌무비(痛快無比)한 맛을 심리학적 기법으로는 닿을 수가 없다.

"이 세상에서 제일 안 되는 게 사람과 세포 가르치는 일이에요. 배운 대로 절대 안 해요. 세포도 꼭 같아요. 억지로 어떤 일을 하게 할 수가 없어요. 모든 생명체와 세포에는 부여된 역할이라는 것이 있기 때문인 것 같아요."

전서울대 산부인과병원 교수 문신용이 2013년 5월에 조선일보와의 인터뷰에서 한 말이다. '부여된 역할'은 문신용 교수가 만든 말로, 날 때부터 주어진 역할이 있어서 이를 도저히 거스를 수 없다는 뜻이다. 분자생물학적으로 존재의 가장 근원적요소인 DNA는 바로 개성 그 자체다.

교육학적 입장에서는 듣기가 거북한 말이겠지만 가르치기도 전에 모든 소질은 결정되어 태어난다. 태교(胎敎)가 있다고 하나 DNA는 생명이 모체에 수태되어 배아가 분열하기 시작하는 설계도다. 이것에 이미 한 존재의 삶은 결정이 되어있는 것이다. 최근의 연구 성과에 따르면 생애의 어떤 순간에 특정한 질병에 의해 사망할 것이라는 것도 예측할 수 있다고 한다.

결국 인간의 문제는 DNA마저 성립되기 이전 자리로 가지 않고서는 해결이 되지 않는다. 차별을 넘어선 공감의 체험을 얻기 위해서는 더욱 그렇다. 그러므로 간화선은 DNA가 발견되기도 전부터 부모미생지전(父母未生之前)의 본래모습을 묻고 있다.

명상이 추구하는 궁극적 자리는 한 찰나도 시작되기 전이며, 부모의 몸에 입태(入胎) 되기도 전이다. 심리학의 대상이 되는 심적 현상은 당연히 생기기도 전이다. 생명과 인간이라는 엄숙하고 진지한 화두에 심리학이 개입할 여지는 생각만큼 크지 않다. 해운대 바다가 크게 보이지만 지구전체 바다의 극히 일부에 불과하다.

심리학자들이 명상을 치유의 수단으로 활용하려한다면 가장 먼저 해야 할 것은 철저한 연구와 수행이다. 지금과 같은 수준의 이해와 적용은 자신들만 명상이라고 여기는 심리적 치료에 지나지 않는다. 하지만 이런 심리학자들의 미흡함은 다른 쪽에서 일어나는 문제에 비하면 그나마 경미한 것이다. 문제는 명상을 전문으로 하고 있다는 일부의 명상단체에서 일어나고 있다. 심리학자들이 명상을 활용하는 것처럼, 종종 일부의 명상단체에서도 심리학적 개념들을 끌어들여 프로그램을 구성하고 있다. 그러나 이 경우 두어 가지 면에서 심각한 오류를 범하게 된다.

첫째 서툰 흉내는 위험한 불장난이다.

　이런 프로그램들에 원용되는 심리학적 처방의 근거란 것은 고작해야 프로이트의 초기이론 수준에 지나지 않는다. 물의를 일으키고 있는 수행단체들은 무의식을 해방시키는 대책으로 갖가지 방안을 창출했고 이 중에는 이상한 역할극까지 포함된다. 개중에는 억압받은 성적 리비도를 의식의 표층으로 분출시킨다는 명분하에 유치하고 섣부른 발상으로 웃을 수도 없는 작태를 연출했다. 오늘날의 심리학은 프로이트 당시와는 비교도 할 수 없을 만치 발전하고 있다. 심하게 말하자면 프로이트는 분석심리학을 처음 시작한 할아버지이상도 아니고, 그의 이론 역시 집의 기둥정도에 불과하다. 기둥이 없으면 집을 세울 수도 없지만 그것이 집의 전부는 아니다.

　비록 심리학의 기법들이 인간의 정신세계를 모두 다루는 데는 미흡하다 하더라도, 학술적 범위 내에서는 매우 정교한 연구 성과를 갖추고 있다. 명상단체가 깊은 연구도 없이 전문성을 요하는 기법을 섣불리 차용한다는 것은 당치도 않은 짓이다. 마치 농부가 준비 없이 바다로 나가 배의 키를 잡는 것 같은 위험천만한 흉내에 불과하다. 게다가 제대로 된 명상지도자라면 수행의 과정에 심리적 기법을 차용해야 할 하등의 필요를 느끼지 않는다.

　대개 이런 작태의 원인은 명상의 효과를 조급하게 얻고자 하는데서 비롯된다. 초심자들은 쉽게 떨치지 못하는 번뇌 망상으로 집중도가 낮기 마련이다. 하지만 성과에 조급한 경우, 이런 방해거리들을 빠르게 제거하려는 강박증에 사로잡힌다. 하지만 심리학자들의 생각처럼 억압된 감정을 털어낸다고 문제가 모두 해결되는 것은 아니다. 처음 이런 프로그램에 참여한 사람들은 고였던 물을 퍼낸 것에서 해방감을 느끼기도 하고, 그로인해 매우 인상적인 느낌을 갖기도 한다. 그러나 환부의 고름 집을 완전히 제거하지 않고 흐르는 고름만 닦는 것은 근본적 문제해결이 아니다. 그 자리에 웅덩이가 존재하는 한 언제고 다시 물은 고이고, 종종 다른 종류의 쓰레기 까지 같이 모이게 되는 것이다.

구정물도 흔들지 않으면 불순물은 아래로 가라앉아 위에는 맑은 물이 드러난다. 생활권을 멀리 떠나 자극적 요소가 없는 곳에서 이런 응급처방으로 무언가 얻은 것이 있다고 생각한 사람들은 곧 실망 속으로 빠져든다. 일상으로 돌아온 뒤, 여전히 변하지 않은 자극요소들 앞에서 고뇌는 다시 쌓이고 이번에는 더 깊은 방황을 하게 된다. 그 얻었다고 생각한 것에 대한 회의가 혼란에 한몫을 더하기 때문이다.

둘째 명상이나 제대로 해야 한다.

명상과 심리학적 치료는 접근방식에서 근본적인 차이가 있다. 심리학은 이미 발현된 의식을 단서로 하여 문제를 찾아간다. 병적 심리의 원인을 찾고, 그 의식이 잘못된 망상에 지나지 않음을 환자가 자각하게 하는 것이 치유의 방법이다. 그러나 명상은 의식의 저변으로 바로 들어간다. 의식이 성립되는 근본자리가 활연히 드러나면 모든 의식작용이 한낱 허상에 불과하다는 것을 스스로 깨닫게 된다. 즉, 목표와 그 목표에 이르는 방법이 다르다.

이런 까닭에 치유과정에서 오는 심리적 방어기제와 복잡한 의식들은 근본적으로 요동할 수 없다. 마치 전쟁에서 우회공격을 당해 퇴로가 끊어진 군대가 스스로 소멸해버리는 것과 다를 바가 없는 것이다. 간화선의 화두는 코끼리를 보지 못한 사람들이 온갖 상상으로 그 형태를 묘사하는 자리에 홀연히 실물을 들이댄 것과 같다.

깨달음을 얻은 사람 중에는 기둥을 붙잡고 가가대소(呵呵大笑)했다는 말도 있듯이, 일순간에 만리장성 같던 사념들은 간곳이 없는 것이다. 바둑알을 어떻게 놓는가의 문제가 아니라 바둑판이 사라져버리는 그런 근본적 혁명이 일어나는 것이 명상이고 선의 세계다. 이런 근본적 대책이 아니라면 사람들의 뿌리 깊은 고뇌와 갈등은 해결하기 어렵다.

미국에서 활동하는 변호사 출신의 명상지도자 레너드 제이콥슨(Leonard Jacobson)은 1981년 호주에서 있었던 일주일간의 수행 중에 첫 번째 깨어남의 경험을 한다. 인상 깊었던 수행모임을 마치고 귀가하려는 순간, 그는 특별한 경험을 하게 되었다.

"마침내 이 아름다운 안식처를 떠나야 할 시간이 찾아왔습니다. 나는 내가 어디로 가야할지, 무엇을 해야 할지 알 수가 없었습니다. 심지어 차를 운전하는 법조차 기억할 수 없었습니다. 마치 모든 과거가 내안에서 소멸되어 버린 것 같았습니다. 겨우 자동차 열쇠를 찾았지만, 그 열쇠로 뭘 어떻게 해야 할지 알 수 없었습니다. 나는 기억이 서서히 돌아올 때까지 한동안 기다렸습니다. 그리고 열쇠를 꽂고, 시동을 켰고, 손을 운전대 위에 올려놓은 뒤 가속페달을 부드럽게 밟았습니다. 차가 앞으로 나아갔습니다. 무척 이상한 느낌이었습니다. 마치 내가 난생 처음으로 차를 운전하는 것 같았고, 그럼에도 불구하고 차를 운전하는 기술이 내 안에서 완전히 계발된 것 같았습니다. 나는 운전하는 법을 알고 있었습니다."
(현존, 레너드 제이콥슨, p.315)

예수는 천국을 설명하면서 어린아이의 마음과 같다고 했다. 그만큼 순진하고 선량하다는 뜻으로만 여기지만 예수의 참뜻은 레너드 제이콥슨이 경험한 것처럼 원초적 청정함을 말하는 것이다. 명상은 예수의 명쾌한 비유처럼, 누구든 그토록 열심히 쌓았던 번뇌와 위선의 성을 단번에 무너뜨리는 진실 된 길이다.

시(詩)란 익숙한 일상을 생경하게 보게 하는 것이라 했듯이 수행자는 명상을 통해 진정한 자신과 대면하게 된다. 고뇌와 갈등과 슬픔은 뿌리째 잘려나가, 간밤의 별자리처럼 무색해지는 것이다.

그러므로 바른 명상가라면 대중요법에 의지하지 않는다.

수행자를 보는 즉시, 초심자가 미꾸라지로 되기도 전에 바로 목을 따는 칼을 휘두른다. 황당한 역할극이나 심리학을 원용하는 선부른 작태의 원인은 지도자의 수행이 미숙하고 명상지도에 자신이 없는 데서 비롯된다. 전통적 명상에는 서투른 흉내말고도 초심자들이 접근하기 좋은 채널들이 넘쳐난다. 흔히 마음 챙김으로 묘사되는 위빠사나의 경우만 해도 그물코가 지천으로 늘려있다. 수행자는 자신의 신체나 감각, 주변에 있는 사소한 어떤 것을 관찰하든 그로인해 법계(法界)의 진상을 알게 된다.

홍수에 물 구경하는 자는 누구인가?
병속에 든 새가 나오고, 우산 없이도 젖지 않는다.

인류가 나타난 후에 있었던 몇 차례의 획기적인 전환은 그때마다 우리의 삶을 바꾸어 놓았다. 불을 발견하고 도구를 사용했으며 옷을 만들어 입거나 글을 쓰고 지식을 가르치는 등등은 그로인해 새로운 세상이 열리게 했다.

이제 현대인이 재발견한 명상의 역할은 또 한 번 인류의 삶을 바꾸려 하고 있다. IT가 가세하여 폭발적으로 발달하는 기술처럼, 획기적인 영적성장으로 물질과 정신이 균형잡힌 새로운 진화의 시대가 열리는 중이다.

명상의 역할에 부정적인 사람들은 고대로부터 명상이 있었고 숱한 성인들이 등장했지만 세상은 여전히 혼란하기만 하다고 말할 수 있다. 그러나 지금 우리의 처지가 이만한 것조차도 모두 그들의 덕분이다. 동물적 본능으로부터 '사람다움'의 정체성을 갖출 수 있었고, 지난한 발전과정 속에서도 그 정신적 구심점에 힘입어 지금의 문명이 구축되었다.

역사의 발전은 직선적인 것이 아니었으며 누세기에 걸쳐 실수와 퇴행의 쓰라린 대가를 치루면서 이어져 왔다. 현대에 이르러서도 어려움은 여전하다. 그러나 그간의 시행착오로 얻어진 자각을 바탕으로 지난 시대보다 영적성장의 필요성을 절실히 깨닫고 있다. 성인들이 꿈꾸었던 인류의 이상적인 영적 진화는 민도나 요구가 성숙한 지금이 오히려 가장 적절한 시기라고 할 수 있을 것이다.

명상문화의 토양

 이제 우리에게 필요한 것은 올바른 명상문화를 구축하는 것이다.
 세상에는 다양한 개성을 가진 사람들이 존재하는 것처럼 수행의 방법 또한 문화권마다 다양하게 이루어져 있다. 각 문화권의 이런 전통적인 수행법들은 오랜 역사적 검증을 통해 그 효용성이 증명된 것으로서, 성과의 여부는 오직 개인의 노력에 의해 좌우되는 문제일 뿐이다.
 실제 여러 문화권의 전통적인 명상 방법들은 외형적 차이를 떠나 내면적인 공통점을 갖고 있다. 그 내면적 동일성은 다양한 인종이 모두가 인류인 것처럼 뚜렷한 한 가지 진실성에 기초하고 있는 것이다. 그것은 몇 번이고 강조되어온 말이지만, 수행자가 자신의 내면을 통해 보편적 우주와 합일할 수 있는 길인지에 달려있다. 그러므로 이미 긴 역사 속에서 검증이 된 수행법들이 단 한가지로 통합되어 경직되는 것은 옳은 일이 아니다.
 올바른 명상문화를 이루기 위해 정작 필요한 것은 외적인 형식보다 내적 전문성과 보급에 있어서의 순수성에 있을 것이다. 세간에는 스스로 전문성을 갖추었다고 자처하는 단체들이 사회적 검증이나 표준이 없음을 기화로 우후죽순처럼 난립되어있다. 게다가 상업주의에 의해 교묘하게 상품화되면서 본연의 모습을 벗어나 생기를 잃은 채 화석화 되었다. 그 결과 명상을 배우기 위해서는 널리 알려진 단체를 찾아가야만 되는 것처럼 생각되고 있다.
 그러나 명상문화는 명상단체만의 전유물이 아니다.

전문적 수행단체라는 말은 종종 전문적으로 영리화 되어있다는 말 외에 아무 의미가 없을 때가 많다. 오히려 수행의 내용들은 영리적으로 상품화 되면서 명상의 본질로부터 벗어나 있는 경우가 다반사다. 이런 프로그램은 명상이 아니라 명상처럼 보이는 유사한 상품에 불과하며, 정통적인 수행에는 나오지도 않는 말도 안 되는 전설들이 첨가되면서 거짓으로 버무려져 있다.

상품화되는 과정을 거치면서 왜곡되고 편향성을 갖게 된 유사명상은 그 내재된 모순으로 인해 결국 한계를 드러내게 된다. 이에는 지도자의 도덕성과 함께 영리적 목적이 선을 넘은 탐욕도 포함되고 있다.

주역의 위부당(位不當)은 능력이나 소양에 비해 처한 위치가 걸맞지 않다는 뜻이다. 자질이 모자라는 자가 높이 되면 결국 자리를 감당하지 못해 망동을 하게 된다고 했다. 깨달음을 얻지도 못한 자들이 자신의 본성에서 양심과 도덕성을 적출하고 진정한 폐인이 된 것이다. 그들은 자신들의 잘못을 정당화하기위해 존재하지도 않는 외부적 탄압과 사회적 몰이해를 주장하기 일쑤다. 애초에 지도자는커녕 기본적 수양조차 되지 않았고 남을 가르치기에 앞서 자기에게 온 시험에서도 헤어나지 못한 것이다. 정신세계를 시장으로 한 장사는 자타가 공히 수렁에 빠지는 위험하고 심각한 사기행각에 불과하다.

새로운 수행법을 창안했다고 세상을 현혹시키는 것 또한 바른 행동이 아니다. 우주의 진체(眞體)를 억지로 이름 한 것이 도(道)라 했듯이 그에 합일하는 수행법 또한 조촐하고 소박한 것이다. 여기에 무슨 특별한 방법이라도 있는 양, 징치고 꽹가리 울리는 것은 모두 옳은 것이 아니다.

오랜 시간동안 검증이 완료된 정론도 많은데 하필 이 시대에 난데없이 튀어나온 이설(異說)에 몸을 맡길 이유가 없다. 신약이 개발되어도 시간을 두고 실험을 하듯이 최소한 한세대 이상의 성과를 지켜봐야 한다. 지도자 자신의 일생을 걸고 뚜렷한 증거를 제시해야 하는 것이다. 정체불명의 신제품을 따라 하다가 고칠 수 없는 병을 얻을 수 있다는 것도 고려해야 한다.

고대의 기록을 보면 이미 당시에도 이런 황당한 사람들은 많았던 것 같다.

"삼경오야에 (잠은 안자고) 망령되이 정신을 소모하며, 백 권 단서를 만들어 셀 수도 없는 미로를 만든다....이런 행위는 요망하고 비천함을 감추고 있는 짓이며, 집안을 망치고 나라를 망치는 일이다."

(三更五夜, 忘耗精神, 分成百卷丹書, 造成無邊迷路, 藏淫藏孽, 禍國禍家.)

- 太上眞傳 -

왕양명의 말에 의하면 공자가 육경(六經)을 산술한 것은 학문을 더 발전시키려는 의도가 아니었다. 오히려 난삽한 문장들을 정리정돈 하는 데 그 뜻이 있었다.

즉 "천하를 어지럽히는 번잡한 문장을 깎아내고, 인욕(요망한 의도)을 제거하며, 천리를 보존하는 그 참된 정신을 전하여 사람을 바로잡으려 했다. 이렇게 노력을 했음에도 유가(儒家)는 진시황으로부터 분서갱유(焚書坑儒)를 당한다. 천하가 다스려지지 않는 까닭은 바로 헛된(수작과)문장이 성행하고, 실질이 쇠미해졌기 때문이다. 사람들은 자기의 견해를 드러내고, 새롭고 기이한 것을 서로 높여서 세상을 현혹시키고 명예를 취한다. 한갓 세상 사람들의 총명을 어지럽히고, 세상 사람들의 눈과 귀를 막으며, 세상 사람들로 하여금, 바람에 풀이 쏠리듯이 다투어 문장을 수식하는데 힘써서 세상에 알려지기를 구하게 하고, 다시는 근본을 돈독하게 하고 실질을 숭상하며, 순박하고 선량한데로 돌아가는 행위가 있음을 알지 못하게 하였다. 이것은 모두 저술을 일삼는(감언이설을 창조하는)자들이 조성한 것이다."

(傳習錄 1권, p.116;정인재 한영길: 청계 출판사)

알 수 없고 근거 미상한 수행법을 창안하여 세상을 미혹시키는 무리들이 우후죽순 같은 오늘의 현실을 두고 한 말처럼 들린다.

개인들의 안정된 정서가 사회의 근간을 이루어야한다는 것은 가장 기초적 원칙에 해당한다. 정신세계를 대상으로 하는 종교나 명상문화의 혼탁은 사회의 안정기반을 흔드는 위험천만한 일이다. 내맡겨진 영역, 사회적 감시가 느슨한 곳에는 항상 도둑이 끓는다. 당나라 시대처럼 도가의 수행이 한 국가의 국교가 되었을 때는 경전이 확립되고 학문적 질서도 엄연했다. 그러나 현대에는 자율에 맡겨지고 규제대상이 아닌 덕분에 누구나 나서서 목청을 올리는 시장판이 되어있다.

왕양명은 자신의 시대에 벌어진 이런 꼴을 보면서 다음과 같이 말한다.

"세상의 학자들은 마치 백희지장(百戱之場:서커스 장)에 들어간 것처럼 시끄럽게 떠들면서 희롱하고, 껑충껑충 뛰면서 기이함을 뽐내고 교묘함을 다투며, 웃음을 선사하고 아름다운 용모를 겨루는 자들이 사방에서 앞 다투어 나오기에 앞을 바라보고 뒤를 돌아보느라 응접할

겨를도 없이, 귀와 눈이 어지럽고 정신이 황홀하여 밤낮으로 그 안에서 놀며 머물러 쉬는데, 마치 미친 사람처럼 가업(성인의 바른 가르침, 당시로는 유교)으로 돌아갈 줄 모르는 것과 같았다. 당시의 군주들도 모두 그 학설에 혼미하게 전도되어 평생 쓸모없는 허문(虛文)에 종사하면서도, 자신도 그 것이 무엇을 의미하는지 알지 못했다."

이 말은 시사 하는바가 크다. 그의 이 비판은 당시의 유학자들만을 대상으로 한 것이 아니다. 모든 정신문화에 연관된 사람들을 지목하고 있어서 오늘의 인문학계에도 그대로 적용된다. 더구나 종교지도자와 명상을 가르치는 도사(?)들은 더 말할 것도 없다.

일부가 부패함으로서 전체가 굴절되어 보이게 되면 가장 필요한 것이 가장 수상하게 보이게 되는 나쁜 결과를 초래한다. 몇몇의 유사명상단체들은 미꾸라지처럼 우물물을 흐려놓았다. 그러나 올바른 명상문화는 이런 도덕성 없는 수행단체가 자멸한다고 해서 그와 함께 소멸되지는 않는다.

이것은 마치 김장문화와도 같다. 김치를 만드는 공장은 영리를 추구하는 과정에서 품질이 충실하지 못할 수 있다. 하지만 그것은 김장문화 전체와는 아무런 관련도 없으며, 각 가정에서 직접 김장을 담아먹고 있는 한 그 문화는 영원히 지속될 것이다.

공기나 물의 혜택보다 평등해야 할 보편적 진리는 만산편야(滿山遍野)하여 세상에 충만해있다. 그러므로 노자의 말처럼 도(道)를 찾는 기회는 길거리에 개도 물어가지 않을 정도가 되어야 제격이다. 누구나 교육받을 권리가 있다는 말처럼 시공간의 제약이나 경제적인 제약이 없이 언제 어디서든 관심 있는 사람들이 접근할 수 있어야한다.

　천하란 곧, 모든 생명들과 사람을 총칭하는 말이니, 세상을 바꾸려는 일은 그 모든 사람들이 참여해야 이루어지는 목표다. 그러므로 길을 찾는 기회는 공기로 숨 쉬는 것만큼 자연스럽고 문턱이 없어야만 한다. 이것이 이상에 그치지 않고 실제로 이루어 지기위해서는 명상지도자들의 헌신적인 노력이 필요하다. 누구나 수행에 대해 문의하는 사람이 있다면 아무 조건 없이 문호를 개방하고 옛 성인들처럼 가르침을 펼쳐야 할 것이다. 또한 오픈소스로 무제한적인 연구와 교류를 함으로서 부패하지 않고 성장하는 건전한 문화를 구축하게 될 것이다.

　명상문화가 세상을 바꾸기 위해서는 IT기술처럼, 세상의 모든 분야 속에 깃들어 인류의 문명이 진화하는데 기여해야 한다.

　맑은 샘물은 밥도 짓고 차도 끓이며, 약이 되기도 하고, 목마른 동식물들의 목을 축여 뭇 생명이 생기를 되찾게 해준다. 명상이란 맑은 물과 자유로운 바람 같은 것이다. 영리를 추구하는 특정집단의 수단으로 갇히는 순간, 그 물줄기는 바로 부패하기 시작한다. 성인처럼 행세하는 자가 깨달음을 얻었다고 자처하며 상업적인 조직을 갖추고 수행방법을 파는 것은 마치 봉이 김 선달이 대동강의 물을 판 것과 다름이 없다.

　고우(古愚)는 전재강이 역주한 선요(禪要)에서, 스승이 없는 시대에 이 책을 통하여 정견을 세우고 바르고 간절하게 수행하기를 권했다. 달과 손가락을 구별하며 살활의 안목을 갖추고 한없는 자비심으로 교화할 것을 당부해 마지않는다.

　서산대사의 선가귀감(禪家龜鑑)을 역해한 원순도 올바른 스승을 찾기 어려운 요즈음 세상에서는 선가귀감이 곧 선지식이라고 했다. 머리글의 말미에는 서산대사의 간곡한 가르침을 실어놓았다.

"이 책을 엄한 스승으로 삼아 끝까지 공부해서 오묘한 도리를 얻는다면 이글 한마디 한마디에 살아계신 석가모니 부처님이 계실 것이니, 부지런히 공부에 힘쓰시고 또 힘쓰셔야 합니다."

서산대사는 글을 남김으로서 살아있는 도를 죽은 문자로 변질시키는 일이 될 것을 우려한다. 그러나 후학들이 도를 닦는다고 하다가 오히려 무명만 키울 것을 염려하여 선가귀감을 집필하기에 이른다. 이미 오고 가는 것을 초탈한 경지에서 노파심을 두는 것은 자칫 흠이 될 수도 있다. 그럼에도 불구하고 글을 남긴 것은 뒷사람을 그만큼 아껴 자신을 돌보지 않은 것이다. 정체불명한 지도자의 뒤를 따라 가는 것은 눈을 감고 벼랑길을 걷는 것과 다르지 않다. 차라리 긴 세월 검증이 완료된 지침을 찾아 혼자 공부하고, 가끔 올바른 선각자와 교류하는 것이 옳을 것이다.

수행자와 지도자

혜능이 아직 오조 홍인의 문하에 있을 때 일이다.

홍인은 혜능으로 하여금 방앗간에서 곡식을 찧도록 했다. 얼마 후 홍인이 찾아와 경과를 물었다. 혜능은 곡식을 다 찌어놓기는 했지만 아직 알갱이와 쭉정이가 구별되지 못했다고 대답했다. 이미 수행은 수승한 경지에 들었으나 여전히 이것인지 저것인지 똑 부러지게 알지 못했던 것이다. 마치 택배기사가 목적지에 도착하여 그 집 대문에 들어섰다가도 도로 나오는 짓을 반복하는 것과 같았다. 흔히 천년의 도를 닦고서도 깨달음을 얻지 못하면 그 멈출 자리를 알지 못한다고 한다. 쿤달리니 요가나 기의 수행이 정신적 깨달음을 동반해야 한다는 것도 이런 경우 때문이다.

혜능이 천부의 재능과 예리한 선기를 지녔다지만 스승 홍인의 줄탁(啐啄)이 없었다면 의문을 깨트리기는 어려웠을 것이다.

인연이 있어서 좋은 지도자를 만난다면 방황하지 않고 수행을 할 수 있다. 길을 찾는 나그네에게는 이정표가 중요하듯이 수행자에게 적절한 지도와 격려는 가뭄의 단비와 다름이 없다. 그러나 초심자가 좋은 지도자를 만나기는 쉬운 일이 아니다. 예로부터 스승이 제자를 찾아낼 뿐 제자가 스승을 찾기는 어렵다는 말처럼, 초심자들은 훌륭한 스승을 알아보는 안목이 없다. 더구나 생활이 바쁜 현대에는 여러 가지 제약이 많고 지금 같이 상업적으로 상품화되어있는 명상문화에서는 더더욱 어렵다.

이런 풍토에 실망하고 독학을 하기위해 책을 구해보는 사람들이 많다. 하지만, 여기에도 문제는 있다. 중국 도가서적의 번역물들 중에는 원문보다 더 난해한 문장이 허다하기 때문이다. 게다가 수행의 체험도 없이 번역을 한 경우는 최악의 상황이 벌어진다. 조금 어려운 표현이나 비유는 적당히 얼버무려 남의 다리나 긁고, 행간에 숨은 중요한 뜻은 모조리 상실해버린다. 요행히 좋은 책을 구했다 해도 여전히 어려움은 남는다. 단지 레시피를 구한 것이기 때문이다.

　누구라도 몇 권의 책만 보면 기초이론은 쉽게 터득할 수 있다. 그러나 여행 안내서를 바로 외우고 거꾸로 외운다 해도, 실제 가보지 못한 사람은 여행지를 아는 것이 아니다. 마치 마른 명태만 본 사람이 살아 있는 생선의 모습을 모르는 것과 다름이 없다. 이런 식으로 세월만 보내면 아무 소득도 없이 이론만 무성한 냉소적 논객이 될 뿐이다.

　밭에 매달린 농작물은 공산품과 다르다. 적절한 때에 수확을 하지 않으면 수확시기를 놓치고 그대로 썩어버린다. 꼭지 딸 기회를 얻지 못한 수행자는 물 없이 사막을 걷는 것처럼, 허망한 마음고생을 수도 없이 하게 된다. 명상수행이란 물리적으로 쌓아 올리거나 시간이 지나면 절로 해결되는 문제가 아니다.

　그러므로 아무리 혼자 수행을 한다 해도 비추어볼 거울은 있어야 한다. 제대로 된 지도자는 상대의 수가 아무리 많더라도 그 한 사람 한 사람의 행보를 세심하게 알고 있다. 저 눈 밝은 보라매와 숲속의 호랑이가 주변의 먹이 감들을 하나도 놓치지 않고 살피고 있는 것과 다름이 없다. 하지만, 스승의 턱을 받치고 있다고 해서 해결되는 것은 결코 아니다. 자신이 수행에 얼마나 진지하게 임하는가 하는 것이 전제되어야 한다. 그 과정에서 길을 묻고 항상 견주어 볼 수 있는 잣대를 얻을 수 있다면, 이는 삼세에 복을 지은 사람이다.

　바른 지도자는 수행자의 마음을 맥놀이처럼 공감하고 거울같이 들여다본다. 그러므로 성실하지 못한 사람은 지도자의 상처가 되고 게으름은 곧 지도자의 통증이 된다. 아무나 쉽게 제자로 삼지 않는 원인이다.

본격적인 명상수행이란 흔히 문외한이나 서양사회에서 이해하고 있는 선입견처럼 적당히 현실적 고통을 잊게 하는 진통제가 아니다. 우주의 근원에 계합(契合)하고 존재의 실상이 밝혀지며, 이로 인해 한 사람의 정체성이 새롭게 태어나는 일은 그저 땅 짚고 헤엄치는 일이 아닌 것이다.

뜻있는 수행자는 권세나 영화로움의 현실적 욕망에 끌리지 않아야 하고 모욕과 각종 심적 고통에도 초연할 수 있어야 한다. 이런 까닭에, 예로부터 기개가 높아 목전의 한 세상을 버릴 수 있는 헌헌대장부(軒軒大丈夫)가 아니면 갈 수 없는 길이라 했다. 백척간두에서 과감하게 한발을 내딛고 장렬하게 죽었다가 되살아난, 진정한 개벽이 없이는 자신도 세상도 바뀌지 않는다. (百尺竿頭進一步 大死一番絶後蘇生)

생활터전을 떠날 수 없고 수행에만 매진 할 수 없는 일반인은 이런 말 앞에서 낙심하게 될 수 있다. 그러나 이것은 수행에 임하는 근본적인 마음의 자세를 말한 것이다. 원래 명상수행의 목표는 삶의 재발견에 있다. 목전의 삶을 버리는 것이 아니며 오히려 세속의 삶을 철저히 제대로 살기위한 실존적모색이다. 성인들은 깨달음을 얻은 뒤에 세상으로 돌아왔고 자신의 뜻을 세속에서 구현했다. 결국 어떻게 사는 것이 옳은 것인지를 아는 것이 수행의 참 목적인 것이다. 그러므로 수행은 저 먼 소실점 끝에 가서야 완성되는 미래의 것이 아니며 지나 온 과거의 일들에 발목을 붙잡히지도 않는다. 지금 당장 수행이 시작되는 그 첫머리부터 온전해지고 일상의 사소한 일 전부가 수행이 되어버리는 그런 것이다.

수행의 대상은 사람의 마음이다. 소박한 준비에 비해 변화무쌍한 경험은 측량이 불가하다. 어느 때는 평지를 달리는 순탄함이 있고, 어느 때는 광풍 속에 날뛰는 밤바다에 놓이기도 한다. 혼란과 두려움에 처한 수행자에게는 선명한 등대가 필요하다. 좋은 지도자는 금전이나 명예나 어떤 조건도 없이 수련자의 손을 붙잡아 주는 사람이다.

생활공간에서 수행하라

– 수행에 적합한 장소 –

어떤 수행한다는 사람이 물어왔다.
"수행도 하기 좋은 곳이 있습니까?"
"네, 있지요."
상대가 눈이 반짝하면서 되묻는다.
"그곳이 어디입니까?"
"사람이 죽어 넘어지는 곳입니다."

어느 종교단체를 막론하고 기도를 하고 있기 때문에 좋은 기도처에 대한 관심이 크다. 불교에서는 "어디 암자가 좋다더라." 기독교에서도 "어디 기도원이 좋단다." 하는 소위 기도발이 잘 받는 곳이 있다는 것인데 이것은 사실인가?

그런 곳이 실제로 존재한다면 명상수행에도 따로 좋은 장소가 있어야 한다. 흔히 떠도는 "계룡산 속의 어디, 지리산 속의 어디"하는 곳에는 수행의 성지가 있을 것만 같다. 설마 심우도 속의 산을 실제의 산으로 생각한 것은 아니겠지만, 이름 있는 명상센터들은 도심을 떠나 모모한 산속에 한 자리씩 잡고 있다고 한다. 한술 더 떠 저 멀리 잘 나가는 나라의 신 빨이 아주 잘 내리는 곳에 수행 장소를 만든 사람들도 있다. 바쁜 세상에 짐 싸들고 그런 곳까지 갈 형편이 못되는 사람들도 하다못해 도심의 수행단체정도는 들락거린다.

명상하기 좋은 자리를 찾는 수행자들의 열정은 눈물겨운 일이다. 하지만 수행하기에 특별히 좋은 장소란 샹그릴라나 파라다이스처럼 실제는 존재하지도 않는 이상향일 뿐이다.

전 조계종 종정 성철이 남긴 명언이 있다

"몰려다니지 말고 참선 잘해라."

참선만이겠는가, 어느 종교없이 몰려다니지 말고 기도 잘하고 명상 수행 잘해야 한다. 시간낭비 하지 말고 열심히 하란 뜻이지만 장소를 찾아 몰려다니는 것과 수행은 별개라는 가르침이기도 하다. 그리고 그 몰려다니는 군상들을 붙잡아다 삼 천배를 시켰다. 방아깨비가 아닌 이상, 평소 안하던 짓 삼 천배를 하다보면 기가 진하고 맥도 진한다. 실제로 법당에 엎어져 자기가 절하는 모습이 저 아래 보였다는 사람조차 있다. 분명 혼 줄이 빠져서 나가다 돌아 본 것일 것이다.

삼 천배, 양날의 검이 여실한 가르침 속에 좋은 기도처 찾는 비결이 있다. 그것은 돈오(頓悟)의 깔끔한 매무새처럼 선명하다. 숨이 넘어가는 깔딱 고개에서 모질고 모진 집착도 맥없이 떨어져 나간다. 그때 드러나는 것이 본전자리요, 기도의 명당이다. 그런 곳이라면 가야산의 골짜기 뿐이겠는가? 삼 천배를 할 자리는 사람하나 누울 정도면 되고 가부좌 틀 자리는 양변기 크기면 족하다. 그것도 아니면 발 딛고 선 자리인들 무슨 손색이 있겠는가?

붓다의 육성이 담겨있는 초기경전 '맛지마 니까야'에 보면 다음과 같은 말이 실려 있다.

+ 수행에 향상이 없고 필수품 얻기가 어려운 곳 --- 떠나야 할 곳.
+ 수행에 향상이 없지만 필수품 얻기가 쉽다. ---- 떠나야 할 곳.
+ 수행에 향상이 있지만 필수품 얻기가 어렵다. -- 머물러야 한다.
+ 수행에 향상이 있고 필수품 얻기도 쉽다. ------ 머물러야 함.

(맛지마 니까야 1권, 밀림경 p.108. 대림스님: 초기불전연구원.)

간단하게 요약하자면 필수품 얻기가 좋건 나쁘건 수행에 향상이 없는 곳에서는 머물러 있을 가치가 없다는 것이다. 그러니 산천에 틀어박혀 잡념을 친구 삼는다면 세속과 떨어진들 아무 소득이 없다. 오히려 제일 피해야 할 일번지가 그곳이 된다. '맛지마 니까야'에는 수행에 향상이 있다면 필수품 얻기가 좋건 나쁘건 머물러야 한다고 했다.

수행하는 입장에서 평가기준은 항상 수행의 향상일 뿐이다. 필수품을 구하고 못 구하는 것에는 전혀 개의하지 않지만 굳이 구할 수 있는 곳을 피하지도 않는다. 그렇다면 우리가 사는 생활환경도 수행을 못할 만큼 저주받은 곳은 아니라는 말이 된다. 오직 그에 대한 기준은 자신의 수행에 향상이 있는가, 없는가에 달려있을 뿐이다. 제대로만 된다면 자기 집 안방이든 어디든 무슨 문제가 있을 것인가?

　그럼에도 불구하고, 막상 집에서 자리를 잡고 앉아보면 집중이 안 된다는 사람이 있다. 집이라는 것이 일상 생활하기에 적합하도록 마련된 까닭에 생경한 짓을 하기에는 분위기가 산만하다는 것이다. 대개 이런 사람들은 초심자들이다. 어느 정도 연습이 된 사람들이라면 장소 따위에 구애받지 않는다. 적막한 산중에서 수행을 할지라도 하루 종일 수행만 하는 것도 아니다. 그러므로 불과 얼마 되지 않는 시간을 위해 오가는 길에서 세월을 낭비하고 사방에 먼지나 일으키며 돌아다닐 필요는 없는 것이다.

　하지만 기어이 산골이나 특정장소를 찾아 수행을 하려는 사람도 있다. 대개 이런 사람들은 장소가 달라지면 집중을 하지 못한다. 결국 그 사람들의 수행은 장소에 따라 이루어지는 맹랑한 수행이 되고 마는 것이다.

　시공간조차 소멸한 자리를 찾는 것이 수행이다. 장소에 따라 수행의 차이가 있다면 특정장소에 의지한 환각에 지나지 않는다. 정각을 얻은 붓다는 칠일씩, 일곱 번이나 자리를 옮겨가며 자신의 깨달음을 점검한다. 특별한 장소에 의한 환각인지 아닌지를 확인해본 것이다.

　수행자들 중에는 동문수학하는 사람들이 많으면 집중이 잘 된다는 사람들이 있다. 수행을 합작으로 하는 것이 아닌 마당에 그 역시 꿈속에 놀러 올 친구를 찾는 짓에 지나지 않는다.

　정상적으로 명상을 해왔다면 수행자는 오래지않아 때와 장소정도에는 영향을 받지 않게 된다. 즉 특별히 수행이 잘되는 장소나 시간을 가릴 필요를 느끼지 않는 것이다. 경영학의 구루였던 '피터 드러그'는 모든 경제적 요소 중에 시간재가 가장 중요하다고 했다. 어떤 방법으로도 빌리거나 만들어 낼 수가 없기 때문이다.

오늘날처럼 바쁜 현대인들에게 시간이란 곧 생명과 같다. 등이 몹시 가려우면 고양이 손이라도 빌려써야한다고 했듯이, 모자라는 시간을 아끼기 위해 식사시간을 할애하는 것은 예사가 되었다. 한가롭게 몰려 다닐 시간도 없지만 수행을 위해서라면 그럴 필요도 없다. 수행자는 일상의 생활과 그 공간을 벗어나지 않고도 언제 어디서나 수행을 할 수 있기 때문이다. 행주좌와(行住坐臥)가 모두 수행이라고 했듯이 중요한 것은 외적 요건이 아니다.

짧은 적응기간만 지나고 나면 집보다 나은 곳이 있을까?

수행을 일상화 할 수 있고, 가정사도 시의 적절하게 처리할 수 있다. 골치 아픈 가정사에서 놓여나는 기회를 갖고 싶어 수행 장소를 찾는다는 사람에게 수행은 소극적인 현실도피에 불과하다. 현실을 재발견하려는 적극적이고 긍정적인 목표와는 거리가 멀다.

역대 모든 성인들의 성인됨은 자신의 깨달음으로 현실을 구제한 것이다. 그들의 깨달은 바가 현실과 동떨어진 다른 세상을 찾는 것이라면 그런 것을 덩달아 추구할 필요가 없다. 우리는 일상의 고뇌를 이겨내기 위해 그들의 가르침을 구하고 있기 때문이다. 흔히 불교를 잘 이해하지 못하는 사람들 중에는, 불교가 현실을 버리고 이상을 찾아 허무한 짓을 한다고 말한다.

하지만 그런 편견은 이 나라의 어느 절이건 대웅전을 둘러싸고 있는 심우도만 보더라도 절로 해소될 수 있다. 심우도의 마지막 장면은 입전수수(入廛垂手)로서, 깨달음을 얻은 수행자가 마을로 돌아와 가게에서 물건을 파는 중이다. 가게에서 장사를 하고 있긴 하지만 손님을 부르기 위해 특별히 애를 끓이지도 않는다. 이것은 구도를 위해 길을 떠난 수행자가 현실생활로 온전히 복귀한 것을 상징한다. 마치 완벽한 우주의 근원이 대우주를 펼쳐놓은 것처럼, 내적 깨달음으로 현세적 삶을 재구성하고 있다. 수행자에게 현실과 이상의 이원적 갈등이 해소되고 고되기만 하던 일상은 자아실현의 장으로 화한 것이다.

왕양명이 42세 때, 정덕(正德)8년 저양(滁陽)에 머물 때의 일이다.

당시 그는 제자들이 세상의 공리적인 풍조에 물들지 않고 구도에만 힘쓰도록 고요히 앉아서 마음을 맑게 하는 공부를 권했다고 한다. 하지만 오래되자 고요함만을 좋아하고 움직이는 것을 싫어하여 생기가 없이 말라버리는 병폐에 빠져 들었다. 양명은 제자들이 자칫 유가의 본래 모습을 잃어버릴까 우려했다. 물론 양명자신도 젊었을 때는 좌선이나 도가의 수행에 몰두한 적이 있었다. 그러나 제자들이 형이상학적 해석이나 묘한 깨달음 등에 빠지는 폐단을 보이자, 현실생활 속에서 양지(良知)를 실현할 수 있는 방법으로 사상마련(事上磨鍊)을 제시하게 된다.

사상마련(事上磨鍊)이란, 글자 그대로 일상의 생활 속에서 일상사 자체를 수행의 대상으로 하는 것이다. 처음부터 그 자리였으니 떠나고 돌아올 필요도 없고 헛된 공상 따위는 붙을 자리도 없다. 상업적인 선전을 위해 일부러 초능력을 강조하거나 일상을 떠난 세계로 인도하는 짓은 요망함일 뿐이다.

"고요한 가운데 고요한 것은 참된 고요가 아니다. 분주한 가운데 고요를 얻어야 비로소 천성(天性)의 참된 경지라 할 수 있다. 즐거움 가운데 즐거운 것은 참된 즐거움이 아니다. 괴로움 가운데 즐거움을 얻어야 비로소 마음의 참된 기틀이 드러난 것이다."

(靜中靜 非眞靜 動處 靜得來 纔是性天之眞境 樂處樂 非眞樂 苦中 樂 得來 纔見心體之眞機) 채근담, 홍자성

불속에서 연꽃이 핀다.

(火中生蓮)

화택(火宅)이라 불리는 세속을 버린 깨달음은 공허한 망상일 뿐이다. 중생이 곧 부처이며 고뇌의 현장이 바로 우리의 아름다운 자아실현의 장이다. 평상심이 도(平常心是道)라 했고 초발심이 바로 선심(禪心)이며 깨달음이라고도 했다. 동일한 현상이 다르게 보이는 것은 오직 마음의 분별 때문으로서 고뇌와 해탈이 모두 한마음의 소산이다. 수행에 중요한 것은 장소가 아니다. 중병에 걸려 사경에 임한 입원환자도 집에 가기를 원한다. 길에서 부상을 한 사람도 무의식적으로 병원보다 집으로 향하려 한다.

그렇게 우리의 근본은 보금자리와 일상이며, 극복과 초월의 대상도 일상이고 궁극적 자아실현의 장도 일상이다. 일상은 자신에게 주어진 가장 진실한 화두로서 버리려 해도 버릴 수 없는 수행자 자신의 우주다. 그러므로 일상에서 멀리 떠나는 것 보다는 일상의 바로 그 자리에서 수행하고 바로 그 자리에서 깨달아야 한다.

주자(朱子)는 천리(天理)를 가린 것을 인욕(人欲)이라 했다.

인욕만 떨어진다면 천리는 저절로 드러난다는 뜻으로, 이것에 유(儒)와 불(佛)의 차이가 있을 리 없다. 장소 찾고 분위기 찾는 그 놈만 죽어 넘어지는 자리면 어디인들 수행처가 아니겠는가.

"법은 원래 세간에 있어서 세간에서 세간을 벗어나나니, 세간을 떠나지 말며 밖에서 출세간의 법을 구하지 말라.

삿된 견해가 세간이요 바른 견해는 세간을 벗어남이니, 삿됨과 바름을 다 물리쳐버리면 보리의 성품이 완연하리로다. 이는 단박에 깨치는 가르침이며 또한 대승이라 이름 하나니, 미혹하면 수많은 세월을 지나나 깨치면 잠깐 사이로다."

(法元在世間於世出世間 勿離世間上外求出世間 邪見是世間正見出世間 邪正悉打却菩提性宛然 此但是頓敎亦名爲大乘 迷來經累却悟則刹那間)

— 돈황본 육조단경(六祖壇經): 二十二 修行 p.206 성철, 장경각 —

혼자 하는 명상수행

― 수행의 기초 ―

수영을 하기 위해 필요한 것은 수영복뿐이다. 그러나 명상을 하기 위해 준비할 것은 아무것도 없다. 더구나 비결이 거론되는 특수한 수행법 같은 것은 더욱더 없다. 성인 불이심(聖人不二心)한데 바른 지도자라면 이색(異色)진 말을 할 리가 없으며, 따로 지름길이나 족집게 수행이 있을 리도 없다. 명상수행의 결실은 외적인 요건이나 양적인 축적에서 얻어지는 것이 아니다. 즉, 공간적으로 특별한 장소가 필요하다거나 과정적으로 절차가 있다면 그것은 모두 몽상이다.

- 수행의 자세 -

불상이 결가부좌를 하고 있고 많은 수행자들도 가부좌를 하고 있어서 일반적으로 명상수행은 꼭 그래야만 하는 줄로 알고 있다. 막상 수행을 하고자 하는 사람들 중에는 허벅지가 축구선수처럼 실하거나, 서양인들처럼 입식생활을 주로해서 다리를 접는데 고생하는 사람들이 많다. 이런 사람들은 가부좌한다는 것이 곡예처럼 어렵고 잠시 자세를 잡았다 해도 그 고통이 여간 심하지 않다. 그럼에도 불구하고 수행에는 필수적 요건이라 여기고 억지로 자세를 만들기 위해 땀을 흘린다.

가부좌가 제대로 안 되는 사람은 마치 근본적으로 자격미달이라도 되는 것처럼 자괴감까지 갖는다. 결국 이것이 원인이 되어 낙담한 나머지 수행을 그만두는 사람도 있다. 과연 가부좌에는 무슨 수행상의 비법이라도 있어서 필수적인 요건이라도 되는 것인가?

"정좌하여 내기를 운전하는 것은 본래가 자연적이다. 내식의 기복은 인공적이어서는 안 된다. 금일 시중에 나돌고 있는 기공은 도인적인 인공법으로, 몸을 건강하게 하는 데는 도움이 되지만 선도수행에는 보조적일 뿐이다. 소약을 수련하는 데는 쓸 수 있으나 대약은 불가하다.

희망컨대 수행자들이 밝게 판단하라."

(靜坐的內炁運轉, 本來自然, 內息的起伏也是不可人工的, 今日市面流傳的氣功, 均是導引的人工法, 於健身有益, 當仙徒的輔助則可, 用於修鍊小藥, 大藥則不可, 希學人明判之)

– 仙宗禪法靜坐心要 p.124. 臺灣 武陵出版社 –

정좌해서 수행하는 것이 아닌 것은 동공(動功)이고 각종 기공들이 모두 여기에 속한다. 그 동공은 선도수행의 보조적인 것일 뿐 본격적 수행을 할 수 없다는 것이다. 무엇보다 이 동공(動功)수련으로는 양신(陽神)이 출신하지 못하기 때문이다.

화양진인의 말을 인용해보자.

"선도를 수행하는 목적은 원정(元精)을 단련하여 기(氣)로서 광주(光珠)를 이루는 것이다. 출신은 선도수행의 최종적 이상으로, 내기(內氣)가 모여 빛나는 구슬처럼 된 것이 정수리로부터 나가는 것을 말한다."

(華陽眞人說, 修仙之目的, 在煉元精使之聚成光珠, 出神是修仙之人最終的理想, 指內炁聚如光珠由頂門而出.)

양신이 정문(頂門)으로 출신하는 것은 선도만의 이상이 아니다. 붓다를 그린 불화들을 보면 정수리로부터 법신출태(法身出胎)하는 장면이 많다. 군달리니 수행에서도 많은 차크라 도상들에 이 장면들이 묘사되어 있다. 모든 종교적 수행의 결실이 여기에 달렸기 때문이다. 그렇다면 정좌, 즉 가부좌를 하지 못하면 수행은 언감생심 꿈도 꾸지 못한다는 말과 다름이 없다.

그러나 이런 생각을 다시하게 되는 예들이 있다.

미륵은 붓다이후의 다음 세상에 출현하여 중생들을 구원한다는 미래불이다. 이 미륵불의 삼매에 든 모습은 일반적인 불상의 가부좌와는 거리가 있다.

고혜련의 '미륵과 도솔천의 도상학'에 실려 있는 미륵상들은 마치 가부좌를 하지 못해 엉거주춤 앉아있는 사람처럼 보인다. 교각상(交脚像)이라 불리는 미륵의 자세는 높은 좌대에 앉아 양다리가 발목부분에서 X자 형태로 교차하고 있다. 이런 모습은 북위시대의 운강석굴에만 하더라도 140여구가 있다고 했다. 또 우리의 국보 제 78호 금동미륵반가사유상은 좌대에 앉아 오른쪽 발을 왼쪽무릎위로 올리고 왼손으로는 그 발목을 잡고 있는 모습이다.

특히 고혜련은 차분하게 아래로 내려온 보관의 머리끈이 원효가 말한 전광삼매(電光三昧)이후의 평온한 상태를 의미한다고 설명했다.

"원효는 미륵상생경종요에서 말한 미륵신앙 수행법의 관(觀)은 삼매로 대체될 수 있으며, 이 삼매는 지속적인 참선상태를 나타내는 것이 아니라, 순간적으로 번개가 치는 듯한 전광삼매를 말한다고 했다."

– 미륵과 도솔천의 도상학, p.248 일조각 –

미륵의 교각상을 본 서양 사람들은 장차 미륵은 서양인에서 나온다는 뜻이 아닐까하고 생각하기도 한다. 성불하는데 동서양의 구별이 있을 리가 없으니 서양부처가 나타나지 않는다고 말할 수는 없을 것이다.

그간 발견된 유적들과 연구 성과는 가부좌가 아닌 교각도 명상수행의 자세임을 증명해준다. 미륵만이 아니다. 인도네시아의 자카르타에 있는 문듯사원의 석가모니불은 교각도 아니고 가부좌도 아닌 모습으로 앉아있다. 수인(手印)을 하고 있을 뿐 일반인들이 평상시 의자에 앉아 있는 바로 그 모습이다.

성명규지(性命圭旨)의 행선도(行禪圖)에는 앉아서 하건 걸어 다니면서 하건 모두가 선이라 했다.(行亦能禪, 坐亦禪)

자중도인의 문답(紫中道人 問答)에도 우뚝하니 앉아서 고요함만을 지키고 있는 것은 최하의 소승지법(守靜兀坐迺最下小乘之法)이며, 외도(外道)가 사람을 미혹시키는 사경(邪徑)이라했다.

또한 앉음에 있어서도 꼭 책상다리(가부좌)를 할 필요가 없고 마땅히 일상에 앉는 것과 같이하기를 권한다. 무릇, 앉는 것은 비록 일반인과 같이 하더라도 공문(孔門)의 심법을 지닌즉 일반인과는 다르기 때문이다.

(坐不必趺跏當如常坐夫坐雖如常人同而能持孔門心法則如常人異矣).

공문심법(孔門心法)은 유가(儒家)의 가르침이지만 어느 성인의 본의(本意)인들 다르지 않다. 이와 같이 전통적인 수행에서는 행주좌와(行住坐臥)가 모두 선(禪)이라는 점을 분명히 하고 있다. 그러므로 사실상 자세에 대해 염려할 필요는 없다. 단지 여기에는 필수적으로 틀림없이 갖추어야 할 것이 있다. 그것은 마조도일(馬祖道一)과 그의 스승 남악회양(南嶽懷讓)이 만난 장면에서 잘 드러난다.

한눈에 마조의 자질을 알아본 회양은 참선을 하고 있는 마조를 찾아간다.

회양이 물었다.

"당신은 좌선으로 뭘 이루려고 하는 거요?"

덩치가 남보다 사뭇 컸다는 마조는 영감을 힐긋 쳐다보았다.

"성불하고자 합니다."

그 말이 떨어지자 회양은 근처에 있던 벽돌 하나를 주워 박박 갈기 시작했다. 남은 참선하느라 정신을 모으고 있는데 옆에서 소음이나 내고 있는 영감때문에 마조는 바짝 신경이 쓰였다.

"스님은 그것을 왜 갈고 계십니까?"

"갈아서 거울이나 만들려고 하오"

"그것으로 무슨 거울을 만들 수가 있겠습니까?"

그러자 회양이 말했다.

"벽돌을 갈아서 거울을 만들 수 없을 진대는, 그대는 어찌 그렇게 앉아서 좌선이나 하면서 성불을 한다고 하시오?"

마조는 충격을 받았다. 남들이 다하는 좌선으로 성불하겠다는 것이 어째서 안 된다는 말인가? 이에 회양의 복음이 베풀어진다.

"앉아서 명상한다하면서 그대는 좌선을 배우고자 하는 것이오? 또는 앉아있는 부처를 흉내나 내고자 하는 것이오? 선은 앉고 눕는데 달린 것이 아니요. 앉아서 성불하려면 그것은 부처를 죽이는 짓입니다. 좌상(坐相)에만 집착해서 근본도리를 파악하는데 실패하게 됩니다."

그리고 내적정신인 법안(法眼)이라야 도를 볼 수 있다는 중요한 한 마디를 해준다. 즉 생각으로 도를 쌓거나 무너뜨리는 것이 아니라, '본래 갖추어진 모양없는 것'을 목격해야 한다는 것이었다. 외양의 자세 따위는 중요한 것이 아니고 요건은 내적각성의 여부에 있다는 가르침이다.

추석이 되면 애어른 할 것 없이 온 식구들이 송편을 빚어본다.

각자의 개성대로 만들어진 송편은 자연히 그 모양도 각양각색이다. 그러나 그 송편들이 모두 송편인 까닭은 무엇인가? 그것은 모든 송편 속에 같은 재료가 들어갔기 때문이다. 우리가 수행을 함에 있어서도 가장 중요한 것은 내면적 자세에 있다. 당시의 마조처럼 겉모양만 갖추고 있다고 해서 수행이 되는 것은 결코 아니다. 성명규지에서 어떤 자세를 하던 간에 공문심법(孔門心法)을 갖추라는 것도 이와 다르지 않다.

고봉화상은 자신의 스승인 설암(雪巖: 仰山)으로부터 '꿈도 없고 생각도 없고, 보고 듣는 것도 없을 때 주인공은 어디에 있느냐?' 라는 화두를 받았다. (無夢無想 無見無聞 主在甚麼處)

이후 크게 깨달았으나 스승에게 점검을 받지 않자 이를 의심하는 스승에게 서찰로 대답한다. 그 속에는 화두를 줄 때 설암이 해준 말이 들어있다.

"....금일부터 너는 불교를 배우고 법을 배우려 하지 말며, 또한 너는 옛을 궁구하고 이제를 궁구하려 하지 말라. 다만 배고프면 밥을 먹고 곤하면 잠을 자다가, 깨거든 곧 정신을 차려서 '나의 깨어있는, 한 주인공은 필경 어느 곳에서 안심입명 하는가?' 라고 하라 하셨습니다....."

회양의 경우처럼, 설암이 중요시 한 것은 참선의 자세가 아니다. 우징슝(吳經熊: John C. H)의 선학의 황금시대(The Golden Age Of Zen)에는 고대 중국의 수많은 선사들의 이야기가 실려 있다. 하지만, 그 중에 자리에 얌전히 앉아 깨달은 사람은 단 한사람도 없었다. 일상의 생활 속에서 오직 답을 찾는 진실한 마음만 있다면 외형이야 어떻든 송편마다 송편이고 만두마다 만두가 아니겠는가?

시선

수행 중에 눈은 어떻게 하고 있어야 하는지 궁금해 하는 사람들이 많다.

감고 있자니 졸음이 오고 반개(半開)하고 있자니 셧트의 높이 조절에 애를 먹는다. 크게 뜨면 눈앞의 광경에 정신이 산만해지고 가늘게 뜨고 있자니 자꾸만 눈꺼풀이 내려와 결국 감아버리기 십상이다. 답답하던 나머지 코끝에 시선을 모아보려고도 하지만, 눈알이 가운데로 몰려서 뻐근하기만 하다.

붓다는 깨달음을 성취한 성인이고 불상은 수련의 정석을 보여주는 모범이다. 그러므로 일반적으로는 자세뿐만 아니라 시선의 문제도 여기에서 답을 찾으려 한다. 하지만 깊은 삼매에 들어 공적영지(空寂靈知)의 선정상태에 있는 불상의 눈은 닮아 보기는커녕 흉내 내기도 쉽지 않다.

금강삼매(金剛三昧)의 절대경지에서 심신이 모두 완벽한 선정을 이룬 붓다는 눈썹도 까딱하지 않는 적멸에 들어있다. 이때 수행자의 내면은 티벳 등의 불교성지에서 볼 수 있는 거대한 눈 그림처럼, 몸의 모든 요소는 사라지고 깊은 삼매에 들어 있는 것이다. 초심자가 처음부터 이런 겉모습만을 흉내 내어 수행의 방편으로 삼는 것은 한낱 허튼짓에 불과하다. 진정한 성취로 인해 이루어진 자연적인 모습을 억지로 꾸민다고 같아질 수는 없다. 가부좌 자세가 곧 참선이 아니듯이 반개한 눈이 곧 참선은 아니기 때문이다.

춘추전국시대 중국의 한 얼빠진 여자가 경국지색이었던 서시의 행동을 따라 하기 시작했다. 기록상의 서시는 속병이 있어서 가끔 찌푸렸다고 한다. 지금의 병명으로 보면 심장병쯤 된다고 하는데 그런 여자가 춤에도 능했다 하니 신기할 따름이다. 어쨌거나 찌푸려서 아름다운 것이 아니라, 아름답기에 찌푸려도 예쁜 서시의 모습은 모두의 감탄을 자아내었다. 남성들의 시선에 굶주렸던 여자는 큰 착각을 하고 이 찌푸린 모습을 흉내 내며 돌아다녔다. 결과는 너무나 심각했다. 그 꼴을 보던 이웃 중에 돈이 좀 되는 사람은 이사를 갔고, 나머지는 문을 걸어 잠가 버렸다 한다.

재론하자면 불상의 반개한 눈은 삼매로 인해 이루어진 모습으로서 가짜 서시들이 반개함으로서 선정, 삼매를 낚아 올릴 수는 없다.

과정은 생략되고 결과만 있는 불상은 감히 초심자의 바라 볼 바가 아니다. 오직 서시의 미모처럼 복제불가능이 아니라 누구나 수행을 통해 그와 같이 될 수 있다는 것은 천천만만의 다행이라 할 것이다. 수행은 마조가 그랬듯이 외형적인 모습이 중요한 것이 아니며, 더구나 과정의 모습은 완료된 성인과는 차이가 있다. 그래도 꼭 불상의 눈을 닮아야 한다고 주장하는 사람들에게 질문해보자.

달마의 눈은 왜 위로 치켜뜨고 있는가?

황당한 이야기로는 달마가 수행을 하는 동안 잠을 이기지 못하자, 자꾸만 내려오는 눈꺼풀을 뜯어 버렸기 때문이라 한다. 정말 그럴까?

제자 신광(神光)이 법을 물었다.

"좌방(左方)을 버리고 붉은 눈이 허리에 차야한다"

(祖曰欲求正道 須去左旁 要待紅雪臍要)

신광이 이 말을 제대로 알아듣지 못하고 실제로 자신의 왼팔을 잘라 선혈이 눈 위에 뿌려졌다. 달마는 황급히 소매를 잘라 지혈을 하며 이 참극을 애통해 마지않는다. 또한 그 사례가 시초가 되어 후일 수행에 몸을 희생하는 인연이 심어질 것을 염려한다. 그런 성인 달마가 자기 눈꺼풀은 뜯어도 상관이 없다는 것이었을까?

달마만이 아니다. 인도요가의 신이라 일컫는 바바지도 눈을 위로 치켜뜨고 있다. 바바지는 현상계에 모습을 드러내지 않아 그를 친견한 사람은 극히 드물었다. 그럼에도 불구하고 요가난다는 그를 만나보지 못한 것이 한탄스러웠다. 급기야 그대로 사느니 차라리 죽을 생각으로 자학을 하기 시작했다. 식음을 전폐한 채 울고불고 하는 난감한 사태가 연일 이어졌다. 일이 이렇게 되자 어느 날, 험한 꼴 보기 싫었던 바바지가 요가난다 앞에 현신을 한다. 나중에 자신이 본 모습을 화가에게 그리게 하니 그것이 지금의 바바지 그림이다. 그런데 그 성스러운 바바지의 눈 역시 달마의 그것처럼 위를 향해 치뜨고 있다. 그렇다면 그도 역시 눈꺼풀을 뜯어 던진 것일까?

그 뿐 아니다. 우주의 에너지이자 마하야마의 마법사, 힌두의 여신 데비의 눈 또한 정수리의 사하스라라 차크라를 향하고 있다. 눈꺼풀을 뜯어 던진 성인들은 그 외에도 더 있다. 기독교 성화속의 예수가 그렇고, 자이나교의 성인 바르다마나(Vardhamana)가 그렇다. 이런 대표적 성인들 말고도 눈을 치뜨고 있는 존재들은 많은데 이들은 정말 잠을 못 견뎌 눈꺼풀을 뜯어 버린 것일까? 수행은 하고 싶지만 눈꺼풀까지 뜯을 수야 없다는 사람들도 그다지 고민할 필요는 없다. 달마를 위시하여 성인들이 눈을 치켜뜬 속내는 따로 있다.

아래로 반개한 눈만 고집하는 사람들은 그저 눈 한번 깜박이지 않는 깊은 삼매에 대해 고정관념을 갖고 있을 뿐이다. 그러나 다이나믹하게 변하는 신체의 기 순환과 그 변화를 감지하는 시선에 대해서는 모르는 사람들이다. 신기상의(神炁相依), 주천(周天)하는 기가 순조롭게 순환하려면 정신과 기는 서로 의지해야한다. 관심이 내면을 향하면 의식은 기의 순환과 일체가 되고 시선은 당연히 기의 흐름을 따르게 된다. 시선은 마음을 쫓아가기 때문이다.

이때의 시선은 머무름이 없는(應無所住) 내적지각을 말한다.

정륜(頂輪), 사하스라라 차크라가 발달하게 되면 양신이 정수리를 통해 출입하게 된다. 처음 그 경험을 한 수행자들은 강력한 충격에서 쉽사리 헤어나지 못한다. 자신의 존재 전체가 그 곳을 통해 뻗어나가는 동안 수행자는 아무것도 할 수가 없다. 일반의 생각처럼 양신은 의도적으로 끌어내거나 들이는 것이 아니다. 모든 과정은 저절로 이루어져서 출신이 진행되는 동안 온 신경과 감각은 정수리에 몰리고, 눈은 오직 정수리 외에 다른 곳을 볼 수가 없다. 티벳의 탑에 그려진 부처의 눈을 보면 눈동자의 좌우와 아래가 하얗게 비어있어 관상에서 말하는 하삼백(下三白)이다. 이 또한 눈이 상위 차크라에 집중되어 있음을 뜻한다.

선도에서 대약(大藥)을 얻는 것도 시절이 있고 이때, 수행자의 눈은 오직 정수리를 향하고 있다.

(大藥之生有時節 亥末子初正半夜 精神相媾合光華 採時用目守泥丸)

이와 같이 시선, 즉 내적지각은 수행과정에서 다이나믹하게 변화한다. 외형적인 모습을 어떻게 하고 있는가 하는 것은 수행에 중요한 사항이 아니다.

결국 시선의 문제는 눈을 고정하려고 애를 쓰는 그 마음도 버리고 오직 내면에 관심을 집중해야 한다. 당구를 하는 것도 아니고 볼링을 하는 것도 아니다. 각도를 잡아 눈을 코끝에 둔다고 득도한다는 말은 어디에도 없다. 단지 수행자의 수행이 원만해져감에 따라 시선은 절로 안정될 뿐이다. 더구나 수행이 진행되면 얼마 지나지 않아 눈은 뜨고 있어도 외부세계를 지각하지 않게 된다.(視而不視)

이외에도 수행과 눈의 문제에는 수행중에 눈을 감는 것이 효과적인지, 뜨고 하는 것이 좋은지에 대한 논란도 있다. 전통적으로 간화선에서는 눈을 감는 것을 금한다. 눈을 감은 채 수행을 하면 졸거나 공상과 환각에 빠지기 쉽다는 것이 그 이유다. 수면대기 상태가 되거나 온갖 잡념들이 두서없이 출몰한다면 이것은 이미 수련이 아니다. 그러나 혼란스러운 주변에 시선을 빼앗기지 않고 쉽사리 심리적 안정을 얻을 수 있어서 효과적이라는 주장도 있다. 익숙해지면 졸리지도 않고 잡념도 사라지기 때문에 집중하는 데는 오히려 도움이 크다는 것이다.

어느 것이던 수행에 중요한 관건은 내관(內觀)이다. 내관이 제대로 이루어지면 형식은 한낱 송편의 겉모습에 지나지 않는다.

수행시간

일본에서는 오뚝이를 다로마라고 한다. 손발이 없이 오뚝하니 앉아서 어디로 기울어져도 절대 넘어지지 않는 오뚝이의 모델은 달마대사다. 이것은 오랜 수행기간 중에 달마의 손발이 퇴화되어 없어졌다는 전설에서 비롯되었다. 9년 면벽을 했다는 달마동(達磨洞)의 바위벽에는 그의 얼굴이 새겨져있다는 말까지 있으니 그만큼 수행기간이 길었다는 것이다.

숙련된 수행자는 수행시간에 구애받지 않는다. 그러나 습관이 안 된 초심자에게는 십분, 이십분도 한여름의 낮처럼 길게 느껴진다. 실재로 앉은지 5분도 안되어, 무산소 잠수라도 한 것처럼 소스라쳐 일어서는 사람도 있었다. 후일담을 하자면 이 사람은 불과 며칠도 지나지 않아서 시간을 늘여도 될지에 대해 의논해왔다. 참고 견디는 방법을 체득한 것이 아니라 수행을 누리게 된 까닭이다. 이런 내적혁명이 일어날 때까지 초심자는 얼마나 자리보전을 하면서 견디고 있어야 하는 것일까?

목표와 질문이 명확하면 답도 제대로 얻어질 수 있다.

무엇 때문에 앉아있는가?

깨달음을 얻기 위해서라고 한다면 중요한 것은 특정자세나 얼마간의 정해진 시간이 아니다. 수행이란 표준 레시피를 따라 빵을 굽거나 고기를 굽는 것이 아니기 때문이다. 시간이나 경력이 성과를 좌우하는 것이라면 수행역시 빠를수록 좋을 것이다. 일어나 앉을 나이만 되면 조기교육, 선행학습으로 즉시 수행을 시작해야 짧은 인생에 긴 시간을 확보할 수 있을 테니까. 그러나 실제는 치질이 생기도록 방석을 깔고 앉아있다고 진척이 있는 것은 아니다.

산속으로 들어간 나무꾼이 어쩌다 신선들이 바둑을 두고 있는 곳에 도달했다. 허연 영감들이 주고받는 이야기도 재미있고 바둑전쟁도 눈을 떼기가 어려울 지경이었다. 결국 해질 무렵에야 집으로 돌아왔는데 큰 일이 생겨버렸다. 마을은 그대로 있었다. 하지만 한나절 만에 자신이 알던 사람은 모두 죽어버리고 동네에는 온통 얼굴도 모를 사람들로 가득했다. 신선의 세상과 인간의 세상은 시간의 길이가 달랐던 것이다. 마치 아인슈타인의 상대성이론과 같은 이런 일은 누구나 일상에서도 유사한 체험이 있다. 정말 재미있는 일에 몰두한 시간은 짧게 느껴지지만 실제의 시간은 상당히 흘러있기 마련이다. 설화가 주는 의미처럼 수행에서도 중요한 것은 집중도에 있을 뿐 객관적인 시간은 의미를 갖지 못한다. 엄청난 인내심으로 5분을 견뎌야했던 초심자가 돌변한 것도 내면에 대해 눈을 떴기 때문이었다.

궁극적으로 수행이란 우리의 내면이 항상 깨어있음(本覺)을 자각하기 위한 노력이다. 수행의 성과를 이룩한 사람은 일상사에 늘 깨어있고 상대세계가 소멸한 그의 마음에 시간의 흐름은 존재하지 않는다. 회전

운동의 중심처럼, 문의 지도리와도 같이, 행주좌와의 모든 외형적 변화와 무관한 자신의 본래면목이 있다.

"백년 삼만 육천 날의 아침이 반복되는 것이 모두 이 놈 때문이다."

(百年三萬六千朝反復元來是這漢)

수행자는 백년 삼만 육천 날을 펼쳐놓으면서도 자신은 단 한순간도 움직이지 않는 생명의 실체를 찾는다. 그 자리에 드는 길은 세월을 잊은 나무꾼처럼 수행에 몰입해야하고, 몰입을 위해서는 오직 마음을 수습해야한다.

"의념이 사라지면 육식이하 모든 것이 다 사라진다."

(意念旣銷自六識而下莫不皆銷)

육식이 사라지면 생각이 번잡해지지 않고 마음은 한곳에 정주(定住)한다.

"소위, 한 근원으로 돌아가면 (저절로)육근은 해탈된다."

(所謂一根旣返元六根成解脫)

"이미 육근이 없는 즉, 육진이 사라지고, 육진이 사라진즉, 육식이 사라진다. 육식이 사라진즉, 윤회종자가 사라지고, 윤회종자가 사라진즉, 나는 한 점 진심으로 홀로 서서 아무것에도 의지하지 않는다. (오직) 공하여 넓고 크며 밝고 맑아, 만겁토록 언제나 존재하면서 영원히 생멸하지 않는다."

(旣無六根則無六塵旣無六塵則無六識旣無六識則無輪廻種子無輪廻種子則我一點眞心獨立無依空空蕩蕩光光淨淨而萬劫常存永不生滅矣) 性命圭旨.

종종 수행단체들 중에서는 의념(意念)으로 기를 끌고 다니라고 가르친다. 그러나 기는 갈 곳이 없는 마음에 의해 깨어나며, 스스로 주천(周天)한다.

이에 관해서는 성명규지(性命圭旨)의 法輪自轉工夫에도 소상한 설명이 있다.

그러므로 수행자는 수행시간에 억매일 필요가 없으며 오로지 마음을 수습하는데 만 관심을 두면 족하다.

경락과 단전

흔히 한의원에서 볼 수 있는 사람인형에는 360개의 구멍과 그 구멍들을 잇는 선들이 그려져 있다. 경혈(經穴)과 경락(經絡)을 나타낸 것이다. 경락의 체계는 12경락과 도가의 기경팔맥(奇經八脈)을 합쳐 중복되는 것을 제외하면 모두 14경락이 존재한다. 침술은 특정경혈을 침으로 자극하여 신체에 돌고 있는 생명기운, 즉 기(氣)의 흐름을 증폭시켜 질병을 치료하는 방법이다.

해부학적으로만 접근한 서양의학에서는 현대에 와서야 겨우 그 존재를 확인하게 되었다. 서구에서는 독일에서 우연히 X선에 감광된 경혈을 발견하고 기의 메카니즘을 연구하기 시작했다. 한자경은 서구의 기에 대한 연구에 대해 쿤달리니 요가를 현대의 신경생리학적으로 해명하는데 크게 기여한 이자크 벤토프의 말로 소개했다.

".... 내가 보여주고 싶은 것은 감각피질이나 운동피질상의 점들의 배열이 신체에서 일어나는 쿤달리니의 진행경로와 아주 비슷하다는 사실이다."

침술은 부항과 더불어 그 기원이 고조선으로 올라가는 만큼 역사도 오랜 고대의학의 개념이라 하겠다. 황제내경에 이 기의 체계가 자세하게 설명되어 있는 것을 볼 때, 기에 대한 연구는 그 보다 더 오랜 고대에 완성되었음을 알게 된다. 최초로 기의 존재를 인식한 것은 종교적 의식과 기도행위의 초월적 체험에 의한 것으로 짐작된다.

기가 살아있는 존재의 실상이며 생명력의 원천으로 이해되자, 발병하기 전에 이를 활성화하여 건강을 증진시키는 법도 연구가 되었다. 이런 노력은 우주의 근원으로부터 인간이 형성된 과정을 회귀하여 심신이 자연의 조화에 합일되는 길을 창출해내었다. 수행으로 인해 마음은 그 편향성을 벗어나고 신체는 환골탈태(換骨奪胎)를 이루었다. 다양한 개별적 특성에서 놓여나 심신으로 우주적 순리와 완전성에 합일하게 된 것이다. 이런 까닭에 고래로부터의 모든 명상수행은 이 경락을 활성화하는데 목표를 두게 되었다.

종교적 기도와 명상이 결국은 내적수행으로 인한 기의 각성과 조화로운 운영을 지향하고 있으며, 이것은 다름 아닌 내단(內丹)의 체계다.

"현대의 요가수행단체나 정신의학계에서는 쿤달리니(氣)를 신체의 특정부위에 잠재해있는 무한한 에너지로 보며, 이것이 활성화되면 신체적 정신적 인지적 대변화가 일어난다고 주장한다. 우리가 아는 모든 명상수행이 실은 신체안의 이 쿤달리니의 각성을 향한 것이라고 간주

되기도 한다....수도생활에서 무슨 일이 일어나든지 그것은 쿤달리니 각성과 관계가 있다. 영적생활의 목표는 그것을 삼매라고 하든지, 열반이라고 하든지, 합일이라고 하든지, 해탈이라고 하든지 간에 다 쿤달리니의 각성에 있다."

(명상의 철학적 기초; 한자경, p.65, 66)

이와 같이 명상수행자는 경락과 그 길을 따라 순환하는 에너지, 기의 수행을 통해 우주적 근원과 합일할 수 있다. 이 말은 다시 모든 종교의 기도방법에 명상수행이 존재하는 이유를 설명하고, 그 길이 깨달음으로 통한다는 것을 반증한다. 즉 한자경의 말처럼 모든 종교문화는 외적인 상이함의 저변에 내적 공통점으로 명상수행이 존재하고 있다. 그리고 그 명상수행은 모두 쿤달리니와 기의 수행이며, 쿤달리니가 각성되지 못하는 수행은 명상이 아니라는 결론에 도달하게 된다.

결론이 이에 이르면 도가서적들이 온통 기의 수행에 대한 설명으로 채워진 것도 이해가 될 수 있다. 그러나 여기에도 자칫 새로운 폐단을 낳을 여지가 잠재해있다. 숲과 나무에 집중하다보면 산의 능선을 볼 수 없게 되는 것처럼, 수행자들의 수행방향이 경락과 기에 대한 기교적 탐구에만 빠져들 우려가 있는 것이다. 막상 이런 쪽으로 가닥이 잡히면 수행자는 한낱 기계를 돌리는 기술에만 집착하게 된다.

주천(周天)을 가르치면서 의도적으로 특정 혈이나 경락을 따라 기를 끌고 다니게 하는 것을 볼 때가 있다. 초심자들은 바로 여기서 엉뚱한 길로 들어서고 안 겪어도 될 고질을 평생 앓는 수가 생긴다. 건강한 사람이라면 자신의 몸속에 어떤 장기가 있는지 몰라도 생활을 하는 데는 아무런 문제가 없다. 각종 장기는 주인이 걱정을 해주지 않아도 각기 맡은 일을 잘 하고 있을 테니까. 경락, 경혈을 외우고 어떤 쪽으로 기를 끌어가야 하는지 고민하는 것은 삼킨 밥덩이를 위로, 소장으로, 대장으로 열심히 돌리고 있는 짓과 다름이 없다. 잘 씹기만 한다면 밥은 저절로 여러 장기를 무리 없이 통과해서 얌전하게 배설되어줄 것이다. 기의 주천 역시 애쓰지 않아도 저절로 이루어진다.

중국의 오류선종(伍柳仙宗:오충허(伍冲虛)와 유화양(柳華陽)의 사상을 합한 수련계통)이 대소주천(大小周天)을 수련하는 법과, 불교적 수행법을 아울러 소통시킨 선종선법정좌심요(仙宗禪法靜坐心要)에는 다음과 같은 내용이 있다.

"유위법은 중승의 공부이며, 상승적 공부를 한다면 전연 같지 않다. 수행자는 다만 마음을 고요하게 비우고 안정할 뿐이다."

(均是有爲法之中乘工夫 若引用上乘工夫 則全然不同 修士只定心在虛空中)

"이렇게 입정이 깊은 중에 각로의 경맥들은 단기간에 일일이 뚫린다."

(如此若能深入定中 各路經脈在短期間便能一一打通)

－ 定心 dingxin은 定神 ding//shen(r) 으로서 호환된다. －

여기에는 각별히 용을 쓴다거나 뭔가 인위적으로 정성을 들여서 하라는 말이 없다. 단지 잡념을 떨치고 고요히 앉아있는 가운데 일체의 경락은 저절로, 그것도 단기간에 열린다고 했다. 즉, 제대로 된 공부는 경락을 붙들고 용을 쓰는 일은 절대 없다.

"젊은 사람은 한 달도 안 걸리고 중년이라 해도 백일을 넘기지 않고 금단이 만들어진다."

(少年不消月餘 中年不過百日 結成金丹)

仙宗禪法靜坐心要: 臺灣 武陵出版 : p.60

진실은 이것이다. 그러나 무술의 승단을 하듯이 단계를 정하고, 무언가 딴 짓을 하면서 금세(今世)에는 꿈도 못 꾸느니 하는 전설이 생겨난 것이다.

다음으로 자주 듣는 말은 기화(起火)를 위해 특정한 한 경혈에 집중하라는 것이다. 이것이 얼마나 황당한 짓인지 알지 못하는 자들이 또한 초심자를 고생시킨다. 선종선법정좌심요(仙宗禪法靜坐心要)는 첫 장부터 수행상의 필수적 주의사항을 언급하고 있다. 그만큼 비중이 큰 사항이란 뜻이다. 시중의 수행법 중에는 하단전이나 특별한 한 경혈을 주시하면서 복식호흡을 하라고 가르치는 경우가 많다. 선종선법정좌심요(仙宗禪法靜坐心要)의 단도축기심요(丹道築基心要)에는 이런 단순한 생각이 어떤 피해를 가져오는지 잘 설명되어있다.

"수행자가 경혈을 지킴에, 한 경혈을 오랫동안 사수하는 것은 절대불가하다. 만약 이렇게 한다면 신체 오행기의 순환이 오랫동안 조화를 잃고 고질적인 속병을 만들게 된다."

(修士守竅 萬不可長久死守某竅 若如此 於五行氣之循環久必失調 將成隱疾矣)

신체상의 기는 자연적으로 몸을 주유하고 있고 시간마다 특별히 중심되는 경락이 있다.

자시 – 족소양 담경

축시 – 족궐음 간경

인시 – 수태음 폐경

묘시 – 수양명 대장경

진시 – 족양명 위경

사시 – 족태음 비경

오시 – 수소음 심경

미시 – 수태양 소장경

신시 – 족태양 방광경

유시 – 족소음 신장경

술시 – 수궐음 심포경

해시 – 수소양 삼초경

이외에 족궐음 간경으로부터 수태음 폐경으로 이동할 때 기경팔맥의 독맥과 임맥이 연계된다. 이 경락들은 사람의 신체가 정상적으로 작동하도록 스스로 움직이고 있는 기제다. 체 내의 장부는 물론, 사지와 백해, 오관칠규, 피부와 털, 근육 등, 어느 곳에나 분포되어 있고, 그 통로를 따라 기혈이 운행함으로서 생명활동이 유지되는 것이다. 이 흐름에 장애가 발생하면 사람의 건강은 서서히 균형을 상실하고 고질적인 병이 생겨 버린다. 지구의 기후가 불안정하여 환경이 파괴되면 생태계의 부조화가 오고 그로인해 대재앙이 닥치는 것과 다르지 않다. 경락의 흐름은 결코 역행되거나 균형을 깨트려서는 안 되는 원인이 이런 것이다. 그럼에도 불구하고 한 경혈에만 집중하거나 기의 흐름을 인위적으로 통제하려는 것은 위험천만한 일이다.

황제내경(皇帝內徑) 영추(靈樞)의 옹저(癰疽)에는 기백과 황제가 이런 위험에 대해 토론하는 내용이 있다.

"歧伯: 경맥은 쉼 없이 흐르므로 하늘의 운행규율과 부합하고 땅의 이치와 부합합니다. 천체의 운행이 상도를 잃으면 일식이나 월식이 나타나고, 땅의 대하(大河)가 정상적인 수도를 따라 흐르지 못하면 하수(河水)가 범람하여 초목이 시들어 자라지 않고, 오곡역시 자라지 않으며, 도로가 끊어져 사람들이 왕래하지 못하고 길거리로 모여들거나, 작은 마을에서 거주하는 등, 각기 다른 곳으로 이별합니다. 인체의 기혈 역시 이와 같은데, 그 까닭을 말씀드리겠습니다.

대저 인체의 혈맥과 영위(營衛)는 쉬지 않고 운행하여, 위로는 성숙(星宿)과 상응하고 아래로는 경수(經水)가 흐르는 이치와 상응합니다. 만약 한사(寒邪)가 경락에 침입하면 혈이 응체(凝滯)되는데 혈이 응체되면 혈이 소통되지 않고, 혈이 소통되지 않으면 위기가 국부에 쌓여 반복적으로 주행하지 못하므로 옹저가 발생합니다. 한사가 열로 변하여 열독이 성하면 기육(肌肉)이 썩고, 기육이 썩으면 화농하는데, 농을 제거하지 않으면 근(筋)이 썩고 근이 썩으면 골(骨)이 손상되며 골이 손상되면 골수(骨髓)가 줄어듭니다. 만약 옹종이 골절(骨節)의 틈에 있지 않으면 제거할 수 없으므로 혈이 고갈되고, 혈이 고갈되면 근골. 기육이 영양을 받지 못하고 경맥이 손상되어 새어나오며, 오장(五臟)을 졸여 오장이 손상되므로 죽습니다."(成輔社: p.625~626)

어떤 물체든 구멍을 여러 개 뚫고 물속에 잠그면 구멍마다 물이 차올라 온다. 즉, 물이 충분해지면 구멍이라고 생긴 구멍에는 물이 들어가지 않을 곳이 없는 것이다. 기가 충족되면 새삼 길을 따라 움직이지 말라고 해도 저절로 움직이고, 경락을 따라 끌어대지 않아도 저절로 돌아간다.

"기가 모이면 임독맥(任督脈)은 절로 열리며, 경락을 따라 스스로 운행된다는 것이 이것이다. 삶고 달구어 정결해지고, 움직여 다시 달구며 순환하여 멈추지 않는다."

(所謂炁滿任督自開, 運行自有經路此之謂也, 烹煉復靜, 動而復煉, 循環不已)

오히려 순행(順行)하고 있는 흐름에 파탄을 일으켜 병이나 만들지 않도록 조심해야 할 것이다.

"기가 충족되면 맥은 저절로 통해진다. 수행자는 기를 축적하는데 급해서 무화(武火)를 오용하지 말라."

(氣足自可通脈 修士勿急於氣足而誤用武火)

– 단도축기심요(丹道築基心要) 13번째 항 –

흔히 수행의 성과에 집착하여 서두르던 나머지 무화를 지속하는 경우가 있다. 무화(武火)는 외호흡에 의한 것으로, 호흡을 중시하는 곳에서는 수행자의 신체상황을 고려하지 않고 일괄적으로 적용하는 것을 많이 본다. 무화(武火)적용의 요건을 제대로 알지 못하는 것이다. 이것은 대단히 위험한 일로 마치 최대한의 화력을 동원하여 보일러를 가열하는 것과 같다. 그 결과는 주화입마(走火入魔)의 고통을 초래하고 갖가지 병이 발생하며, 심한 경우 목숨을 잃기도 한다. 무화로 인한 사고는 의외로 많았다. 그 대표적인 것은 십 수 년 전에 있었던 일로서 생각할수록 안타까운 사례였다.

그는 한국인으로서 중국무술에 능통해 소림사와 교류를 하기도 했던 사람이었다. 문제는 중국에서 기공수행을 배워왔는데 얼마 후, 병을 얻게 된 것이다. 그가 병중에 찾아온 적도 있었지만 전혀 내색을 하지 않았고 당시에는 기공수행을 하고 있다는 것에 대해서도 알지 못했다. 단지 그의 몸이 얼핏 보기에도 축이 나있음을 알 수 있었다.

그가 다녀간 지 얼마나 지났을까. 산속에까지 가서 요양을 했음에도 불구하고 유명을 달리했다는 소식이 전해졌다. 병명은 결핵과 그칠 줄 모르는 설사 등, 전형적인 수행의 부작용으로서 사정을 안 뒤의 안타까움은 더욱더 컸다. 부인이 약사였다는 것으로 미루어 건강을 되찾기 위해 여러 방법을 다 동원했을 것은 짐작이 된다. 하지만, 이렇게 수행에 의해 얻은 병은 적절히 조치하지 못하면 결국 도를 넘어 돌이킬 수 없는 결과를 초래하고 만다.

최근 우리사회에는 높은 열(熱)을 특징으로 하는 메르스가 맹위를 떨친 적이 있다. 강한 전염성으로 인해 의료진에까지 희생자가 파급되자 사람들의 공포는 극에 달했고 길거리에 행인이 줄어들 지경이었다. 이로 인해 경제적 피해도 심각했으니 충격적인 경험이 아닐 수 없었다.

이 메르스의 증상은 심한 열과 설사, 탈수, 폐렴, 그리고 신장에 무리가 가서 신장투석 환자들에게는 치명적인 질병이었다. 신체에 드러났던 증세를 보면 환자들은 소변배출도 힘들고 방광과 간에도 상당한 타격을 받았을 것이다. 메르스를 동양의 오행(五行)개념으로 보면 화기

(火氣)로서, 강력한 고열이 모든 병증의 원인이 되고 있다. 강한 화기는 그것이 직접 극하는 금(金)에 큰 타격을 주고 화기를 진화 하는 수(水)를 고갈시킨다.

한의학에서는 이 극심한 타격을 입는 금(金)과 수(水)에 해당하는 장기들을 각각 폐, 대장, 신장, 방광으로 해석한다. 금(金)과 수(水)는 서로 상보관계에 있어서 한쪽의 큰 피해는 곧 다른 쪽의 위험한 상황을 촉발하게 된다.

메르스는 강력한 화기로 이 두 가지 오행에 속하는 신체의 장기를 손상시켜 치명적 위기로 몰아가는 질병이었다.

이 메르스와 기공수행자의 병을 비교해보면 놀랍도록 닮아있음을 알 수 있다. 두 경우는 모두 강력한 화기(火氣)로 인한 피해였다. 즉, 조절하지 못한 무화는 메르스보다 더 하면 더했지 모자라지 않다. 놀라운 것은 지금 상당수 지도자들이 수행 중에 발생하는 열을 조절할 줄 모른다는 것이다.

팽(烹)은 삶는 것이고 련(煉)은 치금(治金)으로서 쇠를 다스려 정제하는 것을 말한다.(설문해자는 鍊과 煉을 鑠冶金 쇠를 녹여 다스리는 치금이라 함.) 둘 다 불을 다루는 것이 생명이다. 수행을 팽련(烹煉)이라 한 것은 이 또한 불의 조절(火候)이 중요함을 강조한 것이겠다. 즉 기화(起火)하여 금단을 달이는 것은 가스 불에 음식을 올려놓고 조리하는 것과 다르지 않다.

이런 까닭에 불이 너무 강하면 음식이 다 타버릴 것이고, 불이 너무 약하면 음식은 언제 될지 기약이 없다. 또한 반대로 냉기가 경락을 따라 돌게 되면 그 피해 역시 주화입마에 버금가게 되는 것이다. 그러므로 불의 조화를 수행자의 상태에 따라 적절하게 운영할 수 없는 사람은 지도자라 할 수 없다. 멀쩡한 남의 집에 불을 지르는 위험천만하고 무책임한 사람에 불과할 뿐이다.

수행자는 우선 자기를 지도하는 지도자에게 열을 어떻게 다스리는지 질문해야 한다. 열이 많이 오를 때와 반대현상에 대한 뚜렷한 해결방안을 알지 못하는 경우, 즉시 인연을 정리하는 것이 좋다. 이런 상식적이면서도 필수적인 사안의 터득이 없는 사람은 자기를 속이고 남을 속이는 위선자들일 뿐이다. 화후(火候)의 조절이 잘못되어 발생하는 탈은 이뿐만이 아니다.

상풍(傷風)을 하는 경우도 있고 상한(傷寒)이 되는 수도 있다. 단전이나 명문, 회음 등, 어떤 경혈에도 오랜 시간 지나치게 집중하면 수행자는 머릿속이 어지럽고 혼침(昏沈)에 빠지게 된다.

(守丹田, 命門, 會陰等穴, 過久或過猛時, 行者感覺頭腦昏沈)

나아가 간이 달아올라 안구가 충혈 되고 입안이 마르며 헛것이 보이기도 하고 정신이상 증세를 드러내기도 한다.

무화와 문화는 수행상황에 따라 적절하게 조율이 되어야 하며, 균형을 상실할 때는 항양(亢陽)으로 인한 상맥(傷脈)이 필연적이다. 이때 다친 경혈과 경락이 주관하는 신체장부에는 누적된 부조화로 인해 평생의 고질적 병이 자리를 잡고 만다. 수행을 처음 시작하는 초심자는 기질상 양이 허한 상태인지 음이 허한 상태 인지 구별이 필요하고, 이에 합당한 수행방법이 적용되어야 한다. 여기에 다시 절기의 상황까지도 고려해야만 비로소 중도의 균형의 이치를 찾아낼 수가 있다.

(修士守竅, 當知陰陽之理, 先察自身之體質條件, 爲陽虛? 抑或陰虛, 在於節氣配合, 以尋出中道均衡之理.)

올바른 지도자라면 이 모든 경우에 대해 명확한 방법을 알고 있어야 한다.

같은 신체상의 기(에너지)를 다루는 수행이지만 고대로부터 검증된 정통적인 수행방법들에도 상호간에 약간씩 차이를 보인다. 대표적인 것이 인도의 쿤달리니 요가와 선도의 차이다. 이 두 대표적 수행체계는 많은 부분에서 유사성을 갖고 있다. 그럼에도 불구하고, 각 수행체계가 채용하는 경혈과 경락들 중에는 다소의 상이함이 존재한다. 일반적으로 쿤달리니 요가에서 중요하게 생각하는 기의 흐름은 일곱의 차크라를 통하는 수직적 상승이다. 불교역시 이와 유사하여 삼맥칠중륜(三脈七重輪)을 중시한다고 알려져 있는데, 이에 비해 선도에서는 기경팔맥(奇經八脈)을 통한 순환을 정론으로 하고 있다. 여기에 각종 도가의 수행들은 저마다 중요시하는 경혈을 달리하며 나름의 독특한 수행방법을 주장하기도 한다. 이런 차이는 초심자들로 하여금 수행의 개념을 혼란스럽게 하고 미궁에 빠트리기 십상이다.

한자경은 이 문제를 지적하면서 두 체계를 비교한다. 쿤달리니 요가에서는 기가 직선적으로 상향(上向)하는데 반해 선도에서는 임,독맥을 따라 원운동을 한다는 차이점을 들었다. 그러나 이런 주장은 리 샤넬리의 그릇된 논리에 경도된 느낌이 있다. 기경팔맥의 충맥(衝脈)은 쿤달리니처럼 신체의 내부를 직선으로 상향이동하고 있으므로 쿤달리니

체계와 다르다고 할 수도 없다.

"군달리니 요가는 물라다라 차크라에 쿤달리니라는 근원적 에너지가 있다고 보며 그것을 각성시켜 사하스라라 차크라까지 끌고 올라가 둘을 합일시켜 삼매에 이르는 것을 목표로 삼지만, 단학에 있어서는 기를 모아 형성하는 단전 이외에 쿤달리니 같은 것을 인정하지 않는다. 또한 단학은 기를 돌림으로서 궁극적으로 양신을 형성한다거나 출신하여 신선이 된다거나 하는 것을 목표로 삼는데 반해 쿤달리니 요가에는 그런 것이 없다"

그러나 한자경의 이 주장에도 역시 무리가 있다. 쿤달리니 요가에서도 상위 차크라를 초월한 신외활동(身外活動)이 있고 그것을 묘사한 전통적 도상들이 전해져오고 있기 때문이다. 그림들을 보면 오히려 쿤달리니의 체계가 양신의 신외활동을 더 상세히 분류했다는 생각까지 든다.

(군달리니: 동문선 p.114)

외형적으로는 서로 차이가 있는 듯이 보이고 있지만 이 체계들은 각자 다른 문화권에서 오랜 시간 검증된 수행법들이다. 그렇다면 같은 사람의 몸에서 어떻게 이런 다른 경로가 나타날 수 있을까? 이점에 대해 한자경은 다음과 같이 생각을 정리한다.

"요가를 수행한 사람은 요가의 말대로 행로를 느낄 것이며 단학을 수행한 사람은 단학의 말대로 기의 행로를 느낄 것이다....기 운행의 세세한 부분이 어느 하나로 고정되어 있는 것은 아니다. 다시 말해 몸 안에는 기가 흐를 수 있는 수많은 노선이 있다. 그런데 그 중에서 어느 노선이 중요노선이 되는가 하는 것은 본인이 스스로 어떤 길을 주된 길로 선택하여 그 길로 기 운행을 많이 행했는가에 따른다."

그리고 각주에는 리 샤넬리의 말을 충실하게 인용했다.

리 샤넬리는 자신의 임상결과가 벤돌프 모델과 일치했으며 그것은 전형적인 도가의 소주천 경로와 같았다고 했다. 또한 인체 내의 기의 흐름은 도가적 경로가 더 정확하고, 쿤달리니의 경우는 수행자가 그 체계의 이상에 경도되어 다른 흐름에 대해 무감각했을 것이라는 결론을 내렸다. 즉 요가수행자에게도 소주천의 경로는 진행되지만 쿤달리니 체계에만 집중한 까닭에 그 흐름에 대해서는 무의미한 것으로 여겼을 것이라는 주장이었다.

이것은 쿤달리니 요가 수행자들과 그 수행문화에 대한 모욕에 불과하다. 고대로부터 전해오는 여러 도상(圖上)들을 보면 쿤달리니 요가에서 경락을 모르고 있었다는 말은 전혀 근거가 없는 주장이다. '쿤달리니 KUNDALINI(출판사 東文選, 1995)'의 곳곳에 등재된 여러 도상들에는, 사지를 통과하는 경락들과 정수리를 벗어난 양신(陽神)의 활동이 자세히 묘사되어 있다. 다행히 이런 리 샤넬리의 주장에 대해 한자경은 의문을 표시함으로써 의견 차이를 드러낸다. 하지만 무감각했다는 것이든 무시해버렸다는 말이든, 오류라는 점에서 한자경 자신이 유추한 '자주 활용한 길을 따라 느낀다.'는 말과 뚜렷한 차이점은 없어 보인다.

어느 산이든 정상에 오르는 등산로는 한 가지가 아니다.

이와 같이 사람의 몸에 있는 에너지의 순환로 역시 한 가지 길만은 아니다. 그렇지만 모든 길들은 정상으로 이어져 있기 때문에 어떤 경로로 수행을 하든 결국 목표에 도달하게 된다. 그러므로 체계들의 차이가 있음에도 불구하고 수행의 성과를 이룰 수 있었다. 리 샤넬 리가 어느 쪽이 더 정확하다고 말한 것은 잘못된 주장이다.

또한 한자경이 "본인이 스스로 어떤 길을 주된 길로 선택하여, 그 길로 기 운행을 많이 행했는가에 따른다." 라고 한 것도 무리가 있다.

한자경의 말대로 라면 수행자들은 의도적으로 기를 움직이고 있는 것이 된다. 그렇지 않으면 암시를 따라 공상이나 하고 있는 것이다. 기는 충분히 축적되면 스스로 길을 따라 가는 것일 뿐 수행자가 임의로 운행을 하려해서는 안 된다. 이에 대한 설명은 다른 곳에서 자세히 기술했기 때문에 생략하지만, 이런 수행은 이루어지지도 않을 뿐더러 해서도 안 되는 위험한 일이다.

그러나 이런 토의를 계기로 초심자들이 알아야 할 중요한 지침을 발견할 수 있다. 그것은 한자경이나 리 샤넬리의 관심방향에서는 보이지 않는 다른 사실이다. 그 들이 생각한대로 기를 수행하는 방법들에는 상호간 그 체계가 동일하지 않은 것이 있지만 그 이유는 한자경의 말과 다르다.

한자경은 "요가를 수행한사람은 요가의 말대로 행로를 느낄 것이며, 단학을 수행한사람은 단학의 말대로 기의 행로를 느낄 것이다"라고 했다. 이 말은 기의 속성을 제대로 파악하지 못하고 있음을 드러낸 것이다. 기의 운행도 일반적 지식습득처럼 이론을 배우고 그 원리에 따라 수행할 수 있다는 말과 동일하다. 기(쿤달리니라고 해도 마찬가지)는 법륜자전(法輪自轉)하고 무위자연(無爲自然)한 것으로, 사람의 의도대로 움직이는 것이 아니다. 수행자는 수행과정에 전혀 임의조작을 할 수 없고 그런 의도를 가져서도 안 된다. 전통적인 수행체계가 형성된 것은 스스로 길을 찾는 기의 행로에 대한 경험이 누적된 결과다. 누가 만들어 놓은 것이 아니라 고대로부터 체험된 성과라는 것이다. 즉 수행의 주체는 사람의 의도가 아니라 대도(大道)를 따라 흐르는 기가 주인공이다.

그러므로 수행자는 임의로 선택한 수행법을 따라 수행해서는 안 된다.

오직 자생적으로 진행되는 자신의 기의 행로와 맞는 수행법을 선택해서 그 가르침을 따라야 성과를 거둘 수 있다.

마치 밭에서 올라오는 식물의 싹을 보고 그 종류에 맞춰 재배법을 강구하는 것과 같은 방법이다. 어류는 육지에서 달리지 못하고 새는 물속에서 살지 못한다. 각자의 서식지가 다를 수밖에 없는 것이다. 달마도 소림사에서 무술을 가르칠 때, 우선 제자들의 체질과 소양을 보고 그에 맞춰 종목을 정해줬다고 한다.

이론과 달리 실제로 수행을 하다보면 지도자의 가르침대로 진행되지 않아 당황하거나 실망을 할 수도 있다. 아무리 배운 대로 하고 싶어도 자신의 체험과 차이가 나면 수행자는 낙심을 하고 길을 잃게 된다. 그러나 사실은 소질과 전공이 서로 달라 고생하는 것처럼 수행자의 특수성에 맞는 수행이 아닌 것이다. 순리대로 하자면 기질에 따라 수행체계를 선택해야 하며 체계에 맞추어 기질을 바꿀 수는 없다. 이미 산의 정상에 오른 지도자라면 모든 등산로에 통달하여 수행자에게 맞는 길로 인도해줘야 한다. 오직 자신만의 방법을 고수하며 문제의 원인은 수행자에게 있는 듯이 하는 것은 요령부득한 지도자라 할 수 있다.

선가(禪家)에서는 아무리 뛰어난 선사라도 자기 말을 못 알아듣는 제자를 다른 도반에게 보내어 깨달음의 기회를 주는 일이 흔히 있었다.

우주에 존재하는 어떤 미세한 것이라 할지라도 실재하기위해서는 양면성을 띠지 않을 수 없다. 이것은 근원으로 회귀하려는 수행에 있어서도 예외가 아니다. 쿤달리니 요가나 선도처럼 기를 다루는 경우와 참선 같은 유심적(唯心的)수행은 그 방법에서 차이가 있는 듯이 보인다. 그러나 손등이 가면 손바닥도 따라오고, 손바닥이 가면 손등도 따라오는 것처럼 궁극에 두 길은 다른 것이 아니다. 그러므로 어느 쪽이던 제대로 수행을 하고 있는 경우, 다른 길에서도 동일한 성과를 거둘 수 있는 것이다. 그러나 그 방법적 차이를 소통하지 못한 수행자들은 이 두 가지의 길에서 혼선을 빚고 초심자라면 더 곤란을 겪는다.

"요가나 단학수행은 기의 운행이라는 수행을 통해 기의 주된 통로를 스스로 형성하는 것이 될 것이다. 그렇게 함으로써 결국 기를 자신의 정신적 통제 하에 두는 것이라고 볼 수 있다."(명상의 철학적 기초, 한자경, p.165)

이 대목에서 매우 궁금한 것은 기의 주된 통로를 스스로 형성한다는 것과 통제하는 자신이 누구인가 하는 것이다. 기의 운행체계는 자연적인 것으로서 임의로 구축할 수 없고, 따라서 스스로 통로를 만드는 기적은 일어날 수 없다. 기의 촉발과 경락에 대한 것은 앞서 충분히 설명했으므로 재론은 생략하고 해당문구만 재인용한다.

"기가 모이면 임독맥(任督脈)은 절로열리며, 경락을 따라 스스로 운행 된다."

(所謂炁滿任督自開, 運行自有經路此之謂也)

일반적으로 자기라고 여기는 소아(小我)를 버림으로서 이루어지는 것이 수행이다. 끝까지 남아서 의도적으로 기를 통제하고 있는 자신은 누구인가? 법륜자전(法輪自轉), 무위자연(無爲自然)이라 했듯이 심식상의(心識相依)한 상태에서는 통제를 하지 않아도 기는 절로 순행한다. 의도를 가지고 기의 경로를 주도하는 자가 남아 있는 한 그 수행은 깊은 단계는 커녕 한낱 공상에 불과하다.

한자경이 각주 43에서 들었던 천화구진법(天化九進法)은 더 애매하다. 기 수행을 아홉 단계로 나누어 놓은 중에 4번째의 명지(明知)는 불교의 견성(見性)에 해당한다고 되어있다. 하지만 한자경 자신도 누누이 설명했듯이, 불교적 견성은 제팔(第八)아뢰야식의 근본무명을 깨친 것이라야 한다. 이 우주의 온갖 조화를 지어낸 팔식마저 관통한 것이 불교의 깨달음이다. 비상비비상천(非想非非想天)이 되었건, 뭐가 되었건, 일체의 티끌이 없는 경지에 도달해야 비로소 그것을 견성이라 할 수 있다. 그런데 이 이론은 다섯 단계, 여섯 단계나 되어서야 혼이 완성된다고 했다. 사람이 죽었을 때 육신을 떠나는 혼은 깨달음을 얻은 법신이 아니다. 아직도 오욕칠정에서 벗어나지 못하고 윤회의 업을 지닌 채 다음의 존재로 인연지어 가는 영혼에 불과하다.

게다가 성인(聖人)이 되는 것은 일곱 번째 대명지(大明知)단계에서야 이루어진다고 했다. 결국 이 말은 불교가 '견성이 곧 성불(成佛)'이라고 해온 것에 정확하게 배치되는 것이다. 즉 불교계에서 견성하여 성불했다는 성인들은 모두가 엉터리에 지나지 않으며, 붓다역시 성인이 아니라는 주장이 된다. 4단계에서 불교적 견성을 이룬 후에도 '혼'이 남아있는 이 이론은 정말 견성을 제대로 파악했는지 궁금하다. 화엄경의 보살십지품(菩薩十地品)이나, 구정연심단(九鼎煉心丹), 심우도(尋牛圖)등이 적당히 각색된 듯 한 이 수행단계는 고전들 속에 그 흔적이 없다. 명쾌한 설명으로 유식론과 간화선을 해설한 한자경이 왜 이런 황당한 이론을 소개했는지 아쉬움을 느낀다.

전통적으로 계승되어오는 가르침과 달리 현대에 와서 알에서 태어난 듯이 등장한 설(說)들은 매우 염려스럽다. 소설이 빚어낸 가공의 세계처럼 언어의 문법만 맞게 구성된 체계는 누구나 만들어낼 수 있다. 문제는 그 체계가 신빙성이 있는가 하는 것이다.

혹자는 말할 수 있다.

"고대로부터 전승된 가르침도 처음에는 새로운 것이었다. 이 시대에 새롭게 등장한 것이라 해서 정밀하지 못하다고 할 수는 없다."

그러나 그것은 매우 무책임한 언사다. 고전의 가르침들은 오랜 시간 시행착오를 겪고 체험으로 검증된 끝에 이루어진 유산이다. 지금 시작된 낯선 설들이 제대로 검증을 거치기위해서는 최소한 몇 세대 이상의 임상결과가 있어야 한다. 그 수행체계를 따른 사람들 중에서 성도(成道)한 인물들이 나타나야 할 것이며, 몸을 망친 사람도 없었다는 성과가 나와야 한다. 그전에 알 수없는 체계에 심신을 맡기는 짓은 위태로운 일이다. 절 모르고 시주한다는 말도 있다. 오랜 세월 검증된 길을 두고 굳이 생소한 설을 따라 일생을 낭비하는 것은 수행자 각자의 자유다.

존재의 양면성에 대해 언급한 바처럼 쿤달리니, 기의 수행이 진척되어 양신출입이 되는 경우에는 깨달음도 수반된다. 성명쌍수(性命双修)라고 했듯이 기의 수행과 정신적 깨달음은 같이 이루어져야 하고 정상적이라면 둘은 하나다. 만약 깨달음은 없이 오직 기의 수행만 발전하고 있다면, 이것은 한낱 통속적 개념의 도술을 배우고 있는 것에 지나지 않는다.

"불가에서는 O을 진여라 했고, 유가에서는 이것을 태극이라 했다. 나의 도는 O을 금단이라 한다. 본체는 같은데 단지 이름이 다를 뿐이다."

(釋氏曰O 此者眞如也 儒曰O 此者太極也 吾道曰O 此者金丹也 體同名異)

(中和集; 趙定庵 問答)

수행자들은 여기에 유념해야 한다. 상당수 지도자들에게 있어서 기의 수행과 깨달음이 동반되지 않고 있다. 어느 쪽이던 한쪽을 선택하여 수행하고 있는 수행자는 이 문제에 관심을 가져야 할 것이다. 양심적인 지도자들은 이런 문제를 놓고 늘 진지하게 자신을 경책하고 있다. 반대로 위선적인 가면을 쓰고 있는 사람이라면 자신이 속으로나마 점검해 보아야 할 것이다. 빚쟁이도 이불속까지는 들어오지 않는다고 했다. 그러나 배우자는 들어온다.

하지만 그 배우자도 자신의 머릿속까지는 들어오지 못한다. 그 아늑한 자신만의 공간에는 귀찮은 질문도 없고 CCTV나 도청장치도 없다. 포장용 뽁뽁이를 터뜨리듯이 화두들을 타파할 기회는 자유롭게 주어져 있다. 과연 걸림 없이 자유자재한가?

천화구진법(天化九進法)같은 경우 4단계에 불교적 견성이 있다. 4단계보다 더 진척된 지도자라면 낮은 단계의 수행은 이미 갖추어져 있을 것이다. 그러므로 간화선의 화두타파정도는 손 뒤집기보다 쉬워야 한다.

화두타파를 잣대로 제안한다고 해서 견성에만 비중을 두는 것은 아니다. 법륜을 모른 채 오직 관념적으로 화두에만 매달리는 수행자 또한 공부가 원만하지 않다. 이런 사람들은 경전속의 붓다가 단지 철학자로만 보이지 않는 이유를 설명해야 할 것이다. 견성을 한낱 말라빠진 인식론에 빠뜨리지 않기 위해서는 기의 수행, 쿤달리니 수행이 동반되고 있는지 항상 점검해보아야 한다.

"여조(여동빈)도 말했다. 성만 알고 명을 모르면 이것이 수행의 제일 병이다. 다만 성만 닦고 단을 수련하지 못하면 만겁 세월에 음령으로 도를 이룰 수 없다."

(呂祖亦曰只知性不知命此是脩行第一病 只脩祖性不脩丹萬劫陰靈難入聖)

호흡

흔히 선도와 명상수행이라고 하면 단전호흡부터 떠올린다. 그러나 단전호흡이란 명상문화의 일부일 뿐 전체를 대표하는 말은 될 수 없다. 원래 단전에 대한 개념역시 협의적으로 신체상의 구체적 장소에 메인 것이 아니다.

"요점은 단전이다. 단 황정, 금정, 기혈, 관원의 네 가지 혈은 모두 무형으로서, 외형에서 찾는다면 그릇된 것이 아니겠는가."

竅則丹田, 但 黃庭, 金鼎, 炁穴, 關元 四穴, 俱是無形, 若執形求之, 則謬矣.

(金仙證論)

호흡 또한 코로 숨을 쉬는 것을 뜻하지 않는다. 실제로 수행체계에서 말하는 호흡은 내기(內氣), 즉 식(息)의 작용으로서 기화(起火)된 양기(陽氣)의 운행을 일컫는다. 이에 반해 소(消)는 마치 하지이후의 낮의 길이처럼 그 양기가 쇠하여 줄어드는 현상이다.

(息者進火之候, 坤三變而成乾也, 消者退符之候, 乾三變而成坤也: 周易參同契發揮上篇 p.139: 대만 자유출판사)

"어둠은 없다. 단지 빛의 밝음이 모자랄 뿐"이라고 한 붓다의 말처럼, 우주에는 소(消)의 현상은 있지만 실제는 양의 기운이 변해가는 과정일 따름이다. 단지 일반이 이해하기 쉽도록 설명하기 위해 인체의 호흡에 비유했을 뿐이다. 이것을 잘못 이해한 수행자들이 코로 호흡 조절을 하는 것에 수행의 관건이 달린 것으로 여기고 있다.

"소위 호흡이란 것은 입과 코로 하는 것이 아니다. 진기가 묘응하여 한번 들고 한번 나는 문호를 말한다."

此所謂呼吸者, 非口鼻也, 眞氣妙應, 一出一入之門戶也.

(中和集: 道藏精華第二集之二, 臺灣自由出版社)

어떤 것이던 한번 만들어진 폐단은 생물처럼 자라나 이상한 결과를 만들어낸다. 코로 하는 호흡이 중요하다고 생각한 사람들은 단위 시간당 보편적인 숨의 횟수를 계산하기도 했다. 그리하여 일생에 타고난 호흡의 횟수도 정해져 있다는 생각을 하게 되었다. 정해진 호흡을 낭비하지 않도록 그 길이를 늘이면 수명도 길어지게 될 것이라는 기발한 발상이 뒤를 따랐다. 그리고 모쪼록 숨을 길게 쉬기 위한 눈물겨운 노력이 나타나게 된 것이다.

결론부터 이야기하자면 이것은 주객이 전도된 황당무계한 일에 지나지 않는다. 그 엉터리 발상이 옳다면 운동선수처럼 격한 몸놀림으로 거친 호흡을 하는 사람들은 누구보다 일찍 사망해야 한다. 하지만 현실에서는 운동을 하는 사람들이 혈기왕성하고 신진대사가 원활하여 훨씬 더 장수하고 있다.

긴 호흡을 위해 고요히 앉아서 운동도 하지 않는 약골이 더 오래 살 것이라고 생각하는 사람은 아무도 없다.

호흡을 가늘고 길게 하면 마음이 가라앉는다는 주장도 터무니없는 것이다. 엄밀히 말하자면 호흡의 효과보다는 잠시 숨쉬기로 생각을 돌린 것이 원인이다. 호흡에 따라 심리적 상태가 좌우된다면 반대로 숨을 격하게 쉴 때는 마음이 들뜨거나 혼란스러워져야 한다. 그러나 이런 일은 절대로 일어나지 않는다. 오히려 마음이 불안하면 호흡이 교란되고 평온할 때는 숨결이 고르고 안정될 뿐이다. 오직 호흡은 마음을 따라 변하는 것이며, 호흡을 만들어 하는 짓은 다만 병을 만드는 지름길이다.

"삿된 자들이 토납의 잔재주를 채용한다. 호흡은 자연적으로 해야 하며, 이를 반하면 천식의 재앙을 이루게 된다."

傍門小術吐納採運, 則呼吸自然之用, 反成喘息之殃

(黃庭經: 道藏精華第十四集之一, 臺灣自由出版社)

복식호흡이란 말은 즐겨 사용할 가치도 없지만 일반적으로 아랫배까지 숨이 깊어진 상태를 말한다. 마음이 안정되면 호흡은 저절로 가늘고 길어지며 자연히 복식호흡상태가 된다. 하지만, 이것을 억지로 만들기 위해 끈으로 비틀어 매고, 상허하실(上虛下實)을 이루겠다고 숨을 헐떡거리는 작태는 모두 허망한 일에 불과하다. 도대체 그렇게 해서 누가 도를 이루었고 어떤 사람이 마음의 평안을 이룩했는지 알 수 없다. 캠핑의 숯불화로에 불을 피우기 위한 것이 아니라면 입과 코로 숨을 조절하는 허망한 호흡법을 연마할 필요는 없다.

"심신을 수습하여 내면을 추구하면 현문빈호를 알기에 어렵지 않다.

요즘 사람들은 입과 코를 현빈의 문이라 하지만 틀린 말이다. 현빈은 천지개벽의 기틀이며, 소위 호흡이라는 것은 진식이 왕래하여 무궁한 것이다."

玄門牝戶不難知 收拾身心向內推. 今人指口鼻謂玄牝門, 非也, 玄牝者, 天地開闢之機也, 此所謂呼吸者, 眞息往來無窮也.

(中和集: 道藏精華第二集之二, 臺灣自由出版社)

외호흡, 즉 코로 하는 숨쉬기가 진식(眞息)을 유도하기 위한 조치라는 말도 떠돈다. 그러나 진식은 외호흡에 의해 촉발되는 것이 아니다. 코로 하는 외호흡은 단지 마음을 모으기 위한 것이며, 산란심이 사라지고 마음이 안정되면 기는 자연적으로 일어나게 된다. 발생한 기는 경락을 따라 저절로 움직여 나가는데 이때부터 외호흡은 필요하지 않다. 오직 수습된 마음으로 움직이는 기를 관찰할 뿐이다. 기를 관하면 정신이 혼란되지 않고 정신이 맑으면 기는 더욱더 활성 되는바, 신기상의(神炁相依)한다는 것은 이런 것을 말한다.

심우도는 보물지도

일상생활 속에서 수행을 하는 사람이든, 세속과 인연을 끊고 증진하는 사람이든 자신의 공부를 점검해볼 잣대가 필요하다. 여기에 유용한 것이 심우도다. 특히 이 그림은 동서양의 어떤 종교화보다 많은 함축성을 갖고 있다.

사찰의 대웅전 외벽에 그려져 있는 심우도는 잃어버린 소를 찾기 위해 길을 떠나는 목동의 여정으로 구성되었다. 곽암 사원과 보명이 그린 두 종류가 있고, 곽암의 그림은 원래 도교의 팔우도(八牛圖)에 두 장면이 더 첨가된 것이다. 흔히 소를 찾는다 하여 심우도(尋牛圖)라 하기도 하고, 열 가지 장면이 등장하기 때문에 십우도(十牛圖)라 불리기도 한다. 말과 글은 실재를 개념화함으로서 오히려 난해해지는 폐단이 있다. 이에 비해 그림은 실제사건을 접하는 것과 동일한 체험으로 전달효과를 극대화 한다. 최근에는 여러 종교단체와 수행단체들도 차용해 사용할 만큼 수행의 발전과정을 잘 묘사하고 있다.

심우도에서 소는 항상 궁금증을 유발한다.

어떤 토론에서는 그 소가 황소인가, 암소인가 하는 문제까지 격론을 하기도 했다. 초발심으로부터 득도에 이르기까지 명상수행의 단계를 알기 쉽게 잘 표현한 그림이지만 해석에는 상당한 차이가 있다. 그중에서도 중요한 것은 소에 대한 견해차이다. 일반적으로 소는 본성(本性)이라고 여겨지고 있지만 그렇다고 하기에는 여간 수상쩍어 보이지 않는다.

그림에 대한 이론적이고 관념적인 해석 또한 실제수행의 길잡이역할에는 아쉬움을 느끼게 한다. 심우도가 제 노릇을 하자면 이론적 틀에서 벗어나 실제의 수행과정과 부합되어야 할 것이다. 종종 해석이 조악해지는 원인은 소에 대한 오해로부터 기인한다. 소를 찾는 그림이라는 설정에 너무 끌린 나머지, 소 자체를 과대평가함으로서 전체해석에 무리를 주고 있는 것이다. 더구나 심우도가 선종의 그림임에도 불구하고 선가적(禪家的) 입장보다는 다분히 교가적(敎家的)관점을 적용하고 있다. 이런 의견에 이의가 있다면 제일먼저 소에 대해 제대로 규명해야 한다. 소를 인간의 본성(本性) 즉 불성(佛性)이라고 하려면 본성의 정의에 대해 불교적 교리를 들어 명확하게 설명해야 할 것이다.

"본성은 원래가 청정하여 먼지가 묻지 않는다."

이 한마디로 혜능은 신수를 제치고 오조홍인의 법을 잇는다. 그의 가르침인 육조단경에는 인간의 본성에 대해 다음과 같이 분명하게 밝히고 있다.

"사람의 성품은 본래 청정하되 망념이 있어서 진여를 덮고 있으니, 망념이 없어지면 본래의 성품이 깨끗하니라."

(人性本淨 爲妄念故 盖覆眞如 離妄念 本性靜)

- 돈황본 육조단경, 성철; 장경각 p.24 -

개복(盖覆)은 덮어 씌워진 것을 말한다. 원래가 푸른 하늘처럼 늘 청정하되 망념 때문에 구름이 가려진 것과 같다는 것이다. 그러므로 구름을 떨치면 우리는 언제나 푸르디푸른 하늘을 볼 수 있다. 어떤 무심한 사람도 구름을 하늘과 한 덩어리라고 생각하지는 않는다.

"자기의 본래 마음을 아는 것이 본래 성품을 보는 것이다."

識自(白)本(心) 是見本性: - 돈황본 육조단경, 성철; 장경각 p.26 -

直指人心 見性成佛

자신의 본마음이 곧 성품이고 성품을 보는 것이 곧 성불이다.

성철은 육조단경의 서문에서 "대저 육조의 종지는 항상 주창한 오직 돈법(頓法)만을 전한다고 하는 것으로서, 점문(漸門)은 일체 용납하지 않는 것이다. 그러나 중간에 교가(敎家)의 점수사상(漸修思想)이 혼입되어 선문(禪門)이 교가화(敎家化)됨으로서 순수선(純粹禪)은 없는 실정이다."라고 질책하고 있다.

선종(禪宗)이 육조혜능으로부터 이어진 법맥을 정통으로 하고 있는 이상, 이 정의는 족보와 다름이 없다. 혜능의 가르침을 정통으로 인정한다면 그 잣대를 들고 그간 세간에 알려진 소에 대해 규명을 해야 할 것이다.

소를 본 것이 견성(見性)이라고 해석을 하는 사람들은 실제는 무엇을 보았을까? 혜능의 정론을 바탕 한다면 견성이란 곧 성품을 본 것이고 성품은 본래가 청정하다. 하지만 소를 본성이라고 주장하는 일반론에 의하면 원래 때가 없어야할 본성은 새까만 때에 덮여있게 된다. 그림속의 검은 소는 흰 소가 껌정이를 덮어쓴 것이 아니라 본래가 검은 소다. 그런 까닭에 물을 끼얹어 씻는 것이 아니라, 길을 들여감에 따라 점차 흰색으로 변하고 있는 것이다.

흰 소가 청정한 본성이라면 왜 처음에는 검다가 나중에 희게 되고 있는가? 이런 관점은 본성자체가 흐리기 때문에 수행을 통해 맑게 해야 한다는 주장이며, 그것은 점수사상일 뿐 돈오가 아니다. 심하게 말하자면 혜능의 가르침에 대한 사문난적(斯文亂賊)에 불과하다.

소가 본성이며 그것을 발견한 것이 견성이라는 입장은 해명할 것이 많다. 검게 물들었던 본성을 희게 했다는 것도 망발이지만 그 소를 외양간에 가두어놓고 난 뒤에도 여전히 목동이 남아있다. 목동이 고뇌를 떨치기 위해 나선 수행자라면 본성이 정화되는 과정에서 먼저 변해야 한다. 그러나 황당하게도 이 세속적 소아는 본성이 정화된 뒤까지 원래 모습 그대로다. 수행자인 목동이 본성과 혼연일체 되지 않고 이원화된 상태에서 본성만 청소한 기적이 벌어진 것이다. 더구나 목동까지 사라진 뒤에야 드러나는 일원상(一圓相)은 다시 또 무엇이라고 설명을 해야 하는가? 결국 궁여지책으로 본성이라고 주장했던 소를 방편이었다고 얼버무린다. 소가 변해 이미 일대사 인연을 마쳤다고 함으로서 나머지 모두를 뒤죽박죽 만든 것이다.

이 일원상(一圓相)에 대해서는 가장 믿을만한 설명이 있다. 바로 서산의 선가귀감이 그것이다. 선가귀감에 실린 서산의 일원상에 대한 게송을 보자.

"여기에 그 무엇이 있는데
본디 밝고 밝아 신령스러워서
일찍이 생겨난 적도 없고 없어진 적도 없었으니
이름 붙일 수도 없고 모양을 그릴수도 없다."
(有一物於此 從本以來 昭昭靈靈 不曾生 不曾滅 名不得狀不得)

그 무엇이란 무엇을 말하는 가?
(서산은 허공에 둥근 동그라미를 그리고)
옛 어른의 게송으로 말한다.
(一物者 何物 ○ 古人頌云)
이 세상에 옛 부처님 태어나기 전
빈 허공에 서린 기운 한 가지 모습
석가모니 부처님도 알지 못하니
가섭인들 이 도리를 어찌 전하랴?
(古佛未生前 凝然一圓相 釋迦猶未會 迦葉豈能傳)

한 물건(一物)은 말로 표현할 수 없는 어떤 것인바, 혜능의 게송에서 깨달음을 상징하는 보리(菩提)와 명경(明鏡)이다.
다시 원순의 설명을 인용해보자.
"서산은 그 한 물건이란 무엇인가? 라고 자문하면서 ○을 그려놓고 있다. ○은 일원상이라 하는데 이는 부처가 태어나기 전부터 있었던 것으로, 삼조 승찬은 '신심명(信心銘)'에서 원(圓)이란 태허와 같고, 모자람도 남음도 없는 것이라 하였다. 서산이 말하고자 하는 바는 이 일물을 사람들이 마음, 성품, 불성, 진리, 도, 등으로 억지로 이름 붙이지만 어떤 이름을 붙여도 맞지 않고 무슨 방법으로도 그 참 형상을 바로 그려낼 수 없다는 것이다. 이에 그는 동그라미로써 그것을 표현했던 것이다."

서산의 게송을 보더라도 심우도의 소는 진리당체인 보리(菩提)와 명경(明鏡)이 아니며, 본성(本性)이라 칭할 수 없다. 그러므로 본성도 아닌 소를 본 것을 견성(見性)이라 여기는 것은 심각한 오류가 아닐 수 없다. 이런 주장들은 실질적 수행을 바탕 한 것이 아니라 한낱 율사들의 이론적 끼어 맞추기에 지나지 않는다.

그렇다면 이 황당한 소는 도대체 무엇인가?

그것을 알아내려면 처음부터 관점을 달리해야 한다. 소의 정체는 이론적인 해석을 떠나 철저히 실제수행에 입각했을 때 비로소 드러나기 때문이다. 목동의 말을 듣지 않고 제멋대로 달아나는 소, 기분 나쁘리만치 먹물처럼 새까만 소는 그야말로 골치 덩어리다. 중생의 마음을 멋대로 휘젓고 애간장을 태우는 이런 소를 본성이라고 견강부회(牽强附會)하는 발상이 놀라울 따름이다. 심우도의 해석도 일반적인 다른 토론들처럼 제일먼저 부동의 기준을 확립하고 그 잣대를 적용하여 밝혀 나가야 한다. 모두가 인정할 수 있는 공인된 기준으로는 혜능의 가르침과 서산의 게송이면 넘치고도 남는다. 이미 선대 성인들에 의해 본성과 일원상의 개념은 명백해져 있다. 이제 이 확고부동한 잣대를 기준하면 심우도의 뜻은 분명해지고, 그간 시중에 떠돌던 어색한 주장들은 말끔

하게 정리될 것이다.

다시 말해 일원상이 드러나기 전의 과정들은 모조리 득도이전의 과정으로 보면 이해가 빠르다. 공연히 산의 나무들이나 세고 나누는 분별의 알음알이를 무성하게 난발한들, 실제수행에는 아무런 도움도 되지 않는다.

언제 산을 볼 것이며, 언제 그 산을 버릴 것인가?

심우도속의 일원상이 진정한 본성이며 깨달음 그 자체라는 것을 상정하고 보면 행패나 부리는 소의 정체도 비로소 명확해진다. 과분하게도 본성으로까지 떠받쳐진 소는 진정한 깨달음을 가린 무명(無明)에 지나지 않는다. 달을 보라고 내민 손가락은 달과 아무런 관련도 없다. 목동 또한 수행자의 소아적 자아, 즉 현재의 자신이 존재한다고 여기는 말나식적인 에고에 불과할 뿐이다.

심우(尋牛)와 견적(見跡)

목동이 소의 발자국을 발견하는 것은 고뇌에 시달리는 수행자가 자신의 근원적 정체를 알기위해 내딛는 첫걸음이다. 수행자가 명상을 시작하는 동기는 독립적 존재로서의 자아에 대한 존재론적 의심에 있다. 자아와 외부세계와의 대립적 관계, 즉 광막한 우주 속에 덩그러니 놓여있는 자신에 대한 궁금증이다. 세상역사의 중간에 등장하여 관련 없는 원인과 못마땅한 결과에 속박되어 볼모잡힌 삶, 독립된 자아의 필연적인 불안과 갈등은 존재의 기반을 송두리째 흔드는 와류가 되고 있다. 부모로부터 유리된 어린아이처럼 절박한 위기감이 인간존재의 저변에 깔려있는 것이다. 사람들은 언제나 이 어둡고 알 수 없는 것으로부터 벗어나려하고 안정을 찾기 위해 애쓰고 있다.

수행자는 명상의 초기단계에 처음으로 자신의 내면세계로 눈을 돌리고 수행대상이 무엇인지 감을 잡아간다. 사념처 수행에서는 대상을 포착한 것이고, 선도에서는 마음을 내면으로 돌려 내관을 시작한다. 간화선은 처음 화두를 접한 상태다.

이때 일반적인 해석에서는 주변 풍경에 대해 적절한 언급이 없다. 그저 무심하게 목동과 소발자국에 치중할 뿐이다. 하지만, 주변풍경은 중요한 개념으로서 뒤에 가서는 일원상과 함께 논쟁의 중심에 서게 될 것이다.

견우(見牛)

수행자는 자신의 내면에서 풍랑을 일으키는 감정과 갖가지 상념들이 형상화된 검정소를 발견한다. 처음 수행을 시작한 수행자는 자신의 마음속에서 결코 호락호락하게 사라지지 않을 감정과 망상을 마주하게 된다. 비록 발견은 했다지만 그 사납고 제멋대로인 감정과 망상은 다루기 난감하고 두려운 대상이다. 의식의 표층에서 생존을 위해 날이 서있는 자아가 긴장을 풀게 되면 갖가지 감정과 기억의 단상(斷想)들이 먼지처럼 부유한다. 일상의 자극과 상처들로 인해 머릿속은 복잡하고 끊임없이 지속되는 잡념과 망상에 시달린다. 이 혼란한 상태가 검은 소다. 소가 본성이라면 소를 발견한 것은 곧 견성이다. 과연 이런 정신상태가 견성일 수 있을까. 선도수행에 비유하자면 소는 단지 기의 작용으로 이 단계에서는 아직 미미하고 균일하지 못하다. 마음을 내부로 돌려 섭심(攝心)한 상태에서, 기화(起火)가 되는 에너지를 자각하는 단계다.

득우(得牛)

 소의 정체가 제대로 드러난다. 소가 본성인지 아니면 번뇌덩어리 인지 자명하게 알 수 있는 장면이다. 수행의 초기에 정화되지 않은 내면의 고뇌는 더 또렷해지고 수행자는 마치 풍랑속의 선장과 같은 처지다. 마음을 괴롭히는 갖가지 기억들, 낙심과 분노, 좌절과 회의가 파도처럼 날뛰고, 작은 배는 형편없이 휘둘리고 있다. 자신의 마음임에도 불구하고 뜻대로 되지 않고 통제도 불가능해 보인다. 진정하려고 하거나 잊어버리려고 하면 할수록 쇠고집이 되어 떨어지지 않는 것이 번뇌거리다.
 망상을 극복하기 위해 마음을 집중할수록 발현의 기회를 놓친 억압된 감정들은 몸부림을 한다. 광풍 속에 날뛰는 소가 어찌 무구청정한 공적영지의 본성이겠는가. 선도에서는 기의 순환이 시작된 초기로서 순경과 역경이 교차하며 제대로 되고 있는지 늘 불안하고 심리적 갈등을 겪게 된다. 사념처에 대한 집중은 느슨해지기도 하고, 화두는 종종 잊어

버리며 잡념이 되 살아나기를 거듭한다. 수행자에게는 굳은 의지가 필요하다.

목우(牧牛)

수행자의 번뇌와 감정은 가라앉기 시작하며 점차 순화되기 시작한다. 이런 저런 상념이 아직은 완전히 사라지지 않았지만 그래도 마음을 빼앗겨 산과 들로 끌려 다니지 않는다. 수행자의 내면이 순화됨에 따라 광란하던 소도 얌전해진다. 기의 순환과 마음을 일체화 하기위해 늘 의식이 흔들리지 않도록 붙잡아 둔다. 그림은 이것을 소의 색깔변화로 상징하고 있다. 검은 소가 흰 소로 되는 것에 과정이 있으면 점수(漸修)라 하고 단박에 변하면 돈수(頓修)라는 주장도 있다. 그러나 정작 제대로 된 깨달음이 일원상이고 보면 소의 색깔변화는 큰 일이 아니다.

검은 소이든 흰 소이든, 아니면 얼룩소이던 간에 그것이 단박에 사라져버리는 것만이 중요할 뿐이다. 실제로 간화선에서 화두의 역할도 여기에 있다. 칡넝쿨처럼 헝클어져 두서없는 생각들을 단번에 일도양단하고 마음의 기틀을 드러내는 것이 화두이기 때문이다.

화두나 위빠사나의 알아차림에 익숙해져 간다. 이로부터 수행자는 힘을 얻기 시작한다. 독맥과 임맥이 열리게 되고 그로인해 기의 수행은 소주천단계가 시작된다.

기우귀가(騎牛歸家)

수행자는 소와 더불어 혼연일체가 된다. 이제 소는 더 이상 마음대로 날뛰지 않는다. 수행자는 오감과 심적 감정들에 끌리지 않고 수행은 제대로 궤도에 들었다. 화두는 챙기지 않아도 저절로 들려오고, 기의 순환 역시 특별히 의식하지 않아도 순순하게 돌아가고 있다. 억압하는 망상들이 모두 공허한 것임을 알게 되면 수행자의 감정은 순화된다.

그러나 기우귀가(騎牛歸家)라는 말처럼 수행자는 아직 소를 버리지 못했다. 그저 양순해지기만 한 소와 함께 집으로 돌아오는 것이다. 이제는 상념들이 마음을 어지럽히지 않지만 완전히 벗어난 것은 아니며, 언제고 번뇌는 되살아날 가능성이 있다. 명상단체 중에서도 먼지만 가라앉은 것을 성공이라고 간주하는 경우가 많다. 병속의 구정물도 흔들다가 놓아두면 불순물은 아래로 가라앉고 위에는 맑은 물이 떠오른다. 그렇다 해도 그 물은 마실 수 있을 만큼 맑은 것이 아니다. 흔드는 외부의 충격이 없는 동안만 잠시 찾아온 안정일 뿐, 구정물에 불과하다.

기의 수행에서는 경락들이 모두 열리고 대주천이 개발된다.

망우존인(忘牛存人)

아직 수행자 자신의 개성, 즉 소아는 남아있지만 감정이나 사려는 구름 없는 하늘처럼 맑게 개어있다.

소로 상징되던 각종 감정적 작용과 망상 및 잡념들이 거짓말처럼 사라지고, 외부세계를 감지하고 있어도 마음작용은 일어나지 않는다. 이로서 대상을 상실한 심리학적 방법은 한계에 도달한다. 여전히 정신세계는 존재하지만 명상에 의지하지 않고는 더 이상 나아갈 수 없는 것이다. 수행을 하지 않는 사람들도 특별한 순간에 잠시나마 이와 유사한 상황을 경험할 수는 있다. 경치 좋은 자연 속으로 휴가를 갔거나 일상을 떠나 혼자 있을 때, 맑은 하늘과 쾌청한 공기 속에 일찍 잠을 깬 적이 있을 것이다.

일상의 일과 번뇌는 생각도 나지 않고 잡념 하나 없이 정신만 또렷한 순간. 오직 눈앞에 전개되는 것은 푸른 산 맑은 물의, 아름다운 자연과 선명하게 깨어있는 의식뿐이다. 이런 평화로움에 젖어 한동안 앉아있다 보면 자신과 자연이 하나가 된 것 같은 느낌을 갖게 된다.

수행자는 한없는 평화와 안정 속에서 깨어나기도 싫고 영원히 머물고 싶다는 생각을 가진다. 하지만 이 과정에서부터는 각별한 주의가 필요하다. 상당한 수행자들은 이 순간의 해방감에 겨워 무슨 큰 대각이라도 얻은 것으로 착각하는 수가 있다. 그러나 이것은 깨달음이 아니다. 더러 자연과 자기가 하나가 되었다고 오도송을 짓기도 하지만 그것은 희극에 지나지 않는다.

선도에서 기는 특별히 의식하지 않아도 절로 순환하며, 수행자의 자의식(七識)만 등불처럼 깨어있다.

인우구망(人牛俱忘)

소도 그리고 그간 자기라고 여겨지던 목동, 즉 자의식마저도 모조리 사라진다. 의식은 깨어있지만 특별히 자신의 의지라고 여겨지는 어떤 작용도 감지할 수 없다. 천지는 조용하고 적막하며 수행자에게 세상은 거울 속에 담긴 풍경처럼 보인다.

이 경계는 어디인가? 이제 올만치 다 온 것인가?

기량과 품성을 갖춘 큰 근기가 아닌 이상, 여기서 한발을 더 나가기는 하늘의 별을 따듯이 어렵다. 마치 더 이상 위가 없는 경계에 도달한 것 같은 착각 속에서 많은 수행자들이 이 관문에 걸리게 된다. 그러나 세심하게 점검을 해보면 여전히 의구심이 남아있음을 알 수 있다. 숙제를 마치지 못한 마음과, 옷을 입고 목욕탕에 들어간 듯한 느낌을 떨칠 길이 없다. 불투명한 벽은 사방을 가려 그 뒤를 알 수가 없고 눈앞은 트이지 않았다. 평화와 안식은 있지만 무명(無明)이라는 글자 그대로 아직은 안개 속 같은 느낌이다.

이제 천라지망(天羅地網)의 모진 그물을 찢고 나올 수 있는 길은 오직 스스로 철저하고 겸허한 자기점검 뿐이다. 과연 화두는 타파되었는가? 강호에 휘날리는 모든 깃발을 다 걷어내었는가? 그 잘난 선장(禪將)들의 노략질을 도미노 쓰러뜨리듯이 패대기쳤는가? 대답할 길이 없으면 여기서 자기를 속여서는 안 된다.

심우도해석에서 이 경계에 대한 이해는 매우 중요하다. 같은 체험을 한다 해도 관점차이에 따라 다른 해석이 나올 수 있기 때문이다. 일반적인 해석에서는 일원상(一圓相)으로 이 단계를 표현하고 있다. 그러나 정작 인우구망(人牛俱忘)상황에 부합되는 것은 이 그림이 아니다. 이에 가장 적합한 것은 그간 반본환원(返本還源)이라 여겨져 온, '아무것도 없는 풍경'이라야 한다. 보통은 깨달음을 얻은 사람이 수행이전의 일상으로 돌아간다 하여 풍경을 반본환원이라 생각하고 있다. 이런 차이는 원래의 자리를 어떻게 생각하는가에 따라 발생하는 해석상의 문제다.

원래의 자리는 수행전의 일상인가? 아니면 불교에서 줄곧 부르짖어 온 태어나기도 전의 본래의 면목(父母未生前 本來面目) 즉, 우주의 근본자리인가?

앞에서 제시한 바와 같이 불교적 해석이라면 철저히 혜능과 서산대사의 가르침에 입각해야한다. 이것을 기준 하는 것이 옳다면 일원상이야 말로 바른 깨달음일 뿐이다. 수행자가 돌아가는 곳, 원시반본(原始返本)하는 그 자리는 우주의 근원이요, 진리의 당체다. 그렇다면 반본환원(返本還源)이라는 말의 참다운 표현은 일원상외에 더 있을 리가 없다. 게다가 깨달음을 얻은 사람이 돌아가는 일상은 입전수수(入廛垂手)

라고 따로 있다. 굳이 그 사이에 '자연의 풍경'을 하나 더 넣어서 해석을 하자니 억측이 되고 마는 것이다.

사찰들 중에는 이런 어색한 해석을 벗어나기 위해 나름대로 대책을 강구한 곳도 있었다. 즉 일원상을 풍경위에 걸쳐놓은 것이다. 기세간을 떠나지 않고 깨달은 모습이라고 설정한 것이지만 이 또한 잘못이다. 정각의 순간이 일원상이 분명하다면, 그 순간에는 진리당체 말고 다른 여지가 있을 리 없다. 이런 해석은 그간의 고승들이 정각의 순간에도 기세간(아뢰야식)을 놓지 않고 있었다는 말이 된다.

이것은 실제수행의 체험을 드러낸 것이 아니다. 단순히 교가적(敎家的)으로 의미를 부여한 그런 그림들은 선수행과 전혀 관련이 없다. 선종이 비조로 생각하는 임제로부터 야무지게 한 뺨을 맞아도 여전히 눈 앞에 풍경이 보일지 궁금하다. 귀를 잡고 벽력같은 소리를 질러 고막이 터질 지경에도 풍경이 남아 있을까?, 인우구망의 이 단계는 단지 은산철벽(銀山鐵壁)에 갇혀있는 상태일 뿐이다. 맑고 적막하지만 아직도 오도송을 외치기에는 이르다.

그렇다면 그간 반본 환원으로 여겨왔던 풍경은 무엇인가?

풍경이 사라질 수도 있다는 것은 그 역시 그림 속에서 뚜렷한 역할이 있음을 뜻한다. 관심이 온통 소에 집중되어 간과해왔지만 풍경은 심우도의 초입부터 등장하여 줄곧 여정의 배경이 되어오고 있었다. 그 배경 위에서 목동이 소를 찾으러 다니고, 길도 들이고 집도 지어 살고 있는 것이다. 이 모든 기세간을 담고 있는 바로 그 무대가 풍경으로서 그림의 처음부터 시작하여 일원상(一圓相)직전까지 존재했다. 불교의 전통적 가르침에 입각하면 기세간을 창출한 것은 모두 제팔아뢰야식(第八阿賴耶識)의 작용이다. 즉 풍경은 인간마음속의 가장 깊은 곳, 의식의 바탕이 되는 제팔아뢰야식(第八阿賴耶識)인 것이다.

  영화를 본다는 것은 관객이 빈 영사막위에 움직이는 활동사진, 즉 실체가 아닌 그림자를 보는 것이다. 슬픈 장면에서는 울고 놀라운 장면에서는 감동을 하지만 그것은 모두 실제가 아니다. 영화 상영을 마치면 관객들은 그제야 환영에서 깨어나 영사막을 볼 수 있다. 조금 전까지 울고 웃었던 영화의 모든 내용은 그 영사막위에서 일어난 조화였을 뿐이다. 그러나 이 영사막이 존재하는 한, 관객은 언제나 영화를 보고 또 볼 수 있다. 미망의 환상은 끝이 나지 않는다. 그러므로 '인우구망'을 제대로 해석하자면, 비록 그간의 수행을 통해 소(영화)와 자아(관객)를 모두 떨쳤으나 아직은 영사막(풍경)이 남아 있는 상황이다. 간화선의 입장에서 보면 나도 잡념도 사라져 비록 맑고 고요한 경계가 드러났으나 아직은 활연대도(豁然大道)하지 못한 처지에 있다.

  분별의 대상인 소가 사라진 것은 법공(法空)이며, 분별의 주체인 목동이 사라진 것은 아공(我空)이다. 풍경은 남아있던 목동까지 사라진 아공을 뜻하며 두 가지가 함께 공한 구공(俱空)의 직전에 해당한다.

  우주 물리학에서는 블랙홀의 2차원적 벽면에 그 속에 들어간 모든 물질들의 정보가 홀로그램으로 기록되어 있다고 본다. 우리는 물리학자들의 생각처럼 이 영사막의 홀로그램을 실제로 여기고 살고 있을지도 모른다. 홀로그램이나 영화관 모델은 불교의 유식론(唯識論)과 너무나도 닮았다.

이 마지막 남은 풍경이자 영사막인 제팔아뢰야식(第八阿賴耶識)의 근본무명을 철저히 뚫지 못하는 한, 진정한 깨달음은 없다.

반본환원(返本還源)

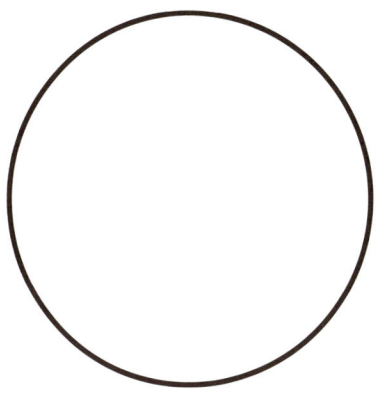

이제 드디어 반본환원(返本還源)의 일원상(一圓相)이 드러났다.

그 어떤 것도 없이 깨끗하다. 깨끗하다는 말도 없이 깨끗하고, 그 깨끗함조차 없이 깨끗하다. 일원상이 드러나자 지금까지의 모든 것들은 다 사라져 버린다. 사람과 소는 말할 것도 없고 풍경조차 없는 것이다. "천상천하에 몰종적(沒蹤迹)하니, 껍질 벗은 거북이 하늘을 날다"라는 말을 실감하게 된다. 그간 모든 과정들을 담고 있었지만 일원상 앞에서는 종적이 묘연해진 그것은 무엇이었을까?

그것이 제팔아뢰야식이 아니라면 달리 또 어떤 것인가?

간혹 불교의 견성을 관념적으로 인식하려들거나 법공 아공의 경험 정도로 착각하는 수행자가 있다. 이런 사람들은 양신출태(陽神出胎)를 견성보다 높은 단계로 규정하려한다. 그러나 진정한 견성은 철저한 체험의 증득이다. 원효가 말한 전광삼매처럼 번개가 치듯이 드러나는 진실은 양신출태의 체험과 병행한다. 그러므로 이 두 현상 중 어느 한쪽만의 경험은 온전한 깨달음이 아니다.

"열반과 탈태는 다만 하나의 도리다. 탈태는 평범한 몸을 벗어남이니, 어찌 열반이 아니겠는가? 도가의 정을 단련하여 기로 화하고, 기를 단련하여 신으로 화하고, 신을 단련하여 허로 돌아가는 것은 바로 근본을 품고 허로 돌아가는 것이며, 불가의 공으로 돌아가는 것과 더불어 한 이치로서 차이가 없다."

(曰涅槃與脫胎 只是一個道理. 脫胎者, 脫去凡胎也, 豈非涅槃乎, 如道家煉精化氣, 煉氣化神, 煉神還虛, 卽抱本歸虛, 與釋氏歸空一理, 無差別也.)

"이 세상에 옛 부처님 태어나기 전
빈 허공에 서린 기운 한 가지 모습
석가모니 부처님도 알지 못하니
가섭인들 이 도리를 어찌 전하랴?"

설명 또한 붙일 데가 어디에 있으랴?
그저 입을 다물고, 빈 놋쇠그릇이나 한 번 울릴 뿐이다.
저 만파식적과 에밀레종소리의 참 뜻이 모두 여기에 있다.

성인들이 가르친 것은 대 자유(大自由)다. 무지로부터 벗어나고 어리석은 망념에서부터 놓여나게 하는 것이 그들의 참 목적이었다. 성인들의 가르침은 오직 자유를 주고자한 것일 뿐, 자유를 앞세운 새로운 종속이 아니다. 새로운 우상도 아니며, 새로운 지배자가 되려는 것은 더더욱 아니었다. 오직 보편적 진리의 실상을 드러내고 그로인해 영혼의 성숙과 대 자유를 찾도록 했던 것이다.

현대물리학에서 말하는 것처럼 우주는 자기 조직적 복잡계일 따름이며, 그 어떤 의지를 가지고 세상을 운영하는 지배자는 없다. 여기에 부동의 의지가 따로 존재한다고 말하는 것은 인간정신을 속박하는 것이다. 본받을 대상은 있어도 예속될 권력적대상은 없다. 그 대자유에 이름을 붙이고 사람들과의 사이에 틈을 만든 다음, 그 곳에 자리를 잡아 똬리를 트는 짓은 간교한 행위다. 자유로운 정신을 종속시킨 모든 형식들은 머지않아 경멸받는 순간을 맞게 될 것이다. 지금의 인류는 그간 어느 역사 속에서도 없었던 자각과 지성으로 깨어나고 있다. 명상이란 성인들이 가르친 영혼의 자유를 얻는 실천적이고 체험적인 정신수행의 길이다.

흔히 도가의 장생불사(長生不死)는 늙지 않고 오래 사는 것을 이상으로 하는 것처럼 알려져 있다. 그러나 기독교의 영생(永生)이나 불교의 불생불멸(不生不滅)과 나란히 놓고 생각해보면, 이 뜻 또한 지극한 보편적 진리를 칭한 것이 분명하다. 노장(老莊)을 위시한 도가의 인물들이 사람의 육신으로 죽지 않고 오래 살 것을 기대한 어리석은 사람들이겠는가?

입전수수(入廛垂手)

이제 심우도의 여행은 입전수수(入廛垂手)에 이르렀다.

산이 물위로 가고, 진흙소가 물밑으로 가는 진풍경이 일어났다.

사람사람이 부처고 일마다 도리에 어긋나지 않으니 새삼 먼지 일으킬 일도 없다. 소리도 흔적도 없이 세속의 아수라장으로 스며들면 다시는 그를 찾을 길이 없을 것이다. 스스로 무간지옥으로 떨어져 목이 마르면 쇳물을 들이켜는 자를 어디서 찾아낼 것인가?

창칼이 수풀처럼 우거진 진중(陣中)을 바람처럼 지나가고, 이 한 인생의 기회를 꽃처럼 들어 보인다. 거울이 형상을 대하여 사사로움이 없고 구슬이 소반에 있어서 스스로 구른다.

(鏡對像而無私 珠在盤而自轉)

왕양명은 격물치지(格物致知)를 주자(朱子)와는 달리, 양지(良知)를 세상사에 실현하는 것이라 했다. 심우도의 입전수수(入廛垂手)와 다르지 않다. 그러나 최한기의 기학은 리에 대한 추구에서 서로 다르다.

양명이 다분히 불교적 오후행(悟後行)인데 비해 최한기는 주자류의 격물치지를 구현하고 있기 때문이다. 주자의 경우는 수행적이며 탐구적인 입장으로서 불교로 보자면 오전수행(悟前修行)에 가깝다.

열쇠는 마음이다

– 1 –

모든 종교에는 기도가 있다. 그리고 돈독한 신심으로 소망을 기도한 신자들 중에는 자신들의 기도에 부응한 기적이 있었음을 증언하기도 한다. 눈여겨 볼 것은 이런 현상이 특정종교만의 고유한 경험이 아니라는 것이다.

종교가 서로 다를지라도 간절한 기도에는 응감이 있어왔고 모든 기적에 공통되는 요소는 신자들의 열렬한 기도였다. 이런 사실은 사람의 마음이 지극하기만 하면, 어떤 경우에도 기적이 일어날 수 있다는 결론에 도달하게 한다. 장독대에 정안수 한 사발을 떠놓고 간절한 기도를 올리고 그 기도로 인해 소망이 이루어졌다는 말은 흔히 들은 이야기다. 결국 중요한 것은 각종 종교라는 외형적 차이가 아니라 지극한 정성이라는 내면적 동질성이다. 기적을 체험한 것이 특정종교의 덕이라고 주장하는 것은, 손가락이 가리키는 달은 버려두고 손가락만 쳐다보는 것과 다르지 않다.

특정한 종교는 단지 신자의 마음을 모아주는 역할을 하고 집중된 마음이 기적을 낳은 것이다. 그러나 이런 착각은 종교와 기도에서만이 아니라 명상수행에서도 일어나고 있다.

수행단체들 중에는 수행에서 중요시하는 경혈이 서로 달라 초심자들을 혼란스럽게 하는 경우가 있다. 신체상의 경락이나 경혈은 동일할 수밖에 없지만 효과적으로 기가 촉발되는 장소에는 차이가 있다는 주장들이다. 누구는 단전에 집중하라 하고, 누구는 명문에 집중하라하며, 기해 혈이 좋다, 아니다 배꼽이다…각양각색의 설이 난무하면서 명상문화의 정체성까지 모호한 것으로 만들어버린다. 이치로 보자면 필경 그 중 어느 것은 옳고 다른 것은 틀려야한다. 그러나 이런 주장들은 종교단체와 기적의 관계처럼 모두가 요점을 벗어나 있는 생각들이다. 외호흡이 기를 촉발하는 것이 아니듯이, 특정경혈이 기를 촉발하는 것도 아니기 때문이다.

모든 종교에는 공통적으로 간절한 기도가 있고 그 열렬한 마음이 기적을 낳는다. 그와 같이 어떤 경혈이던 간에 한 곳에 마음을 집중하면 외부로 쏠린 산란심을 거두게 되고, 이때 내기(內氣)는 스스로 일어난다. 이것은 특정한 경혈의 효험이 아니라 오직 수습된 마음의 작용일 뿐이다. 즉 경혈에 대한 집중이 아니라 하더라도 마음만 수습이 되면 기는 자생적으로 발생하게 된다. 게다가 한 경혈에 대한 집중역시 권할 것은 아니다. 장시간의 집중은 도리어 예측불가의 질병만 유발하기 때문이다.

"불교와 도가를 막론하고 모름지기 마음을 관하는 것으로 법을 삼는다. 망아–나를 잊는 것이 현관이다. 능히 마음을 수습하는 묘를 얻으면 일체의 공부를 성취하게 된다."

不論佛道 均須以觀心以爲法 忘我爲玄關 若能攝心得妙 一切工夫 便能成就

(金仙證論 丹道築基心要)

"현관이라는 긴요한 골자는 지극히 심오하고 지극히 중요한 기틀이다. 인당도 아니고, 정수리도 아니고, 배꼽도 아니다. 방광도 아니고, 양쪽 신장도 아니며, 신장의 앞이나 배꼽의 뒤도 아니다. 신장의 중간도 아니며, 위로는 정수리에 이르고 아래로는 발꿈치에 이르기까지 사대일신의 드러난 어떤 곳도 모두 아니다.

……일신의 수족거동은 수족이 움직이는 것이 아니다. 현관이 움직이게 하는 것이지만 비록 현관이 움직인다고 해도, 실은 주인공이 현관을 움직이게 하는 것이다."

夫玄關一竅者, 至玄至要之機關也, 非印堂, 非顖門, 非肚臍, 非膀胱, 非兩腎, 非腎前臍後, 非兩腎中間, 上至頂門, 下至脚跟, 四大一身, 才著一處, 便不是也. ……一身手足擧動, 非手足動, 是玄關使動, 雖是玄關使動, 是主人公使敎玄關動.

(中和集 道藏精華 第二集之二 自由出版社)

이외에도 수행에서 중요한 요건이 마음에 있음을 밝힌 가르침은 수도 없이 많다. 명색이 단전수행을 한다는 사람들이라면 도가의 비조라 일컫는 여동빈(呂洞賓)의 말을 부정할 수 없을 것이다.

"연단에는 별다른 일(비결)이 없고, 오직 마음으로 수련(수행)하는 한

가지 법문뿐이다. 수많은 말이 많아도 다만 마음으로 수련(수행)하여 밝게 하는 두 글자에 불과하다."

(煉丹無別事 唯有煉心一法門, 千言萬語 祇不過發明煉心二字.)

― 呂祖全書 p.9, 臺灣 自由出版社 ―

경혈이다 경락이다, 소주천, 대주천, 금액환단, 태양유주,……복잡하게 여겨지는 도가 수행도 마음으로 수행한다는 명료한 말 한 마디로 정리된다.

모든 수행의 기제를 움직이는 비밀 된 열쇠는 오직 마음 하나에 달려 있다. 상승수행법으로 수행하는 상사(上士)는 다만, 그 마음을 허공중에 단정하게 둘 뿐이다. 불교가 참선에서 마음만을 밝혀 들어가는 이유도 여기에 있는 것이다.

"공부하는 사람이 수도를 함에, 가장 으뜸으로 요구되는 것은 한곳에 마음을 모으는 것이다. 일반적으로 마음과 식(息: 이것은 호흡으로 인한 숨이 아니고, 쿤달리니, 즉 촉발된 양기다.)작용을 서로 의지하여 운용한다.

외호흡으로 잡념을 거두어 멈추게 하면 마음이 집중되어 내기(內氣)가 일어나게 되고, 내기가 일어난 후에는 오직 정신과 기가 서로 의지한다.

이때부터는 외호흡에 대해서는 더 이상 관심을 둘 필요가 없다.

전적으로 내식(內息)을 위주로 수련하며 최후에는 신체적 감각도 전연 잊어버리게 된다. 이렇게 되었을 때 곧, 선정공부로 바로 들어갈 수 있다. 이런 수행방법은 불교나 도가를 막론하고 축기의 과정상 동일한 것이다."

(學人修道, 首要攝心一處, 通常運用心息相依, 以外呼吸收住雜念, 用以引動內炁, 基次待內炁生起後則以神炁相依, 此時外呼吸可放下不管, 專依內息爲主,

最後全然捨去身體的感覺, 便能直入禪定的工夫, 此法不論佛道在築基上, 均是相同的.)

마음을 집중하고 고요히 갖도록 하라는 성인들의 교과서와는 달리 수행하는 동안 무언가를 열심히 하게 하는 것은 더 걱정스럽다.

기를 돌리려고 애를 쓰는 것이나 잡념을 없애기 위해 엄청난 노력을 하는 경우도 마찬가지다. 마음으로 수행한다면서 왜 마음을 가만히 두지 못하는지 그 이유가 궁금하다. 우주에서는 한 방향으로 가려고 힘을 쓰면 그것이 반작용이 되어 오히려 뒤로 밀려난다. 마음에 떠오른 잡념을 잡으려고 애를 쓰면 그 노력이 도리어 잡념이 되는 것이다.

"만약 마음속에 한 의도적 수행이나 덕성스러운 생각을 짓는다면, 이것은 성품이 영명한 것인가 아니면 마왕의 장난인가?

비록 좋은 생각을 할지라도 성품의 맑은 정기를 가장 많이 소모하는 짓이다. 하루하루 쌓고 매월 누적되면 본성의 맑음을 죽이고, 당사자의 목숨도 길지 못하게 된다. 왜 그런가?

성품은 맑으므로 의당히 고요한데 생각은 움직임이니, 첫 번째 살상이다. (수행을 한다고) 공상으로 생각을 지어 헛되이 본성의 맑음을 손상하니, 그 두 번째 살상이다. 덕을 쌓고 수행하는 것은 (오로지)무심으로 이루는 것이다."

(若心中存一作功作德之念想, 是性靈乎, 是魔王乎? 念想雖好, 最耗性靈, 日積月累, 殺死性靈主人不留餘命, 問者曰何也. 答曰性靈宜靜, 念想屬動, 一殺也, 空作念想, 徒傷性靈, 二殺也, 修德修功, 無心之作.)

(三敎眞傳 p.373: 道敎眞派 前篇 第7章 57, 臺灣 自由出版社)

고뇌는 말할 것도 없고 그것이 가상하고 거룩한 생각이던 어떤 내용이던 간에, 머릿속에 생각을 떠올린 것은 모두 공상이다. 그러므로 잡념을 없애겠다고 다른 무언가 조작을 하는 것까지도 죄다 잡념에 속한다. 이런 헛된 짓을 지속하면 수행은커녕, 나중에는 일시적으로 아무것도 떠오르지 않는 정신적 공황상태에 빠지게 된다. 이런 현상을 마치 모든 잡념을 다 떨친 모종의 경지나 되는 것처럼 생각한다면 이 또한 한심한 일이다.

지우려고 용을 쓰는 자가 그 대상을 상실했을 뿐, 지우려고 하는 자는 빗자루를 든 채 그대로 남아있다. 이것은 칠식(七識)이 육식(六識)을 붙잡고 싸운 것이지 팔식(八識)이 타파된 것은 아니다.

이런 헛된 일은 사마타나, 지관(止觀)을 잘못 이해한데서 나온다. 육조 혜능의 말처럼 잡념이 있을 리가 없는 그 자리는 원래가 청정하다. 그 자리를 만들기 위해 비자루질 하고 걸레질 하는 것은 성품에 때가 묻을 수 있다는 생각이 전제된 행동이다. 그런 까닭에 일구월심으로 열심히 지우다보면 성품(?)이 드러나고, 그것이 곧 깨달음이라고 생각하는 것이다. 그러나 수행자들은 신수가 이런 말로 인해 조사의 인가를 받지 못했음을 상기해야 한다. 조계의 정론과는 거리가 멀다. 유불도 삼교의 가르침 어디에도 그런 말은 없다.

"마음은 본시 공적하여 지극히 비고, 지극히 신령한 것이다. 공적, 허령하여 아는 것을 선지라하며, 공적, 허령하여 깨닫는 것이 선각이다, 궁리하지 않으면서도 깨닫는 것을 정각이라 하며, 생각하지도 않고 아는 것이 진실로 아는 것이다."

(心本空寂至虛至靈, 由空寂虛靈而知者先知也. 由空寂虛靈而覺者先覺也, 不慮而覺者謂之正覺, 不思而知者謂之眞知.)

性命圭旨, 規中指南: 臺灣 自由出版社, p.323.

개는 던진 돌을 따라가지만 사자는 돌을 던진 사람을 문다고 했다. 그림자에 불과한 잡념과 싸우는 것은 수행이 아니다.

본성이란 도무지 잡념이 없이 무구청정(無垢淸淨)한 자리로서, 현세에 살점이 붙어 돌아다니는 존재가 생각으로 조작할 수 없다. 오히려 인형(人形)으로서의 념상(念想)이 죽으면 그 자리가 원래 있던 본성이다.

중요한 것은 어떻게 단번에 고뇌를 넘어 그 자리로 일초직입(一超直入) 하는가에 있다. 티벳에서 어린 출가자들을 위해 베풀어지는 불경공부는 일대일로 진행된다. 즉 독선생과 그가 맡은 어린 제자가 마주보고 공부를 하는 형식이다. 이때 선생은 어린 제자가 깜짝 놀랄 만큼 크게, 규칙적으로 손뼉을 치고 있다. 사람의 정신은 조금만 해이해져도 쟁반 위의 구슬보다 빠르게 딴 곳으로 달아나 버린다. 선생은 어린제자의 정신이 다른 곳으로 달아날 틈을 주지 않기 위해 적절한 간격을 두고 손뼉을 치는 것이다.

중국의 화산에 있는 도가사원이나, 부탄의 탁상사원은 까마득한 절벽에 붙어있다. 그 사원의 통로는 오금이 저려 걸어갈 수가 없을 지경이고 한번 아래를 내려다보게 되면 발이 떨어지지 않는다. 이런 절벽위의 제비집 같은 암자들은 우리나라에도 많다. 남해 보리암이 그렇고, 서울에서는 관악산연주대가 그렇다.

왜 기도와 수련은 이런 곳에서 더 잘된다고 소문들이 났을까?

예의 그 도가사원에는 그 나마 절벽 쪽으로 돌난간 하나가 삐죽이 더 튀어나와있고 그리고 그 끝에는 향로가 놓여있었다. 전해오는 말로는 그 향로에 향을 올리면 도를 얻는다고 했다. 그러나 통로에서 아래를 내려다보기만 해도 오금이 저리는 상황에서, 어떻게 천야만야한 낭떠러지위로 걸어 나가 향을 꽂을 것인가?

지금은 세계무형문화재로 등록이 된 터키의 수피댄스(Sufi Whirling)는 이슬람의 명상적 회전 춤이다. 신과의 합일을 이루려는 종교적 수행으로서 일반적인 춤과는 완전히 다른 성격에 속한다. 카파도키아의 토굴 공연장에서도 볼 수 있다는 이 춤은, 갈색모자와 흰 옷을 입은 수행자들이 빙글빙글 맴을 도는 형식이다. 일반적으로 맴을 도는 것과는 다른 점도 있겠지만 체감은 보통의 경우와 크게 다르지 않을 것이라 생각된다. 즉 어지러운 가운데 넘어지지 않으려고 균형을 잡는 동안 의식은 집중되어 순수해지고 잡념은 흔적 없이 사라질 것이다. 그런 상태에서 그들이 만나는 그리고 일체화되는 것은 우주적 진리당체라는 것을 충분히 짐작할 수 있다.

터키의 수피댄스, 티벳의 불경공부, 화산의 도가 사원, 해인사의 삼천 배에는 공통점이 있다. 이런 조치들의 공통점은 모두가 잡념을 붙잡고 싸우는 것이 아니라 염상(念想)자체가 뿌리를 내릴 여지를 주지 않는다. 결국 제대로 된 명상수행은 심리학이나, 잘못된 명상기법과 달리 물위에 떠도는 건더기에는 관심이 없다. 처음부터 근본에 집중하고 근본이 드러나면 만사는 백일하에 분명해지기 때문이다.

물고기를 보면 물은 잊혀지고, 해가 뜨면 간밤의 별들은 간곳이 없다.

복잡한 말들은 모두 잊더라도 수행자들이 간직할 간단명료하고도 유용한 구절이 있다. 지도무난(至道無難) 유혐간택(唯嫌揀擇). 오직 산란심(散亂心)을 버리고 분별만 내려놓는다면, 눈앞이 바로 천당이요 도솔천이다.

― 2 ―

명상을 하기위해 갖춰야 할 기본적 지식과 자세는 쉽고 소박하다. 그러므로 막상 수련에 착수하고 보면 가장 큰 문제는 수행의 지식이 아니라 마음자세다. 수행자들은 시시콜콜한 통제가 없는 대신 광막하고 생경한 들판에 놓인 것처럼 막막함을 느낀다.

행복한 대자유는 난감한 대자유를 통해 얻는 것이다.

E. A 프롬이 '자유로부터의 도피'에서 말한 것처럼 익숙하지 못한 자유는 그 자체가 두려움의 대상이다. 처음에는 가벼운 마음으로 시작할 수 있다. 하지만 얼마 못가 잡념에 내둘리거나 졸음이 오고, 여기저기 불편해지면서 집중력이 떨어지게 된다. 이때 몇 차례 더 곤란을 겪게

되면 낙심을 한 나머지 모처럼의 결심을 헛되게 하는 수가 있다. 하지만 실망할 필요는 없다. 평소 하지 않던 일에 처음부터 익숙한 사람은 아무도 없다. 수행초기의 집중력문제는 성인들조차도 힘들어했듯이 초심자라면 누구나 겪는 입문과정이다.

일상의 습관과 집착은 질기기 이를 데 없어 소처럼 고집스럽고 쉽사리 떨쳐지지 않는다. 초심자들에게는 상당히 곤혹스러운 일이다. 그러나 소와의 한판 힘겨루기도 성장의 기회이며, 오래지 않아 이 끈덕진 소와는 무관한 사이가 된다. 붙들고 있는 것은 자신일 뿐 소는 강 건너의 불에 지나지 않는다. 능엄경에는 붓다가 식심을 마음이라고 여기는 아난에게 꾸짖어 가르친 대목이 있다.

"이것은 앞의 대상인 허망한 모습에 따라 일으키는 분별망상이며, 너의 상주하는 참된 성품을 미혹시킨다. 너는 무시이래로부터 지금까지 도적을 자식으로 인식하고, 너의 상주불변하는 진심을 잃어버렸다. 그러한 까닭으로 윤회하는 것이다."

此是前塵虛妄相想 惑汝眞性 由汝無始 至於今生 認賊爲子 失汝元常 故受輪轉

(정원규: 불광출판사)

담벼락에서 어른거리는 환영에 더 이상 끌리지 않게 되면 집중력은 놀랄 만큼 깊어진다. 대상의 소멸과 함께 자의식도 사라지면서 수행자는 안정과 평온을 얻게 된다. 성공적인 명상은 수행자의 집중력에서 시작되고 의욕적 탐구심이 전제될 때 이루어질 수 있다.

선가(禪家)에서는 깨달음을 얻는데 필수적인 세 가지 마음가짐에 대해 말해오고 있다. 명상수행자들에게는 매우 요긴한 지침으로서 대의심(大疑心), 대분심(大憤心), 대신심(大信心)이 그것이다.

먼저 대의심(大疑心)이란, 불신에서 발생하는 일반적 의심과는 다르다. 간화선에서는 화두에 대한 진정하고 절실한 의심이 일어난 것을 일컫는다. 큰 관심, 지극한 궁금증, 그리고 열렬히 간구하는 진실한 집중이다. 해보라니까 그냥 걸치고 다닐 뿐 생활에 바빠 까맣게 잊어버렸다가 선방에 가면 그제야 생각나는 것은 의심이 아니다.

다른 모든 일보다 먼저 떠오르고 진정으로 궁금해서 견딜 수가 없어야 의심이라 할 수 있다. 나아가 대의심은 분별을 하는 소아적 '나'가 사라지고도 지속되는 집중이며, 성성하게 깨어있는 근원적 의식이다.

일반의 명상에 대한 초발심도 마찬가지다.

남과 다르지 않게 일상생활을 잘하고 있고 오히려 더 열심히 살아오고 있지만 항상 뭔가 중요한 것이 따로 있다는 느낌. 현실에도 잘 적응하고는 있으나 그 일과 자신이 동떨어진 것 같고, 꼭 해야 할 다른 숙제가 있는 것 같은 생각. 이런 뒤숭숭한 느낌은 쉽사리 잊혀 지지 않고 일상생활이 꿈속의 일처럼 멀어 보이기도 한다. 그 알 수 없는 공허감은 무엇에서 기인하는가?

이 의문이 늘 뒤통수에 붙어있고 잊으려 해도 비누거품처럼 끝도 없이 일어나면 제대로 의심 병이 든 것이다.

대분심((大憤心))은 말 그대로 분한 마음과 불같은 의욕이 일어나는 것을 말한다. 화두에 대해 어떤 실마리도 발견하지 못한 자신에 대한 좌절, 그리고 그것을 용납할 수 없는 오기가 끓어오르는 것이다.

누가 나무랄 사람도 없으니 슬그머니 놓아버리고 없었던 일처럼 잊고 사는 사람은 대분심을 가진 것이 아니다. 매사에 적당히 넘어가는 불성실한 사람, 어려운 일이라면 눈을 감고 피해버리는 비굴한 사람은 대분심을 모른다.

"성인들이나 이루었다는 경지라지만 그들도 나도 같은 사람이다. 나라고 못할 리도 없고, 못해내면 내가 나를 용서할 수 없다"는 사람만이 대분심을 가진 사람이다. 강한 집념과 끈기, 오기로 똘똘 뭉쳐 기필코 화두를 뚫어내는 추진력은 여기에서 나온다.

대신심(大信心)은 수행자의 진리에 대한 확고부동한 믿음이며 추호의 의심도 없는 확신이다.

"성인의 가르침은 우주의 진실이며 태극은 개개인마다에 담겨있고, 사람은 수행을 통해 근원으로 환원할 수 있다. 일체의 모든 존재는 원래부터 깨쳐있어(本覺), 수행을 통해 그 근본을 깨달을 수 있다"

수행자는 성인들처럼 이 진실한 우주적 실상을 틀림없이 드러낼 수 있다는 굳은 자기 확신을 가진다.

"성인들은 힘든 과정을 거쳐 기적 같은 일을 해내었다. 지금은 이것저것 모자라고 어수룩해 보일지 모르지만 이 나도 틀림없이 해낼 수 있다"

도무지 궁금해서 견딜 수 없는 대의심과, 한 번에 안 되면 되는 날까지 혼신의 힘을 경주하여 기어이 해내고야 말겠다는 대분심. 그리고 진리에 대한 자기 확신의 대신심은 수행을 시작하는데 필수적인 마음가짐이다.

혜초는 유년기에 중국으로 진출하여 20대가 되자말자 인도까지 갔다. 오천축국(五天竺國)과 40여 나라를 돌며 수행했던 구도정신은 모두 이런 마음에서 나온 것이다. 삼국유사는 혜초처럼 불꽃같은 구도정신의 예가 많지만 그 대표적인 것이 염불사(念佛師)라 할 수 있다.

"남산 동쪽 산기슭에 피리촌(避里村)이 있고 그 마을에 절이 있어서 피리사(避里寺)라 했다. 그 절에 이상한 중이 있었는데 성명은 말하지 않았다. 늘 아미타불을 염하여 그 소리가 성안에까지 들려서 360坊 17만호에서 그 소리를 듣지 않은 사람이 없었다. 소리는 높고 낮음이 없이 낭랑하기가 한결같았다. 이로써 그를 이상히 여겨 공경치 않는 이가 없었고, 모두 그를 염불사(念佛師)라 이름 하였다. 그가 죽은 뒤에 소상(塑像)을 만들어 민장사(敏藏寺) 안에 모시고, 그가 본디 살던 피리사(避里寺)를 염불사(念佛寺)로 이름을 고쳤다. 이 절 옆에 또 절이 있는데 이름을 양피사(讓避寺)라 했으니 마을 이름을 따서 얻은 이름이다."

흔히 수행의 정념(定念)은 빨랫줄처럼 기복 없이 이어져야 한다고 한다. 이름을 묻는 사람들에게 잠시의 시간을 내어줄 자비가 없었던 것은 아니다. 단지 인간사 어떤 것도 염불(念佛)보다는 가치가 없다는 신념으로 칡넝쿨 같은 일상을 먼지 털듯이 떨쳐버린 것이다. 염불사는 일생을 붓 한 획으로 그은 큰 인물이었다.

선가에서는 수행자가 소뿔 속에 든 쥐처럼 나아가기를 권한다.

일단 쥐가 소의 뿔 속에 들어가게 되면 달리 갈 길은 없고 오직 뿔의

끝을 향해 갈 수밖에 없다. 화두를 들고 바르게 정진을 해나가다 보면 뿔 속에 갇힌 쥐와 같이 결국은 깨달음에 이르게 된다.

   훈련소에 갓 입대한 신병들에게는 모든 것이 낯설고 생소하다. 명상이라는 일상적이지 않은 길에 들어선 초심자들 역시 다르지 않다. 자상한 안내를 받는다 해도 여전히 궁금한 것이 많을 것이다. 또한 기대에 비해 진척이 없으면 상심한 나머지 쉽사리 좌절할 수도 있다.
   아쉽지만 본서에서는 집필의 목적과 지면관계상 더 이상의 설명은 생략해야한다. 초심자를 위한 보다 더 자세한 입문서와, 수행의 체계적인 참고서는 따로 저술하기로 한다.

| 맺음말 |

인간에게 남은 진화는 영적성장뿐이다.

처음 심우도를 본 것은 초등학교 저학년 때였다.

조모님을 따라 동네뒷산에 있는 절에 갔을 때, 대웅전 벽에 그려진 재미있는 그림을 발견한 것이다. 내용은 알 수 없었지만 어린 눈에도 동자의 머리모양과 차림새, 소하고 실랑이를 하는 모습이 매우 인상 깊었다. 뒷산은 자주 가는 놀이터였고 친구네가 그 절의 창건주였으므로 심우도를 볼 기회는 많았다.

주로 노는 것이 위주였지만 절에 들릴 때마다 곁눈에라도 담고 돌아왔으니, 어린 날의 기억 속에 심우도는 병풍처럼 자리 잡게 되었다. 그러나 그 그림이 삶의 중심에 자리할 것이라고는 전혀 생각지도 못했다. 정작 심우도를 외나무다리에서 마주한 것은 사춘기 무렵이었다.

"길에서 사람 셋을 만나면 그 중 한 사람은 가르침을 얻을 수 있는 스승이다."

조부님의 가르침은 내 삶의 밑거름이었다. 이 말씀은 나이가 아무리 많아져도 유용한 질문 하나를 평생 달고 다니는 계기가 되었다. 그 무렵의 나는 만나는 사람마다 남녀와, 지위고하를 막론하고 같은 질문을 던졌다.

"지금 제 나이가 되신다면 무엇을 제일 하고 싶습니까?"

유한한 삶을 보람있게 살고 언제 돌아봐도 후회하지 않으려면 어떻게 해야 할지 자문을 구했던 것이다. 이 질문으로 얻은 대답들은 매우 요긴했고, 그나마 대과없이 살아온 것에는 그 고마운 말들에 힘입은바가 크다. 선재동자처럼 묻고 다니던 어느 날, 한 노파가 말했다.

"속고 살았어."

"네?"

"속아 살았다고."

큰 대야를 머리에 올린 노파는 속아 살았다는 말을 남기고 총총히 걸음을 옮겼다. 흔히 들어봤음직한 푸념이었지만 그 날은 달랐다. 그간 들었던 많은 가르침들과는 다른, 강렬한 느낌을 받은 것이다.

노파는 누구에게 속았다는 것일까?

앞뒤가 꽉 막힌 채 생각이 서 버렸다.

그것이 무명(無明)에서 비롯됨을 당시의 어린 소견머리로는 도저히 알 수 없었다. 그리고 뇌리에 깊이 각인된 그 말은 결코 잊혀지지 않았다.

나를 속이는 자는 누구인가?

그때 나는 비로소 심우도의 첫 장에 서게 되었다. 사람이 부실하니 묻는 사람도 없다. 그러나 누가 나의 젊은 날의 질문을 내게 해온다면 대답은 명백하다.

"속지 마라."

속지 않을 방편은 스스로 찾아야 하겠지만 노파보다 한 마디 더 해줄 수는 있다.

"경장(經藏)과 명상을 수저처럼 챙겨라."

경장과 명상은 나무의 둥치처럼 삶의 중심이다. 나무의 둥치는 잎사귀가 우거진 계절에는 없는 듯도 하지만, 사시사철 나무의 실체였고 겨울이면 오직 그 모습만 완연하게 드러난다. 젊은 날부터 이 두 가지를 갖춘다면 평생 성인과 함께하는 복을 가진 것이다.

내 방에도 문턱은 있다.

저 남방의 동물 하나는
언제나 주변의 색과
제 몸의 색을 일치시킨다.
묻노니
그 동물의 원래 색은 무엇인가?

현대인의 삶은 위태로워 보인다.

일찍이 없었던 대융합의 시대에 인류의 문명은 재편되고 있다. 자칫 많은 선명했던 것들이 의미를 잃기도 하고 삶의 방향이 모호해지기도 한다. 그에 따라 규모에 상관없이 갈등과 대립, 충돌이 빈발해져간다. 글로벌한 세계에서 집단과 사회는 팽창하지만 개인은 소외되고 존엄성을 상실한 채 증발되고 있는 중이다.

현대의 인류는 방황하는 거대한 소비 집단으로 전락하고, 세속적 상업주의에 의해 농락당한다. 가공된 희로애락을 공급받고 이상과 꿈조차 기성품을 갖는다. 창고같은 공간에 중고가 된 물건만 채우고 있는 것은 행복이 아니다. 그 곳에서 자신은 실종되어 있는 것이다.

어떠한 조직과 사회도 개인으로 이루어져있다. 그러므로 흔들리는 개인은 곧, 사회적 불안의 원인이 된다. 다양하고 현란해진 시대지만 반대로 삶의 형식과 규범은 오히려 불안정하기만 하다. 윤리의식이 낮은 상태에서 개인주의가 발달하는 것은 위험한 사회를 만든다. 다채로움을 누릴 만큼 성숙되지 못한 사람에게 세상은 생소하고, 까다롭고, 벅찬 무대일 뿐이다.

소유되는 것들은 항상 비교되고 훼손되며 무너지고 있다. 이런 것으로는 결코 안정을 얻을 수 없다. 평화와 안정은 외부로 향한 눈을 되돌리고, 원래 내면에 갖추어진 근원적 진실을 발견하는데 있다. 잘 드는 칼은 편리하면서 동시에 위험하다. 발전하는 기술과 균형을 이룰 정신적성장이 절실히 요구된다. 정신세계의 문제를 해결해서 개인의 안정과 세상을 평화롭게 하려는 시도는 전혀 낯선 것도 아니다. 그것은 새로운 것이 아니며 이미 여러 성인들이 가르쳐 온 길이다.

두 쪽의 대나무가 하나 되는 만파식적은 이상과 현실의 계합(契合)이기도 하다. 윤리적 이상의 수평적인 삶과 현실적이고 수직적인 삶의 괴리를 회통시키는 것에 명상수행의 참 목적이 있다. 이렇게 이루어진 만파식적의 소리는 천상의 음악이었다. 지난한 시대적 상황을 타개하고, 현실에 정토세계를 이룩하려 했던 조상들의 탁월한 선택은 전대미문의 평화로운 세상을 열 수 있었다.

오늘 직면하고 있는 혼란 앞에서 우리가 선택해야 할 것은 모든 것의 근원인 마음을 발견하고, 그 내적 성숙을 이루기 위한 자각이다. 심우도의 첫 번째 그림에서 목동이 소의 족적을 찾아 나서듯이 평안과 진정한 행복을 찾기 위해 눈을 돌려야 한다.

사람마다 선인(仙人)이 되어 자신의 삶을 보람되게 하고, 도덕과 규범이 바로 선 이상사회를 이루자는 뜻을 세워 '선인사회(仙人社會)'를 발족했다. 십시일반의 소박한 자금을 모아 낮고 어두운 곳을 찾아 동분서주한 지 12년이 지났지만 이룬 것은 없다. 바른 수행법과 인성 프로그램을 보급하는 일도 쉬운 것이 아니었다. 초기에는 진정성을 의심받는 일도 잦았다. 낙심하기 쉽고 언제나 용기와 끈기를 시험받아야 했다. 하지만 우리는 이 일에서 빛을 발견했고 노력보다 더 큰 보람을 얻을 수 있었다. 천안의 한 청안도인(靑眼道人)같은 한의사의 말이 생각난다.

"힘든 일을 하는군요. 이익도 명예도 없는 일이지만 누군가는 해야 하는 일입니다. 단지 가급적 오랫동안 할 수 있는 것, 그것이 관건이지요."

숲속의 작은 샘 하나가 오가는 생명들의 목을 축여줄 수 있다면 그로 족하다. 지나가는 기차에 손을 흔들기로 했던 사람들처럼 중심 없이 원은 만들어지지 않는다. 그러나 원이 만들어지면 중심은 한낱 군더더기에 지나지 않는다. 수행의 결실은 세속에 구현됨으로서 이루어지는 것이다. 선인사회 활동은 스스로의 완성을 향한 노력일 뿐 기억되는 것과는 관련이 없다.

사람이 많은 도심에서는 작은 양보와 친절이 호수 위의 물결처럼 파급될 수 있다. 그때마다 반딧불 같은 빛이 일어난다면, 여기저기 하루

밤에도 수없이 반짝거리는 불빛이 세상을 축제처럼 보이게 할 것이다.

오늘 내게 일어난 기쁨은 나의 행운만이 아니라, 저 먼 곳에서 누군가가 보낸 따뜻한 마음이다. 직접 만나지는 못했지만 많은 좋은 사람들이 더 나은 일을 해주고 있음을 알고 있다. 또한 새로운 사람들이 그 뒤를 이어갈 것을 믿는다. 물방울이 모여서 강을 이루듯이 이런 사람들로 인해 세상이 달라질 것을 굳게 믿는다.

재능기부와 봉사로 함께해준 분들에게 이 기회를 빌려 다시 한 번 감사의 말씀을 전한다. 우리의 노력과 경험이 우리사회만이 아니라 지구촌가족 모두에게 유용하고 소중한 기회가 되기를 바란다.

– 백양 김용찬 –